U0695497

群落化生存

移动互联时代网络社群的生成与传播

吴占勇 / 著

BEING IN GROUPS
THE GENERATION AND COMMUNICATION
OF VIRTUAL COMMUNITY
IN THE MOBILE INTERNET ERA

人民日报出版社

北京

图书在版编目（CIP）数据

群落化生存：移动互联时代网络社群的生成与传播 /
吴占勇著. —北京：人民日报出版社，2023.7
　　ISBN 978-7-5115-7878-5

　　Ⅰ.①群… Ⅱ.①吴… Ⅲ.①互联网络—群体社会学
—研究 Ⅳ.①C912.22

中国国家版本馆CIP数据核字（2023）第105198号

书　　名：群落化生存：移动互联时代网络社群的生成与传播
　　　　　QUNLUOHUA SHENGCUN: YIDONG HULIAN SHIDAI WANGLUO
　　　　　SHEQUN DE SHENGCHENG YU CHUANBO
著　　者：吴占勇

出 版 人：刘华新
责任编辑：林　薇　梁雪云
封面设计：主语设计

出版发行：人民日报出版社
社　　址：北京金台西路2号
邮政编码：100733
发行热线：（010）65369509　65369527　65369846　65369512
邮购热线：（010）65369530　65363527
编辑热线：（010）65369526
网　　址：www.peopledailypress.com
经　　销：新华书店
印　　刷：天津中印联印务有限公司
法律顾问：北京科宇律师事务所 010-83622312

开　　本：710mm × 1000mm　1/16
字　　数：220千字
印　　张：16
版次印次：2023年7月第1版　2023年7月第1次印刷

书　　号：ISBN 978-7-5115-7878-5
定　　价：59.00元

序 言

在媒介技术如何重塑人类生活这一问题上，技术影响下的社会交往方式变迁及其带来的关系结构变革是基础而显著的问题，它在相当程度上反映了人类自我组织能力和协作模式的颠覆性进展。当前，由移动互联网络构成的技术基质，正在潜移默化中重塑着人类彼此联结和行为实践的方式，将日常生活带入愈加深刻的媒介化逻辑之中。移动互联技术使人类所处网络信息场景与现实生活场景前所未有地深度融合，基于互联网的社会交往变得频繁而富有真实性，其中亦伴生着更为明显的社会资本流动线索。当信息、服务和人与人的连接融为一体并贯穿线上线下两种空间实践，人们基于共同需求或行动目标而相互聚集的情形成为移动网络传播的日常图景，其背后是人类社会交往和集体行动逻辑的悄然变化。

当我们习惯了在各种各样的网络群组中游移穿梭，本书作者对这种情形进行了敏锐洞察，提出"群落化生存"概念，以学术研究中的陌生化视角对我们习以为常的网络实践进行再度省思。本书不仅从移动传播的技术角度剖析群落化生存的型构机制，还深入到移动互联时代出现的新型网络社群，以及相比有线网络时代具有显著变化的在线社群，通过实证研究探索移动传播生态下网络社群的生成逻辑以及传播特征，以此探查人类交往结构如何伴随技术的变化而衍进。总体而言，本书的亮点主要体现为以下三个方面。

第一，研究观点新颖。书中通过对"群落化生存"这一概念的创新阐述，揭示了移动传播环境下网络用户类聚与群分的表征、特点及原因，其中作者阐述的信息策展理念、用户连接方式的变化、以固着对抗流动等观点具有一定新意。同时，作者建立技术、用户与社会三元互动的分析思路，对移动传播生态下网络社群的生成逻辑进行分析，既讨论了地理定位技术如何创新性地塑造了串联线上线下两种空间的在地社群，又探究了消费、文化等社会结构性力量对网络社群的建构方式，还诠释了用户如何随时随地利用网络社群满足现实生活需要。这些新机制、新路径与有线网络时代的在线社群形成显著区别，对人们理解移动网络语境中的社会交往结构变化富有启发。

第二，研究过程扎实。网络社群研究归根到底是对社群中鲜活个体的研究，作者运用深度访谈和网络民族志相结合的方法开展调查，既能把握个体在网络社群中的行为、动机和深层感受，又能关照网络社群整体的传播特征和样态。作者的观察不局限于网络世界，而是跟随社群行动深入现实生活，全面了解两种时空之下社群传播的特征及其相互关系，这正是移动互联语境下社群演变的新趋势。比如，作者对城市跑团进行了两年有余的系统性线上、线下观察，最终提炼出网络社群混合空间传播的相关论点。在对社群的选择上，作者围绕移动互联传播这一技术生态，选取既能体现新技术的构造作用，又在生活中具有一定普遍性的社群开展研究，以凸显技术衍进与社会变化的相互关系。书中聚焦的健身社群、直播社群、粉丝社群和疾痛社群等，具备新技术环境下网络社群传播的典型性，较好地呼应了本书的研究主题。

第三，研究视野开阔。正如本书绪论部分所言，当前学界针对网络社群的研究，大都从社群内部或社群本体进行考察，对影响社群生成与传播的社会结构性力量关注不足。因此，本书并非单纯分析当下网络社群中的传播机制或情感互动问题，而是将技术、商业、文化等宏观结构性因素与微观的社群传播并置思考，尤其通过对直播社群和粉丝社群的深入分析，诠释了商业因素如何影响网络社群的生成与传播，为人们理解技术与社会的互动机制提供更多注脚。另一方面，本书也跳出了就传播论传播的思维，将研究落点置于身份认同、生活政治、自我效能等更具社会意义的问题领域，并对社群参与的风险与后果进行反思，以辩证视角看待技术与人的关系。以上开放性视野，较好地丰富了本书的价值层次。

占勇是我的首届博士生，他对网络社群的关注贯穿硕博求学生涯，并在步入工作岗位后依然保持对该议题的思考。在本书网络健身社群、网络直播社群等章节的字里行间，还能隐约浮现出当年我们在办公室针对这些问题一起探讨的场景。今日此书付梓，较为全面地反映了他对技术变革之下网络社群问题的分析与研究。当然，我们生活在传播技术迅速更新的时代，个体与共同体的关系问题将伴随技术发展呈现更加多元的面相，期待占勇能保持对该问题的持续深耕，产出更多高质量成果。

张　卓

武汉大学新闻与传播学院教授

武汉大学视听传播研究中心主任

2023年5月31日

目 录

第一章

绪　论

一、问题的提出

当Web2.0进入移动互联时代，网络社群的发展也经历着多重转向。地理定位技术孕育网络社群形成的新方式，平台资本逻辑催生网络社群传播的新行动，移动视频技术带来网络社群文化的新样态，垂直细分社群带来网络社会支持的新方式。移动互联时代，人们加入网络社群的门槛大大降低，社群传播的便利性也显著增强，人们在社群中表达自我、获取知识、寻求支持和建构认同，依据自身需求和传播惯习游弋于不同网络社群之中。社群传播已成为媒介化语境下人类传播的显要特征，是"技术重构生活"的典型例证。那么，移动互联技术如何改变网络社群的形成与传播？社群在深度媒介化的生活中发挥怎样的作用？作为技术产物的网络社群如何引发社会结构性力量重构人类生活？这些都是技术发展基于人类交往方式变化进而影响人类社会变迁的新问题。

1. 移动互联改变人类传播生态

1962年，马歇尔·麦克卢汉（Marshall McLuhan）在著作《古登堡星汉璀璨》中提出"地球村"概念，用来形容电子媒介对信息传播和人类交往的影响，"全新的、电子的相互依存关系将整个世界重新建构为一个'地球村'"[①]。60多年来，传播科技的发展一再印证"地球村"的论断，互联网技术的更新迭代，让人随时随地能够与身处世界各地的"村民"相连。

---

① 马歇尔·麦克卢汉：《谷登堡星汉璀璨：印刷文明的诞生》，杨晨光译，北京理工大学出版社2014年版，第97页。

然而，传播科技在使人类突破时间和空间樊篱而具备全球范围沟通能力的同时，也在改写着人们位于此时此地的传播和交往方式。简·梵·迪克（Jan Van Dijk）指出，网络社会的范围和大众社会相比既在扩大又在缩小，个人和组织同时在全球和本地的条件下行动、感知和思考，这种全球和本土并存的情形可被称为"glocal"（globle全球+local本土）[①]。如果说互联网技术跨越时空限制将世界各地彼此相连，那么移动互联技术的广泛应用，则在连接全球基础上更加强调人们的本土化和个性化连接，使人类交往方式和社会结构发生新的转变。

方兴东等将投入民用的全球互联网发展分为四个阶段，分别为Web1.0时期、Web2.0时期、移动互联时期和智能物联时期。其中，移动互联时期大致以2010年为开端，代表性网络应用从Web1.0时期的门户网站、Web2.0时期的社交媒体转变为移动端APP，网络变革特点从之前的互联网商业化和改变媒体转变为改变生活，社会连接的状态也由之前的弱联结变为强联结。这一时期，智能手机等移动终端的普及，让全球网民数量从2010年的20亿增长到2019年的45亿，增量达到25亿。[②]

移动互联网大范围普及的意义有三。一是让网络真正成为人类社会信息基础设施，二是为后续智能物联网络发展提供基础，三是改变人类的思维习惯与行为方式。虽然移动网络依然保持以用户为中心的传播逻辑，但是置于"媒介技术改变人类社会"的宏观命题中，移动互联网发展不仅带来网民总量的显著提升，还将人们从固定的电脑终端面前解放出来，使人们的现实生活与网络世界深度勾连，形成深度媒介化的生存逻辑，这与Web2.0初期发展阶段显著不同。

---

① 简·梵·迪克：《网络社会——新媒体的社会层面（第二版）》，蔡静译，清华大学出版社2014年版，第35页。

② 方兴东、钟祥铭、彭筱军：《全球互联网50年：发展阶段与演进逻辑》，载《新闻记者》2019年第7期，第4-25页。

2. 群落化生存的提出

在喻国明等学者看来，深度媒介化视角下，原有的"粗放型"社会连接转变为"精耕细作"的关系状态，传统的"分布式"社会力量被进行"再度组织"。[①]移动互联网环境中，人与人关系连接的"精耕细作"体现为本土性、目的性、强关系的连接更为显著，在线交往与个体生活圈子的联系更加密切，因此人们更容易通过自由进出网络社群管理社交关系，并在线上线下的混合传播中实现弱关系到强关系的转化，而"再组织社会力量"，从网民微观视角看，是个体利用网络有效组织自我发展资源，以网络为纽带拓展可调用的社会资本，网络社群则是寻求社会资本的重要来源。由此，无论人们对社交关系"精耕细作"的管理，还是在网络社交中"再组织"社会资本，人类交往在移动互联时代呈现出崭新的形态：群落化生存。

群落化生存，是人们基于随时随地建立连接的移动互联技术，通过网络应用组建及加入网络社群，以此获取社会资本或满足多元的生产生活需求，并依托移动技术实现线上传播与线下生活的互融互通，最终呈现出的与具有相同身份特征或目的诉求的人群保持或松散或紧密连接关系的人类生存状态。在当今人们的互联网使用经验中，加入各色各样、大大小小的网络群组已十分普遍，微信群、QQ群、微博群、抖音群、小红书群等充斥在人们的日常生活中。人们每天利用工作群发布消息、传递文件，加入居住地附近的商品优惠群接龙抢单，或者在社区群、街道群各抒己见。更多时候，人们加入同学群、朋友群，与身处四海的老友时刻维持着贴近彼此的共在感，或者在网络中寻找附近地域的兴趣爱好小组，加入其中并期待在现实世界与同好者交流经验。当然，在由陌生人组成的社群中寻求生产生活经验，或者为了获得情感支持和身份认同而进入社群，成为青年群体愈加显著的网络使用方式。无

---

① 喻国明、滕文强、郅慧：《元宇宙推动社会"重新部落化"的底层逻辑与关键入口》，载《未来传播》2022 年第 6 期，第 2–9+133 页。

论出于开展工作、获取知识、组织行动等工具性目的，还是为了寻求娱乐、发展爱好、获得陪伴等仪式性意图，人们已经习惯就地聚落成群，在不同群组间进进出出，维持着与现实世界千丝万缕的联系。

群落化生存是移动互联网改写人类生活方式的生动写照。实际上，网络社群并非移动互联网时代的产物，当Web2.0进入人类生活时，基于PC端的在线群组已然出现。但彼时限于计算机设备的非便携性和接入互联网络的空间局限性，网络群组的交流基本都在线上完成，群组串联人类线上线下生活的能力有限，群组的类型、功能和成员规模无法与移动互联时代的网络群组相提并论。从更本质上来说，移动互联网络社群已然重构了人们的生活：在群中意味着与他者时刻保持共同在场，意味着线上线下生活世界的融合共生，意味着个体拥有管理社会资本的灵活通道，也意味着多群组信息交叠对人类时空感知能力和信息处理能力的影响与改写。在群中表达自己、凝视他人，群落化生存强化了人际交往中自我与他者的参照性建构，库利的"镜中我"理念在移动网络社群中成为一种日常机制，牵引人们对自我、他者和世界的感知和实践。

群落化生存不同于麦克卢汉所言的"部落化生存"。部落化生存关注的焦点是人类以何种感官方式认知世界，麦克卢汉认为在口语交流、印刷术和电子媒介三种不同媒介发展时期，人类分别经历了部落化（tribalization）、去部落化（detribalization）、重新部落化（retribalization）三种社会形态的更迭。在口语时代，人类依靠听觉、触觉、视觉等方式接收信息，感官处于平衡状态，此时人类社会处于部落化时期。印刷术的发明使人们主要依靠视觉接收信息而打破了感官平衡，部落生活由此结束，但进入电子媒介时代，人们重新调用听觉、视觉等综合感官认知世界，而媒介是人类中枢系统的延伸，由此人们过上重新部落化的生活。[1]可见，麦克卢汉的论述重点是媒介形态变更

---

[1] 马歇尔·麦克卢汉：《理解媒介——论人的延伸》，何道宽译，译林出版社 2019 年版。

对人类社会的影响，"部落"强调的是人类在部落化生活时期面对面口语交流的传播状态，而非生存状态。

3. 本书研究问题

本书所探讨的"群落"，是一般意义上人与人会聚在一起的状态。"落"作为名词，在现代汉语中具有"停留的地方"之意，以"落"字形容移动互联网世界中的群组，一是传递人们随时建群、加群、离群的非固定状态，依据各自所需在不同群组中停留，二是突出人们在群组中停留时长和存在状态的不确定性，三是互联网世界可停留的地方十分广泛，传达网络群组多级多样之意。人们存在于移动互联环境所带来的大大小小网络群组中，构成群落化生存的时代景观。

然而，本书并不试图探讨所有网络群组。移动互联网络是一种信息基础设施，有的群组被用于组织生产活动，正如当前几乎所有行业劳动者都加有工作群。此类群组具有生产工具属性和入群的强制性，人们在群中自主交往和传播互动有限，本书不做深入分析。此外，基于现实中强社会关系的网络群组亦不在本书关注范畴，此类群组包括家族群、同学群等，人们已在现实中建立交往关系，入群能获得联络的便利性，但延展出的新型交际方式和交往结构有限。本书试图关注的是，当移动互联技术使人们能够即时即刻在网络空间聚落成群，网络社群在人类生活中充当何种角色？移动网络社群的传播特点是什么？网络社群又是如何改变人类生活？因而本书研究对象是人们自发加入、自主传播、非直接平移现实社会关系的网络社群，或者说是弱关系状态下的网络社群。

移动互联生态下，网络社群串联用户线上线下混合空间传播，为用户建构可选择性社会资本来源，维持社群成员时刻共在的共同体状态，并受到社会结构性力量的制约与影响。正如社群经济和网络圈层分化等问题成为近年来的热点议题，这些趋势印证着移动网络社群与传统上基于在线交流的网络社区具有显著不同。虽然学界对网络社群的研究堪称丰富，但面对移动传播新语境，人群的集结动因、交流状态、互动模式以及社群传播背后不同社会场域对社群团体的争夺，尚未得到系统关注和探索。基于此，本书的研究问题可以具体概括为以下几个方面：

①移动传播技术如何催生群落化生存的现实图景？

②相比传统在线社群，移动网络社群的传播过程具有哪些新型特征？

③在群落化生存的当下，移动网络社群具有哪些新型生成逻辑？换言之，移动传播技术如何与社会结构性力量互动，共同推动网络社群的不断生成？

④群落化生存对人类社会具有哪些正面和负面影响？

诚然，群落化生存是一个宏观命题，或许还是一个需要持续验证、不断完善的学术理念，因此本书并不试图从宏观角度探索群落化生存的所有面向，而是以几种不同类型的移动网络社群作为考察切入点，通过实证研究探索移动网络社群的传播特征及其与现实社会的互动关系，以此窥探群落化生存的动因、表征和影响，为理解技术与社会结构变迁的关系提供注解。

二、文献综述

在国内学术界，社区和社群通常是一组混用的概念，并且我国学者并不刻意区分网络社区和网络社群，他们会根据各自研究对象和目标机动性地调用这两个概念。[①]社区和社群共同对应一个英文单词community，当该研究领域被引入中文世界时出现了不同的翻译方法。两个概念在内涵上有一定交集，但也各有侧重，因此本书文献综述中将关于网络社区和网络社群的研究均纳

① 骆正林：《空间性与情感性的调配：网络空间的拓展与网络社区／网络社群的形成》，载《山西大学学报（哲学社会科学版）》2022 年第 7 期，第 65–82 页。

入考量，以期从更全面的视野窥探学界对该领域的研究成果。关于本书所使用的网络社群概念，将在本章第三节进行详细辨析。

1. 网络社区的本体特征研究

（1）社区的内涵与特征

社区研究是现代化发展过程中人类社会形态由乡村社会向工业社会转变的产物。1887年，德国学者滕尼斯在著作《共同体与社会》中，提出"社区"和"社会"两个概念来描述人类共同生活的两种表现形式。"社区"在德文中对应单词Gemeinschaft，一般可译作"共同体"，英文世界将其翻译为community。1933年，以费孝通为代表的燕京大学青年学生们创造性地将该词翻译为"社区"[1]，至此社区概念进入中国。

在滕尼斯看来，一切亲密的、秘密的、单纯的共同生活，都被理解为是在共同体里的生活。[2]滕尼斯提出血缘共同体、地缘共同体和精神共同体三种共同体形式，并认为精神共同体可以被理解为真正的人和最高形式的共同体。[3]可以看出，虽然滕尼斯将地理区位看作共同体形成的要素之一，但并未将其视为最重要的因素。相反，他认为"共同体理论出发点是人的意志完善的统一体，并把它作为一种原始的或天然的状态"，滕尼斯强调的是亲密关系、精神归属在共同体中的纽带作用。站在当时工业社会快速发展、人的生存状态逐渐"原子化"的社会语境中，滕尼斯对社区那种温情脉脉的人际关系怀有深厚的感情，对工业社会人们基于工具理性形成的机械结合保有悲观

---

① 刘玉东：《基于中国的语境对社区概念的诠释——视角的差异与实然的内涵》，载《陕西行政学院学报》2011年第2期，第16–20页。

② 斐迪南·滕尼斯：《共同体与社会：纯粹社会学的基本概念》，林荣远译，北京大学出版社2010年版，第43页。

③ 斐迪南·滕尼斯：《共同体与社会：纯粹社会学的基本概念》，林荣远译，北京大学出版社2010年版，第53页。

态度。[①]

与滕尼斯注重社区的情感属性不同，后续研究则不断强化社区的空间特征。20世纪20年代，美国社会学家引入滕尼斯的社区概念，以芝加哥学派为代表的诸多学者展开对美国社会的研究，其中共同生活的地理位置被认为是社区形成的必要前提。正如帕克和麦坚齐认为的，社区纯粹是人文地理学上的一个单位，即社区就是一群居民与其特殊环境所形成的关系。[②]在其后研究进程中，社区被社会学、传播学、经济学、管理学等不同学科作为研究对象加以考察，学者对社区的定义也愈加多元和复杂。1955年美国社会学家希勒里（George A. Jr. Hillery）已经在当时的文献中梳理出至少94种社区定义。[③]但总体而言，学者主要强调社区的以下形态特征：

①空间性，相近的地理位置是形成社区的前提，人们在一定的地域范围内共同生活、交流和生产；

②关系性，社区内部成员间的互动交流必然伴随交际关系的建构；

③归属感，社区成员在一定条件下共同生产和实践，形成对彼此的依赖，进而在精神层面产生对所在社区的归属感；

④共同性，社区成员有共同的利益、共同的文化，遵守约定俗成或明确约束的规则。

（2）网络社区研究的工具论与文化论

正如中文世界有网络社群和网络社区的概念之分，英文世界对于网络社群也有不同的形容：Virtual Community、Online Community、Internet Community等。其中Virtual Community的使用频率最高。网络社群的本体形态

---

① 姜振华、胡鸿保：《社区概念发展的历程》，载《中国青年政治学院学报》2002 年第 4 期，第 121–124 页。

② 丁元竹：《社区的基本理论与方法》，北京师范大学出版社 2009 年版，第 57 页。

③ 胡鸿保、姜振华：《从"社区"的语词历程看一个社会学概念内涵的演化》，载《学术论坛》2002 年第 5 期，第 123–126 页。

随着传播科技的发展不断变化，人们对网络社群的研究也存在观念的演变和观点的冲突。

网民通过互联网开展群体活动出现在20世纪70年代。1978年，美国网民沃德·克里斯坦森（Ward Christensen）和兰迪·瑟斯（Randy Suess）使用调制解调器，将他们的个人电脑连接起来，创造了世界上最早的网络论坛（Bulletin Board System，BBS），BBS成为早期网络社区的重要形式。1993年，美国学者霍华德·瑞恩高德（Howard Rheingold）在著作《虚拟社区：电子疆域的家园》中首次提出"虚拟社区"这一概念，认为虚拟社区是相当多的人在网络空间内聚集在一起，他们带着浓浓的人情味进行长时间的公共讨论，从而在网络空间中形成和发展了自己的社交关系。[1]瑞恩高德基于自己参加的全球电子链接（Whole Earth 'Lectronic Link，WELL）互动提出该定义，WELL在1997年被《连线》杂志评为"全球最有影响力的在线社区"。

瑞恩高德的定义中，网络集中性、人情味、社交关系是三个关键词组，能够看出其对空间因素和人与人之间一定程度精神层面连接的强调。彼时瑞恩高德参加的是初级形态的网络群组，随着互联网发展变迁，瑞恩高德在2000年对虚拟社区的定义进行了补充阐释，认为虚拟社区建立在语言、技术、计算、网络化、多对多交流所构成的层级式的基础之上，既是技术的延续物，又是我们日常生活所展现的生活方式的延续物。[2]这里瑞恩高德将互联网看作人类生活世界的延伸。也有学者指出，大多研究皆同意，除依赖的媒介环境与交流形式之外，虚拟社区与传统社区在本质上并无区别。[3]

---

[1]　Rheingold, H.（1993）. *The virtual community: Homesteading on the electronic frontier.* Addison-Wesley, p.49.

[2]　Rheingold, H.（2000）. *The virtual community: Homesteading on the electronic frontier*（revised edition）. The MIT Press, p.347.

[3]　黄彪文、殷美香：《在个体与集体间流动：论虚拟社群的参与动机与交往基础》，载《国际新闻界》2014年第9期，第6–19页。

当网络社区与现实世界存在诸多相似时，那么现实世界中关于社区的研究逻辑则会延伸到网络社区当中。不同学者对虚拟社区的不同定义可以被归纳为工具论型和文化论型两种。

工具论类型的定义中，如约翰·哈格尔三世（John Hagel Ⅲ）和阿瑟·阿姆斯特朗（Arthur G. Armstrong）在他们的《网络利益》一书中，把网络社区的虚拟性加以突出，认为虚拟社区是一个供人们围绕某种兴趣或需求集中进行信息交流的地方，它通过网络以在线方式来创造社会和商业价值。[①]也有学者认为，虚拟社区并不是一种物理空间的组织形态，而是由具有共同兴趣及需要的人们组成、成员可能散布于各地、以旨趣认同的形式作在线聚合的网络共同体。[②]在这里，互联网的工具属性得到强调，由具有共同需求的人（兴趣需要、商业需要、组织需要等）聚集于此，在交流与协作中完成特定目的。

文化论类型的定义中，我国学者郑杭生认为，虚拟社区是由网民在电子网络空间进行频繁的社会互动形成的具有文化认同的共同体及其活动场所。[③]翟本瑞也指出，并不是一群人参与再现互动的网络空间就可以构成一个社区，社区成员要有较亲密的关系，在互动时具有一套共享的规范，并建立起彼此可理解的象征符号系统。[④]其中，虽然虚拟社区的平台属性依然被提出，但学者显然更侧重由参与虚拟社区带来的身份认同、文化生产，强调精神层面的互动和结果。

工具论和文化论并非泾渭分明，二者间有共同之处，这取决于学者从何种角度理解网络社区。作为工具的社群和作为文化的社群，都离不开共同的

---

① 约翰·哈格尔三世、阿瑟·阿姆斯特朗：《网络利益——通过虚拟社会扩大市场》，新华出版社 1998 年版。

② 杜骏飞：《存在于虚无：虚拟社区的社会实在性辨析》，载《现代传播》2004 年第 1 期，第 73–77 页。

③ 郑杭生：《社会学概论新修（第三版）》，中国人民大学出版社 2008 年版，第 291 页。

④ 翟本瑞：《从社区、虚拟社区到社交网络：社会理论的变迁》，载《兰州大学学报（社会科学版）》2012 年第 5 期，第 51–66 页。

空间属性和共享行为。南希·拜厄姆（Nancy K. Baym）通过研究不同的网络社区定义，认为网络社区有五种特质：空间感（sense of space）、共享性实践（shared practice）、共享性资源和支持（shared resources and support）、共享性身份（shared identities）和人际关系（interpersonal relationship）。整体而言，无论网络社群的形态如何变化，人们在社群中的探求都是对自我的探求，是对生命本质意义的追问。①

2. 网络社群的传播动力研究

相比"社区"一词在字面上具有更强的空间属性，"社群"则更侧重对人的描述，因此在"传播动力"的研究梳理中，采用网络社群一词描述传播动力的发生场域。网络社群被视为现实生活在网络世界的延伸，但社群传播并非对现实交际过程的镜子式再现，而是受到网络技术、社群环境和社会语境等因素的综合影响。本节将传播动力视为引发社群成员进行信息交换和社会交往的催动因素，它们共同形塑了网络社群传播的不同类型和历史演化。总体而言，现有关于社群传播动力的研究可被归纳为社群结构、技术设计和交互关系三个方面。

（1）结构视野下的传播动力研究

社会结构是一个群体或一个社会中各要素相关联的方式。网络社群的匿名性，有力消解了人们在现实社会中的阶层秩序和身份差异，但网络社群并非人人平等的乌托邦，无论是用户对自己作为积极互动者或消极互动者的定位，还是社群传播中组织者或管理者的存在，网络社群依然具有成员权力的差异。

网络社群的结构具有扁平性和开放性。当人们不需要在社群中实名发言

---

① 马忠君：《虚拟社群中虚拟自我的建构与呈现》，载《现代传播》2011 年第 6 期，第 139-141 页。

时，成员关系之间不存在"依附关系"，社群一定程度上是"自由人的联合体"①。多数网络社区以碎片化聚合机制展开传播互动，②社区结构具有扁平化特征，③与现实中基于权力形成的垂直结构差异巨大。与传统社会群体相比，用户加入和退出社群极少有门槛，人们并无责任和义务长久驻扎，兴趣转移等因素可能促使成员随时离开。甚至有学者指出，这种随意性的联结和分离——流动性——才是虚拟社群区别于传统社群的本质。④

网络社群中同样存在话语中心。虞鑫等对网络讨论中的意见领袖、沉默螺旋和群体极化现象进行模拟仿真，证明核心人物的占比高低能够缩小活跃者和非活跃者在讨论周期和发言数量的差距。⑤另外，网络社群又通常是由多个影响力不同的话语中心组成。这一方面与某些成员在社群传播中成为主导者有关，另一方面与其他成员参与社群传播的主动性大小有关，而后者在形塑网络社群的传播结构中更具有根本性力量。有学者指出，网络社群中并不是每个人都积极参与传播，由于网络向每个人开放，社群可被看作一个充满信息的信息库（information pool），人们可能会强烈地想从信息库获益，而不为信息库做出自己的贡献。⑥实际上，大量现有虚拟社区处于依靠10%以下的

① 谢玉进：《网络趣缘关系与人的发展》，载《理论导刊》2007 年第 1 期，第 37–39 页。
② 蔡骐：《网络虚拟社区中的趣缘文化传播》，载《新闻与传播研究》2014 年第 9 期，第 5–23+126 页。
③ 罗自文：《网络趣缘群体的基本特征与传播模式研究——基于 6 个典型网络趣缘群体的实证分析》，载《新闻与传播研究》2013 年第 4 期，第 101–111+128 页。
④ 黄彪文、殷美香：《在个体与集体间流动：论虚拟社群的参与动机与交往基础》，载《国际新闻界》2014 年第 9 期，第 6–19 页。
⑤ 虞鑫、许弘智：《意见领袖、沉默的螺旋与群体极化：基于社会网络视角的仿真研究》，载《国际新闻界》2019 年第 5 期，第 6–26 页。
⑥ Bimber, B., Flanagin, A. J. & Stohl, C.（2005）. Reconceptualizing collective action in the contemporary media environment. *Communication Theory*, 15（4）, 365–388.

参与者创造85%以上社群贡献的状态中。[①]在国内的知乎社群，10%左右的活跃用户（多为各个领域的意见领袖）贡献了社区中的绝大部分内容，其余九成用户大多为信息浏览者，负责为答案点赞，以此激励意见领袖继续贡献内容、分享知识。[②]与之相反，若网络社群的成员数量多且拥有互动活跃的子群，便存在跨子群的互动关系。意见领袖参与内容的主题数增多时，跨圈层的传播影响力也有增大趋势，有利于避免"回音室"效应。[③]

为何网络社群中会形成多个话语中心？有学者从两种角度分析此问题，分别是功利性（utilitarian）和规范性（normative）。前者将网络社群的信息参与看作理性个体与集体利益冲突的过程，即个体出于自身需要选择输出信息还是接受信息；后者强调集体价值规范在社会认同中的作用，传播者基于对集体价值的感知产出信息。[④]关于网络社群中位于话语中心的人呈现何种特征，Huffaker通过对16个谷歌讨论小组632622条文本的分析，发现虚拟社区领导者通过高活跃度、可信度、网络中心性以及情感的、自信的姿态和多样的语言风格影响其他人。[⑤]

（2）技术视野下的传播动力研究

长期以来，技术因素对网络社群传播模式的形塑作用未受到充分认识，正如有学者指出，网络社群成员的参与动机受到社区互动形式（媒介因素）

① Ling, K., Beenen, G., Ludford, P., Wang, X., Chang, K., Li, X., et al.（2005）. Using social psychology to motivate contributions to online communities. *Journal of Computer-Mediated Communication*, 10（4）.

② 王秀丽：《网络社区意见领袖影响机制研究——以社会化问答社区"知乎"为例》，载《国际新闻界》2014年第9期，第47–57页。

③ 汤景泰、陈秋怡：《意见领袖的跨圈层传播与"回音室效应"——基于深度学习文本分类及社会网络分析的方法》，载《现代传播》2020年第5期，第25–33页。

④ Sohn, D. & Leckenby J. D.（2007）. A structual solution to communication dilemmas in a virtual community. *Journal of communication*, 57（3）, 435–449.

⑤ Huffaker, D.（2010）. Dimensions of leadership and social influence in online communities. *Human Communication Research*, 36（4）, 593–617.

的影响，而这些影响较少被讨论。①技术底层设计决定网络社区的功能设置和使用方式，随之带来社区传播模式的更新。早在2009年，网络传播学者彭兰即指出，以新闻组、BBS为代表的网络社区有明确的社区边界，人们在这种社区的互动是通过一个个明确的话题进行的，是为传统虚拟社区；而以豆瓣、SNS网站为代表的社区通过"标签""好友"等功能形成成员关系链接，社区不再有明确边界，成员更多通过一对一方式实现交往，结构松散、关系灵活，是为新型虚拟社区。②此后，移动传播技术支持的即时通信交流社群（微信群、QQ群）、地理定位技术催生的位置共享与社交社群（Foursquare应用、跑步轨迹应用）、影音技术支持的视听类网络社群（直播社群、短视频平台社群）等，不断扩展着网络社群的传播样态，赋予社群传播新的动力。

随着不同类型的社群不断出现，学者们开始关注平台技术功能对社群传播模式的影响。例如有研究聚焦知乎平台，认为"邀请回答"功能与"关注"功能一起，增加了信息交流的社交价值和社区影响力。③Varik和Oostendorp发现通过邮件告知用户新信息、创建新闻板块和在用户界面添加图片的能力，能够有效提高社区活跃度。④Saker则认为基于地理定位技术的社交网络出现以后，人们将地理位置和附着其上的空间意义作为自我呈现的手段，在此基础

---

① 黄彪文、殷美香：《在个体与集体间流动：论虚拟社群的参与动机与交往基础》，载《国际新闻界》2014年第9期，第6–19页。

② 彭兰：《从社区到社会网络——一种互联网研究视野与方法的拓展》，载《国际新闻界》2009年第5期，第87–92页。

③ 王秀丽：《网络社区意见领袖影响机制研究——以社会化问答社区"知乎"为例》，载《国际新闻界》2014年第9期，第47–57页。

④ Varik, F. V. & Oostendorp, H. V.（2013）Enhancing Online Community Activity: Development and validation of the CA framework. *Journal of Computer-Mediated Communication*,18（4），454–475.

上展开社交并建构身份认同。①在陌生人社交领域，喻国明等发现平台的算法匹配、用户的兴趣与状态、LBS地理定位等功能疏通了陌生人社交的关系场域，把陌生社群从潜关系渗透到弱关系甚至强关系。②

在技术的形塑下，学者展开对网络社区传播模式的总结。罗自文通过分析不同种类社区的传播文本，认为网络趣缘群体的传播模式有"主题演讲"模式、"侃大山"模式、"链式扩散"模式。③蔡骐认为，网络趣缘社区中信息扩散模式通常分为两种。第一种是以话题为核心、以群组为主要形式的信息传播模式，呈现出相对封闭的圈子化路径；第二种是以人为核心、以个体的社会关系网络为路径的信息传播模式，呈现为相对开放的社会化网络路径。④显然，这些传播差异建立在不同社区相异的组织形式上。有学者展开更为细化的研究，考察网络社区不同注册页面对社区用户传播行为的影响。研究分析了用户在共同结合式社区（common-bond community）和共同认同式社区（common-identity community）中的信息呈现，发现前者用户以私人化的方式呈现自身，后者用户则以社区共享的特征呈现自身，显示出社区功能设计带来的传播差异。⑤

（3）关系视野下的传播动力研究

网络社区是现实社会交往在网络世界的体现，因此对于社区内部的人际

① Saker, M.（2017）. Foursquare and identity: Checking-in and presenting the self through location. *New Media & Society*, 19（6），934–949.

② 喻国明、朱烨枢、张曼琦等：《网络交往中的弱关系研究：控制模式与路径效能——以陌生人社交 APP 的考察与探究为例》，载《西南民族大学学报（人文社科版）》2019 年第 9 期，第 141–146 页。

③ 罗自文：《网络趣缘群体的基本特征与传播模式研究——基于 6 个典型网络趣缘群体的实证分析》，载《新闻与传播研究》2013 年第 4 期，第 101–111+128 页。

④ 蔡骐：《网络虚拟社区中的趣缘文化传播》，载《新闻与传播研究》2014 年第 9 期，第 5–23 页。

⑤ Schwammlein, E. & Wodzicki, K.（2012）What to tell about me? Self-presentation in online communities. *Journal of Computer-mediated Communication*, 17（3），387–407.

交流、信息流动和情感互动是学界主要关注的话题。在网络社区匿名、无强制性约束的传播环境中，人们的交流活动源自各类不同的需求或态度，由此构成人与人之间、人与群体之间的网络社会关系。

李金阳从社会交换理论的精神报偿入手，通过问卷调查，发现信任、互惠、利他三个因素对个人的信息共享意愿和共享行为均有正向影响。[①]孙康和杜荣的研究则认为，网络平台缺乏面对面的交流和法律保障，使得"信任"被看作一个重要的环境因素。[②]Hung、Lai和Chou将一个月之内发布一条以上信息者定义为发布者（poster），将一个月之内发布一条及以下信息者定义为潜伏者（lurker），通过对3个专业性虚拟社区中177名发布者和246名潜伏者的问卷调查，发现帮助他人的乐趣积极影响发布者分享知识的态度，然而互惠和技术使用变量（感知易用性和兼容性）积极影响潜伏者的态度。[③]其他研究发现，自我效能[④]、人际关系[⑤]、成就感和来自社区其他成员的鼓励[⑥]、结果预期[⑦]等主观因素均对知识共享有显著影响。其外部影响因素则依具体情境产

---

① 李金阳：《社会交换理论视角下虚拟社区知识共享行为研究》，载《情报科学》2013年第4期，第119–123页。

② 孙康、杜荣：《实名制虚拟社区知识共享影响因素的实证研究》，载《情报杂志》2010年第4期，第83–87+92页。

③ Hung, S., Lai H., & Chou Y.（2005）. Knowledge-sharing intention in professional virtual communities: A comparison between posters and lurkers. *Journal of the association for information science and technology*, 66（12），2494–2510.

④ 王子喜、杜荣：《人际信任和自我效能对虚拟社区知识共享和参与水平的影响研究》，载《情报理论与实践》2011年第10期，第71–74+92页。

⑤ 许超、贺政凯：《个人差异如何影响知识共享行为——内在动机的多重中介作用》，载《科技管理研究》2019年第5期，第153–158页。

⑥ 雷蔚真、郑满宁：《WEB2.0语境下虚拟社区意识（SOV）与用户生产内容（UGC）的关系探讨——对KU6网的案例分析》，载《现代传播》2010年第4期，第117–122页。

⑦ 孟笛：《虚拟社区国际研究综述——基于SSCI、A&HCI高被引文献的分析》，载《图书情报工作》2015年第18期，第127–133页。

生差异，专业正式的情境下，知识共享多为了产品或服务创新，因此受周边的环境、专业技术以及资本等因素影响明显；日常生活情境下，知识共享更多为了提升自我，更注重内心真实感受，因此受个体预期、社交关系等影响明显。[1]

以上研究从传播者角度考察了社区成员为何积极进行信息共享，也有学者将社会语境和群体特征进行融合研究，以历时性角度探索网络社群的形成及其演化规律。杨江华等细致梳理了知名网络贴吧"帝吧"的发展历程，认为媒介技术和话题事件是人们进行社群互动的基础，若两者能够建立起与当下社会结构情境的关联耦合，社群便具备稳定性，从而长期持续下去。但与此同时，社群规模的扩大和成员异质性的增加，使得社群内部会出现分化现象，这对社群的原初认同和群体规范形成挑战。[2]这一研究着眼于信息交流型网络社群，从社会结构情境与社群互动的角度揭示网络社群的生成与演化，这种复合性研究视角对于考察网络社群发展演化具有启示意义。

3. 网络社群对社会生活的影响研究

"社会生活"的内涵十分广阔，但作为组成社会的基本单位，"人"是社会生活的核心因素。本节从社群与人的关系入手，主要梳理加入网络社群对网民个体生活的影响，具体包括身份认同和社会资本两个方面。

（1）网络社群与身份认同

身份认同是人文社会科学研究者在对现代性议题开展研究时关注的一个重要问题，诸多研究的预设在于工业化大生产将人们从传统地缘、血缘等社会中剥离，造成人与人之间原子化的孤立境地，引发现代社会中人对于自我

---

[1] 王泽蘅：《国内社会化媒体环境下知识共享研究综述》，载《数字图书馆论坛》2020年第11期，第63–72页。

[2] 杨江华、陈玲：《网络社群的形成与发展演化机制研究：基于"帝吧"的发展史考察》，载《国际新闻界》2019年第3期，第127–150页。

的认同危机。因此，身份认同研究的重要目的是重塑人的认同问题。研究发现，网络社群为人们塑造自我认同提供了新的路径，这些路径可以分为以下几方面。

惯习路径。周俊和毛湛文通过对10位豆瓣网用户的访谈，认为用户在长期的社区环境浸染中，逐渐建立起一系列媒介使用习惯，形成对社区的依赖。通常网络社区之间存在差异和对比，建立在精神交往基础上的豆瓣用户，在感知到差异时通常主动维护自身所处社区，更能意识到所在社区的独特价值，在这种差异性的比较和同一性的确认中，社区成员的共同心理得到强化。[1]

仪式路径。吴欢通过观察老年群体对社区网站"老小孩"的线上线下使用行为，认为老年网民通过主办和参与具有庆典仪式特征的线下活动，凝聚了与虚拟社区相关的集体记忆，对这种记忆的表达与分享，强化了用户对虚拟社区和其他成员的认可。[2]

文化路径。社群内共享文化符号的生成、识别与文化意义的共享，能够帮助成员建构身份认同，这在二次元社群更为突出。马中红等认为，Cosplay爱好者利用网络社群进行作品展示与交流，不遗余力地积累文化资本，促进爱好者们建立身份认同和社群认同。诸葛达维研究仙剑游戏玩家社群时发现，玩家在社群活动中积累了游戏相关的符号资本与情感能量，有益于维护他们的社群认同与情感团结。[3]

当然，加入网络社群并不必然带来身份认同，有学者从人口变量因素和用户使用习惯对身份认同的生成情况进行研究，发现网络社区的差异对网民

---

[1]　周俊、毛湛文：《网络社区中用户的身份认同建构——以豆瓣网为例》，载《当代传播》2012 年第 1 期，第 74-76 页。

[2]　吴欢：《虚拟社区内的认同——以中国内地老年门户网站"老小孩"为例》，载《新闻与传播研究》2013 年第 5 期，第 84-99 页。

[3]　诸葛达维：《游戏社群情感团结和文化认同的动力机制研究》，载《现代传播》2019 年第 2 期，第 102-108 页。

身份认同并不存在显著影响，一般居住在中小城市或农村和具有本科学历的人具有较高的网络社区身份认同，而居住在大城市和具有研究生或专科以下学历者，网络社区身份认同度低。不过，这种认同感会随网络使用行为的增加而增强，如网民使用网络"获取信息""进行娱乐"和"从事商业"等活动的频率越高，网民对自身所在网络社区的身份认同意识就越强。[①]另有研究发现，对于沿海发达城市网民而言，网络社群的规模与成员的社群归属感之间存在正相关关系。[②]

（2）网络社群与社会资本

人们通常为了增加获取信息和服务的渠道而进入网络社群，对于那些在现实中没有这些渠道的人更是如此，这让互联网络成为人们发展社会资本的平台。[③]在《使民主运转起来》（*Making Democracy Work*）一书中，罗伯特·帕特南（Robert D. Putnam）对社会资本做了如下定义：社会资本是指社会组织的特征，如信任、规范和网络，它们能够通过推动协调的行动来提高社会的效率。[④]这里，社会资本不仅是与公民的信任、互惠与合作有关的态度和价值观，也与个体的朋友、家庭、社区等公私生活联系在一起，并体现出社会结构和社会关系的特征。

现有研究多数认为，人们加入网络社群能够获取社会支持，从获取的结果来看，能够分为获取目的性支持和情感性支持两个方面。

目的性支持即利用网络社群达到相关目的，这与个人发展、社会参与、

① 江根源、季靖：《网络社区中的身份认同与网民社会结构间的关联性》，载《新闻大学》2014 年第 2 期，第 83—92 页。

② 王依玲：《网络人际交际与网络社区归属感——对沿海发达城市网民的实证研究》，载《新闻大学》2011 年第 1 期，第 82—92 页。

③ Ellis, D., Oldridge, R., & Vasconcelos A.（2004）. Community and virtual community. *Annual Review of Information Science and Technology*, 38（1）, 145–186.

④ Robert D. Putnam, Robert Leonardi, & Raffaella, Y. Nanetti.（1994）. *Making Democracy Work: Civic Traditions in Modern Italy.* Princeton University Press.

社区治理等方面紧密相关。如同Phang等指出的，虚拟社区的主要目的在于促进信息分享，在不同的社区使用中推动用户的学习和职业发展。[①]学者Oh通过对韩国女性向美国移民的社区"MissyUSA"中关于提问和回答内容的文本分析，认为该社区为成员提供了如何获取合法移民身份、韩国烹饪方法和移民计划等信息，在知识层面为提问者提供支持。[②]谢静在观察了3个城市社区的网络论坛后，认为论坛为社区共同问题的讨论创造条件，社区居民利用社区网络论坛发布消息、报告问题、发起讨论、展开动员等，展示了社区网络论坛作为一种新型的传播媒介，在现实的社区治理领域的影响和作用。

情感性支持即在网络社群成员的身份相似性和传播内容的情感认同中获得支持感，强化个体的特定信念和精神力量。卡斯特也认为，用户基于共同兴趣和价值加入网络线上团体，随着时间推移，会为个人提供实质上的情感支持。[③]通过对6个网络趣缘群体的实证分析，罗自文发现网络趣缘群体更倾向于提供非物质的精神性社会支持。[④]邱鸿峰等在对某乳腺癌病友社群进行研究后，发现患者通过讲述自身经历和阅读他人故事，相互之间提供并获得了多重同伴支持，重建身份认同，并在医患关系上实现自我赋权。[⑤]

目的性支持和情感性支持并非彼此区分，一定情境下二者能够共存。也

---

① Phang, C. W., Kankanhalli, A., & Sabherwal, R.（2009）. Usability and Sociability in Online Communities: A Comparative Study of Knowledge Seeking and Contribution. *Journal of the Association for Information Systems*, 10（10），721–747.

② Oh, J.（2016）. Immigration and social capital in a Korean-American women's online community: Supporting acculturation, cultural pluralism, and transnationalism. *New Media & Society*, 18（6），1–18.

③ 曼纽尔·卡斯特：《网络社会的崛起》，夏铸九译，社会科学文献出版社2003年版，第335页。

④ 罗自文：《网络趣缘群体的基本特征与传播模式研究——基于6个典型网络趣缘群体的实证分析》，载《新闻与传播研究》2013年第4期，第101–111页。

⑤ 邱鸿峰、周倩颖：《同伴支持与恐惧控制：乳腺癌虚拟社区互动的平行机制》，载《国际新闻界》2021年第6期，第98–113页。

有学者进一步拓展社会资本这个概念的维度，认为网络社区能够为成员带来更多社会资本。例如Kobayashi把社会忍耐（social tolerance）看作社会资本的一种，通过调查日本游戏社群用户，认为网络社区的异质化人员构成能增强成员对游戏的社会忍耐度，并且这些增强的忍耐度可以被延伸至对线下事物的忍耐，因此作者认为虚拟社区能够通过在共同语境中聚集异质个体而增强个体的社会资本。①

4. 文献评述

总体而言，国内外关于网络社区和网络社群的研究可谓丰富，具体表现在三个方面。第一，随着网络社区传播形态的发展演化，学界能够及时梳理新型社区的传播特征和传播模式，使学术研究保持一定的前沿性。第二，学界关注的社区类型十分多样，从信息交流型社区、休闲娱乐型社区到各式各样的趣缘社区等，学者从不同研究对象中构筑网络社区研究的学术版图。第三，研究方法不断丰富，从早期基于观察的阐释型研究，到参与式观察、问卷调查等实证型研究的融入，再到基于数据抓取的社群传播分析，学界用多重工具探索社群传播的本质规律。但现有研究也具有一定局限性，可以概括为两个方面。

第一，单纯考察网络世界中的社区传播，对社区成员在线上、线下两种世界中的互动及其影响关注不足。以往研究通常着眼于某一个或某一类网络社区，以社区成员之间的传播文本为研究对象，虽然部分学者会通过深度访谈考察社区成员的传播动机和传播影响，但较少涉及针对传播者线上、线下的行为互动分析。也有部分研究关注网络社群的线下活动，但将之作为一种

---

① Kobayashi, T.（2010）. Bridging social capital in online communities: Heterogeneity and social tolerance of online game players in Japan. *Human Communication Research*, 36（6）, 546–569.

辅助性行为进行对待。随着互联网技术不断更新发展，网络社群的建构逻辑和传播逻辑正在发生根本性转变，移动互联网使人们的线上传播和线下生活愈加紧密地结合在一起，网络社群成员逐渐常态化地进行着线上与线下的传播，这对人们的生活方式形成新的影响，也是网络社群研究需要关注的新话题。

第二，研究多从社群本体角度进行探讨，对影响社群生成与传播的社会结构性力量关注不足。既有研究主要分析网络社群的本体形态、群体氛围、成员交往、传播结构、社群意志等与社群本体特征密切相关的各类要素，但对于影响社群发展演变的经济、政治、文化等外部系统性力量考虑不足。网络社群通常被认为是人们出于共同兴趣或行为目的组建的虚拟共同体，人的需要是网络社群形成的直接因素，然而在人的需要背后，是由传播技术所驱动的社会力量的此消彼长与重新配比，各类力量以或明或暗的方式间接驱动人们对于群落化生存的需求。如果把网络社群视为一种微观的媒介场域，资本力量、文化力量、公共力量日益通过网络社群发挥自身影响，从而达到力量因素的施动目的。移动互联网为这一局面的形成提供了重要技术基础，也促成了移动网络社群与传统网络社群不同的型构特征，关注社会系统性力量对网络社群的影响，是当下社群传播研究需要跟进的方向。

除以上两点之外，既有网络社群研究还存在概念界定模糊的问题，主要表现在如何定义网络社区和网络社群，二者的区别是什么。同时，随着今天社交媒体日益多元，有研究者把知乎、小红书、微博等用户信息交流平台均视为网络社区或网络社群，这是否过于泛化网络社区/网络社群的边界？是否将社交媒体同网络社区/网络社群画上了等号？以上问题均需要更严谨的探索。在下节"关键概念厘定"中，本书将对网络社区和网络社群的概念进行辨析，并界定本书所谈网络社群的内涵。

三、关键概念厘定

虽然网络社区和网络社群概念在研究中常常被混用，但为了阐明本书的具体研究对象，以及廓清移动互联时代群落化生存的本体特征，有必要对本书所言的网络社群概念进行辨析。

从字面来看，社区概念强调空间属性，即把人们聚集在一起的共同空间；社群概念强调状态属性，即人们聚集在一起的共同状态。在我国学术界关于网络共同体的研究中，网络社区概念率先被使用，人与人的连接需要通过BBS、贴吧等可视可感的网络界面实现，这种界面被视为人们得以聚集的共同空间。网络社群概念则默认了共同体处于共同空间的前提，转而强调具有相同特征的人在网络上的聚集事实，尤其是在移动互联网语境下，不同设备、不同网络应用为人群提供了多样化的驻留空间，与这些可替换的空间相比，具有相同特征的人集合在一起的稳定状态更值得强调，因此当前学者越来越多使用网络社群概念。

彭兰指出，网络社区和网络社群的区别在于是否具有明确的共同体意识。虽然网络社区中的人具有一定稳定关系，相互间互动频繁，且社区传播能够对个体产生持续影响，但是一些网络社区是过于开放的、缺乏稳定性的，例如早期的网络聊天室和现在的新闻跟帖，这使得共同体并不牢固，成员并不一定有明确的共同体意识。彭兰认为，网络社群是具有群体意识、群体归属感和一定的集体行动能力的利益、文化、生产等方面的"共同体"，其中，集体行动力被重点强调，因为人们对于社群的选择往往具有目的性和功利性，从而在社群中通过行动实现目的。[①]

　　基于彭兰的定义，本书认为，网络社区是技术发展的结果，技术架构形塑了人们使用网络平台的方式和逻辑，由此人们在网络上自然流动到一起，形成彼此的连接和互动。而网络社群是技术发展与社会互动的结果，这里的社会互动包括个人与技术的互动以及社会结构力量与技术的互动。个人层面意指人们基于特定目的加入社群，为了达成目的而形成较强的群体意识和群体行为动力。社会结构力量指机构化或组织化的利益集团，通过建设网络社群达到特定目的，扩大社群规模和培养社群成员的行为驱动力是社会结构力量的主要目标。

　　由此，在谈及网络社区和网络社群时，有必要从其形成动因是纯粹的技术形态还是技术与社会的互动方面对二者加以区分。例如有学者将网络社群分为六种类型，包括微博、人人网等以扩大交友范围为目的的社群，视频平台、网络文库等内容共享社群，论坛、贴吧等观点消息告知型社群，知乎、百度知道等垂直类社群，微信、QQ等即时通信交流社群，新闻APP、新闻媒体门户形成的讨论互动社群。[②]虽然分类清晰、全面，但这一分类也显示出学术界对网络社区和网络社群概念的混用。以上各类网络社群看似形态各异，但其归根结底是网络应用功能差异而为，功能逻辑的不同带来用户社交连接方式的差异，因此将上述研究中的网络社群称为网络社区更为合适。如骆正林所言，国内对于网络社区的研究更关注平台建设和社区管理，并注重对社区功能的深度开发，对网络社群的研究则着重探索网络空间内的群体行为和

---

① 彭兰:《"液态""半液态""气态"：网络共同体的"三态"》，载《国际新闻界》2020年第10期，第31-47页。

② 周琼:《社群经济时代新兴网络社群的特点及其影响》，载《浙江工业大学学报（社会科学版）》2018年第12期，第431-437页。

情感。①可见，网络社区强调网络应用的技术与功能，网络社群强调网络应用中的人及其行为，当然二者并非泾渭分明，人在网络应用中的传播和一定的共同体意识是二者的共同基底。

综上，本书中所谈的网络社群，是以移动社会化媒体为聚集手段，具有相似的身份特征、稳定的成员关系、明确的社群意识、一致的目标方向以及一定集体行动能力的网络共同体。这一界定包含三个要点。

第一，人与人处于相对稳定的连接状态，对社群有较强的认同。这一界定与网络中具有相同身份标签但彼此尚未建立稳定连接的人群形成区别，后者常被形容为网络圈子。

第二，网络社群以具体的网络空间为存在条件，但空间与社群并非绑定关系。移动互联条件下，一个网络社群可以在微博、微信、抖音等各类社会化平台同时建立社群空间，即一个社群可以在不同网络平台流动，而社群中的成员及社群关系相对固定。

第三，网络社群具有一定的集体行动能力，这是共同的群体意识和群体目标带来的结果。网络社群的传播形态不再是单一的在线交流互动，社群成员可能基于特定目标，将网络空间作为一种动员和组织工具，从而服务于具体目标的实现。

在网络社区/网络社群的研究版图中，本书或许亦未跳出"根据研究目的来调用概念"的逻辑，也无意通过辨析常被研究者混用的概念而彰显新意。本书所关注的是网络世界中人的状态，尤其是互联网技术衍进下人们如何或主动或被动地聚合与分化，人们如何在技术变化中转换着交往思维与生活方式，而"社群"一词能更充分地指涉人的生活状态。

此外，关于"群落化生存"中的"群落"，并不能与网络社群画上等号。

---

① 骆正林：《空间性与情感性的调配：网络空间的拓展与网络社区/网络社群的形成》，载《山西大学学报（哲学社会科学版）》2022年第4期，第65-82页。

之所以提出群落化生存，是因为当今人们已处于无时无刻不与数量相异的网络群组保持连接的状态。这一方面源于移动传播科技的普及，另一方面源自人们出于不同目的主动入群而居，同时还来自各类社会力量对群组的有意搭建和维护。并非所有群组中的成员都具备明确的社群意识和稳定的成员关系，但群组本身已然成为网络时代社会资本的一种重要来源，这是任何时代社会生活都不曾具有的显性特征。因此，本书并不考察现实社会关系在网络中的复刻群组，而是关注人们如何随时随地运用网络群组与陌生的他者建立连接，从而为自身寻求特定效用或满足的过程。网络社群是网络群组中成员关系更为密切，群组对成员社会资本反哺程度更高的共同体，本书通过探索移动时代的网络社群构成与传播，窥探人们群落化生存的深度面向。

四、研究意义

在学理层面，"深度媒介化"是近年来学术研究的探索热潮，群落化生存则是深度媒介化之于社会生活的重要表征。本书创新性地采用"互动—结构"视角，把网络社群看作技术、用户与社会结构性力量互动的结果，通过对移动传播生态的诠释型分析和不同类型网络社群的实证研究，揭示深度媒介化之下网络社群的新型生成机制，探索结构性力量在社群传播与社群行动过程中的施效理路，为理解技术对人类社会的重构提供更多理论注脚。同时，本书围绕移动互联传播这一网络生态分析网络社群的诸多面向，丰富了网络社群的研究版图，引入生活政治、社会空间、青年研究等理论视角，使本书具有传播学与社会学相结合的跨学科色彩。

在应用层面，本书对不同类型的网络社群进行了基于质性方法的实证研究，呈现了移动互联时代网络社群传播的多元图景，深描了网络交往对于健身群体、粉丝群体、疾痛群体等不同社会人群的深刻影响，剖析了网络社群参与对于不同社会群体思维和生活的影响，为人们了解媒介化时代的社会生活提供生动案例。同时，本书分析了经济、文化、社会等因素对人们网络社群参与的影响，尤其反思了商业资本对网络社群的形塑作用，在此基础上剖析当下社群传播的潜在风险，为网络平台、社会组织及管理机构了解网络传播特点和制定发展规划、管理规划提供现实依据。

五、研究方法

本书旨在深入探索移动互联时代的网络社群形成规律和传播特征，分析人、技术、社会三者之间的互动逻辑及相互影响，因此采用质化研究方式进行实证调查。为了把握网络社群传播和社群实践的整体情况，以及社群成员在传播实践中的心理动机与切实感受，本书运用网络民族志和深度访谈两种方法开展调查。

在对网络民族志方法的运用中，本书确立三项原则。一是注重对网络社群的沉浸与感受。由于线上网络不具备现实中的场景因素和非语言符号，因此网络民族志的观察更依赖研究者的个人感受。正如学者所言，"网络民族志更关注田野笔记中获得的第一手个人反思"[1]，所以本书注重研究者充分的沉浸和体会。二是参与社群的线上、线下交流互动。对于虚拟的网络世界而言，"参与"正在成为网络民族志方法论者的共识。"如果从网络民族志中移除学者参与的角色，同时就意味着抹除了他们体验文化理解的可能性。"[2]移动互联时代的网络社群从线上传播走向线下实践，本书研究者亦将线下观察纳入

---

[1] 罗伯特·V.库兹奈特：《如何研究网络人群和社区：网络民族志方法实践指导》，叶韦明译，重庆大学出版社 2016 年版，第 51 页。

[2] 罗伯特·V.库兹奈特：《如何研究网络人群和社区：网络民族志方法实践指导》，叶韦明译，重庆大学出版社 2016 年版，第 88 页。

研究范畴。三是运用多点网络民族志开展研究。针对同一类型的网络社群，只有进入多个不同的社群空间进行观察，才能更生动、更科学地把握社群传播特征，因此本书坚持多点网络民族志原则。

具体而言，本书实证研究过程主要体现在第三章至第六章，其中第三章采用网络民族志方法，并辅以线下观察法，第四章至第六章采用网络民族志与深度访谈相结合的方法。

1. 网络民族志

第三章关注网络健身社群，以健身类应用"咕咚"及其平台上的社群为研究对象。咕咚是国内创办较早的智能运动应用，2022年APP用户数量达到2亿，超过20万个运动团遍布各地，在我国运动类网络应用中具有领先地位。[①]G跑团是咕咚平台上武汉市评级最高的跑团[②]，由一位居住在武汉光谷地区的咕咚用户于2016年4月自发建立，创建者所在的地理位置即为该跑团的地理坐标，附近咕咚用户可加入该跑团。至2022年底，该跑团咕咚群内拥有2000人，同时建有一个200多人的微信群，群内互动十分活跃。跑团经常组织线下集体跑步活动，团友社交关系由线上发展到线下，是典型的基于地理位置的网络社群。笔者于2016年11月加入G跑团咕咚群，2017年2月在跑友引荐下以跑步爱好者身份获准加入跑团微信群，至2019年5月，笔者持续而系统地参与了该跑团的线上交流、线下约跑、集体参加马拉松和跑团年会等活动，以网络民族志和线下参与式观察相结合的方法对该社群进行研究。2020年后跑团跑步实践减少，笔者以社群内组织的重点活动为依托进行事件观察分析。

---

① 信息来自咕咚官方网站，检索于 2022 年 11 月 30 日。https://www.codoon.com/。

② 咕咚平台将跑团等级分为 0—7 级，7 级为最高等级。团等级实行积分制，从团创建时间、团活动创建次数、团活动签到次数和团员运动记录次数等多个维度进行计算积分。高等级跑团有用更高的跑团人数上限，以及咕咚平台在赛事名额、推广资源等方面的福利。

第四章关注网络直播社群，以"斗鱼"和"一直播"两家平台上的秀场主播为研究对象，以主播人气、型别、风格、开播时长等为筛选依据，选择4位典型主播的直播间及其粉丝群进行观察。实证研究集中于2018年10月—2019年2月以及2022年10月—2022年12月，尝试通过两个不同年份和时间段的直播对比更详细把握直播的特征和变化。笔者于主播开播时进入直播间，平均每天观看直播2.5小时。观察重点为直播内容、观众弹幕、打赏情况、平台的观看和游戏规则、主播热度变化等，笔者时不时参与直播互动。同时，加入主播粉丝平台群和微信群，在深度沉浸中体验秀场直播运行机制。

第五章关注网络粉丝社群，加入两位青年演艺从业者的粉丝社群进行实证研究。粉丝群体具有强烈行动能力和网络文本生产能力，只有加入到粉丝社群基于移动网络的行动当中，才能深刻把握粉丝社群的行为心理、行为动因和行为规律。本书调研员使用两个微博账号加入两位青年演艺从业者的微博粉丝群，其后加入微信粉丝群，一方面观察社群内部的组织、传播与实践活动，另一方面参与到粉丝群的集体活动中去，包括物料制作、网络宣传、线下应援等。实证观察集中于2020年1月—2021年5月，依据粉丝社群实践的分工需要，调研员加入同一粉丝团体的多个不同小组，在深度参与粉丝活动中剖析当下粉丝社群基于网络的实践特征。

第六章关注网络疾痛社群，将着眼点聚焦于自闭症儿童父母所建立的社群。作为在现实生活中面临疾痛压力的亲职群体，他们有更强的动机在网络社群中寻求情感、信息和行为资本。本书调研员首先通过微博私信联络到一位抚养自闭症儿童的全职母亲，她在社交媒体记录孩子的日常生活。调研员在对其进行深度访谈后了解了其所在社群的情况，发现该母亲加入了多个自闭症儿童家长微信群，经过这位母亲的介绍和调研员与群主的沟通，最终调研员加入三个风格各异的微信群。微信1群450余人，成员包括各年龄段孩子的家长，但活跃者多为学龄前儿童家长，群内交流围绕治疗、康复和生活分享展开；微信2群370余人，成员主要是正在上小学的孩子家长，群内互动多为自闭症儿童的教育话题；微信3群150余人，群内并不活跃，多为群主和管理员发言，内容多是儿童家长心理康复技巧知识，或者相关机构课程介绍。网络民族志观察从2021年8月15日开始，为期6个月，每天晚上八点半至十点半，调研员对三个微信群当天的聊天内容进行整理和分析。

2. 深度访谈法

网络民族志方法主要在于观察网络用户的线上传播情况，但对用户的心理活动、行为动机、情感体验等难以涉足。多数学者认为，网络民族志研究必须重视线上和线下的关系及其转换，[①]而移动互联时代的一大特征在于人们线上线下活动愈加深入地相互融合，因此本书采用深度访谈法，了解社群用户的思想活动及相关线下实践。

深度访谈法集中于第四章至第六章，主要采用立意抽样和滚雪球抽样的方式确定访谈对象。其中第四章访谈20位网络主播，由笔者通过熟识的媒体从业者联络到访谈人员；第五章访谈20位演艺人员粉丝，这些粉丝一部分来自调研员所加入网络社群中的粉丝，一部分来自滚雪球方式获得粉丝，他们的共同特征是具有丰富的粉丝活动经验。第六章由调研员在其加入的自闭症儿童父母网络社群中，选择互动活跃的成员进行访谈，共访谈6位自闭症儿童母亲。以上访谈时长均在40分钟至2小时之间，以电话访谈为主要方式。具体访谈对象信息见表1.1、表1.2和表1.3。

表1.1 直播社群的数字亲密关系访谈对象基本情况表

编号	性别	主播性质	职业	播龄	平台
A–1	男	兼职	媒体主持人	13个月	QQ音乐
A–2	女	全职	网络主播	3个月	斗鱼

---

① 孙信茹：《线上和线下：网络民族志的方法、实践及叙述》，载《新闻与传播研究》2017年第11期，第34—48+127页。

编号	性别	主播性质	职业	播龄	平台
A-3	女	兼职	媒体主持人	10个月	一直播
A-4	男	全职	网络主播	25个月	QQ音乐
A-5	男	兼职	大学生	5个月	抖音
A-6	男	兼职	文化公司高层	14个月	斗鱼
A-7	女	兼职	文化公司高层	14个月	斗鱼
A-8	女	全职	网络主播	15个月	唱吧
A-9	女	兼职	出道歌手	3个月	映客
A-10	女	兼职	大学生	5个月	斗鱼
A-11	女	兼职	大学生	11个月	斗鱼
A-12	女	兼职	大学生	3个月	斗鱼
A-13	男	兼职	媒体编导	2个月	唱吧
A-14	女	兼职	高校教师	6个月	一直播
A-15	女	兼职	个体户	2个月	一直播
A-16	男	兼职	教育机构主管	8个月	一直播
A-17	女	兼职	国企公司职员	3个月	一直播
A-18	女	全职	网络主播	15个月	斗鱼
A-19	男	兼职	电台主播	12个月	QQ音乐
A-20	女	兼职	个体户	6个月	一直播

表1.2 粉丝社群的数据化情感劳动访谈对象基本情况表

编号	性别	年龄	职业	加入粉丝社群时长	访谈方式
B-1	女	21	幼儿园教师	8年	电话
B-2	女	18	本科在读	5年	电话
B-3	女	21	本科在读	6年	电话
B-4	女	23	新媒体运营	6年	电话
B-5	女	20	本科在读	5年	电话
B-6	女	22	自由职业	3年	电话
B-7	女	23	硕士在读	5年	电话
B-8	男	22	运营	8年	电话

续表

编号	性别	年龄	职业	加入粉丝社群时长	访谈方式
B-9	女	22	财务	8年	电话
B-10	女	22	财务	8年	电话
B-11	女	24	博士在读	7年	面访
B-12	女	23	财务	12年	电话
B-13	女	22	本科在读	7年	面访
B-14	女	31	设计	5年	电话
B-15	男	34	公务员	6年	电话
B-16	女	21	留学备考	4年	面访
B-17	女	24	程序员	9年	电话
B-18	女	26	律师	3年	面访
B-19	女	32	运营管理	6年	面访
B-20	女	29	策划	5年	面访

表1.3 疾痛社群的压力叙事与效能重塑访谈对象基本情况表

编号	性别	孩子情况	孩子年龄	入群时长	访谈方式
C-1	女	轻度自闭症	8	5个月	电话
C-2	女	轻度自闭症	7	5个月	电话
C-3	女	中度自闭症	7	3个月	电话
C-4	女	轻度自闭症	6	1年2个月	电话
C-5	女	中度自闭症	6	7个月	电话
C-6	女	重度自闭症	9	10个月	电话

六、本书结构

本书旨在考察移动互联时代网络社群的发展变化，这种变化既来自技术逻辑对人类传播形态的重塑，也来自社会结构性力量以新技术为基底而生发的对人类生活影响方式的转变。以此为指引，本书首先对移动传播时代网络社群面临的技术生态进行剖析，继而借由对四类网络社群移动传播形态的详细解读，探究当今网络社群的新型生成动因，最后用一种批判性视野反思群落化生存的风险及后果。具体而言，本书一共分为八个章节。

第一章绪论重在提出问题，直指移动互联时代日益明显的群落化生存趋势，提出"群落化生存"概念，并阐明本书研究的问题。同时，围绕"社群传播"研究进行文献爬梳，界定关键概念，以此对本书的框架搭建和深度省思提供参照。

第二章旨在从技术生态视角，分析移动互联语境如何形塑了人类群落化生存的现实。技术变化是引发人类传播形态变化的一种基础性因素，第二章借鉴生物学"群落生境"的概念，分析移动互联技术为人类搭建的"信息生境"的具体特征，以及这种生境如何驱动了人群的汇集和群落的流动。在此基础上，本章对"群落化生存"的特点进行分析，从阐释和推演的角度考察移动互联生态对网络社群带来的直观变化。

第三章到第六章分别从健身社群、直播社群、粉丝社群和疾痛社群四种网络社群出发，通过实证研究方法，详细考察了网络社群中的社会交往与群体行动，窥探移动语境下社群传播的新特点。本书所选取的社群类型并不能涵盖所有网络社群的面向（这似乎也难以达成），而是在某些典型的、与移动互联传播联系紧密的社群实践中抽离出具有普遍意义的特征。

其中第三章着眼于移动地理定位技术的发展，考察基于地理定位技术形成的网络社群如何进行线上、线下的混合空间传播，尤其是线下实践在社群传播中充当什么样的作用。第四章关注移动网络直播中的社群建构，以秀场直播为研究对象，分析直播社群中社会关系的形成逻辑及其背后的驱动线索，尤其是窥探商业因素对社群的形塑作用。第五章分析网络粉丝社群的情感劳动行为，研究社群在粉丝劳动中的角色，进而解释粉丝的能动参与如何被驯化为机械的数据劳动。第四章和第五章均会涉及商业因素对网络社群的影响，但第四章侧重分析平台规则如何驱动社群形成，以及平台规则怎样参与建构社群成员之间的社交关系，将平台视为带有商业目的形塑社群的外部力量来看待。第五章主要剖析社群内部的组织动员情况，将各类商业主体视为一种"刺激源"，探索社群内部的"反应"如何发生。因此二者一个关注外部力量怎样发挥作用，另一个关注内部的变化怎样产生。第六章考察网络疾痛社群的互动与传播，以自闭症儿童家长的微信群为研究对象，探寻家长如何借助社群疏解疾患压力、获得自我效能，用"生活政治"的视角思考人们如何利用移动互联技术获得心理支持和社会支持。

第七章在剖析当下网络社群传播实践基础上，对移动互联语境下网络社群的生成逻辑进行深层挖掘，意在揭示群落化生存的驱动因素，从而回答技术如何通过影响社会结构性力量形成对人类生活的重构。本章从本土逻辑、资本逻辑和生活逻辑三个方面分析当下网络社群区别于有线网络时代在线社群的形成动因，以此窥探群落化生存的"本质性存在"和"整体化运作"[①]，分析网络社会圈层化发展的影响因素。

第八章运用批判性眼光，对群落化生存的后果进行反思，审视多元交织、无所不在的社群传播给人类带来的风险与挑战。本章重点从隐私管理、社群消费和社群交往三个角度进行切入，辩证分析社群传播中的隐私与信任问题、消费与认同的关系问题、社会连接与分化的问题等，对技术发展的后果进行审慎性思考，揭示群落化生存对人类社会生活更为多元和深刻的影响。

---

① 克里斯蒂安·福克斯：《社交媒体批判导言》，赵文丹译，中国传媒大学出版社 2018年版，第 14—21 页。

第二章

移动生境：群落化生存时代的到来

新型媒介技术能够为人类交往创造新的依托，从而重构现存的社会关系、组织机构和运行体制。[①]移动互联网使人类生活前所未有地与传播媒介紧密嵌合，随时随地的连接状态下，网络世界成为信息、经济和文化交汇的无边界场域。人类从进化之初便是群居动物，在远古时期，群居是为了弥补个体力量弱小的缺陷，以集体协作保障个体的安全与衣食。在现代社会，工业化大生产在人们基于血缘和地缘的群居方式之外，加入了诸如生产型社区和城市等基于工业化生产劳动的业缘性群居方式，使人类的群居形态更为多样。在当前的网络社会，虽然人们不能在网络空间以肉身性存在进行交往互动，但网络代码和视觉符号使人们能够造就数字化身，基于数字技术开展传播互动。

移动传播情境下，人们会聚与群分的状态，类似于生态学领域"群落生境"（biotope）的概念。群落生境意指生物的生长空间，或者说是一种划分生物生态系统的空间单位。群落生境能够提供生物存续所需的生态条件，供一种或多种生物在其中生长，其空间范围可以很小，比如森林中的一小片水洼，也可以扩大至海洋这一复杂的生态系统。空间、养分、生物是群落生境不可或缺的构成元素。[②]日本学者佐佐木俊尚将群落生境的概念引入信息传播领域，把"信息需求者的存在场所"称为群落生境，认为新媒体的到来使人们共有信息圈子的分化变得显著，大众媒体以外的群落生境已经分散成无数个小小的群落生境，形成了各种生态系统，从而构成整个信息社会。[③]佐佐木俊尚把细分群落生境的形成归于博客、推特等社交媒体的发展，人们可以从中获得自己感兴趣的信息并与他人形成连接，从而以社交媒体为生长空间相互聚集。

---

① 施威、李蓓蓓：《媒介技术演进与社会构建：内在逻辑与实践机制》，载《湖南社会科学》2014年第1期，第255–258页。

② 佐佐木俊尚：《策展时代：点赞、签到，信息整合的未来》，沈泱、沈美华译，中信出版集团2015年版，第17页。

③ 佐佐木俊尚：《策展时代：点赞、签到，信息整合的未来》，沈泱、沈美华译，中信出版集团2015年版，第26页。

显然，网络世界中人们的连接远不止信息分享，各类互联网服务应用的兴起，将互联网的服务功能、信息功能与连接功能高度融合，形成更加多元的社群连接机理，造就群落化生存的时代景观。

在绪论部分，本书已经提出群落化生存的基本意涵。群落化生存既可以被视为移动互联时代的宏观群落生境，即移动互联网催生了群落化生存的现实，也可以被视为由无数个纷繁多样的微观群落生境组成的整体图景。但无论如何，移动互联网是人们在网络世界筑群而居的"生长空间"，人是聚居于其中的"生物"，一个个细分的网络服务或应用聚集不同的人，形成一个个风格迥异的"群落生境"。那么，移动互联网为人类搭建了怎样的传播场景，使得群落化生存的特征日益明显？人们在移动传播场景下又具有怎样的信息实践行为，这些行为如何催生了网络世界的类聚与群分？作为技术改变人类社会关系的显要表征，群落化生存又有哪些特点？这是本章试图回答的问题。

一、移动传播生境的构成

如前文所述，"生境"可视为生物的生长空间。考察人们缘何在互联网上进行群落化生存，还需从移动互联技术搭建的传播生境说起。

移动互联网由移动网络、移动终端和网络应用三个部分组成，移动终端上搭载的智能操作系统，可供用户自由装卸网络应用。网络应用旨在为用户提供服务，在移动网络覆盖的物理范围内，用户能够保持不间断在线连接。因此，移动互联网首先摆脱了上网与物理空间的绑定，人们不必再去提供电脑和网线的地方联网，而能够在无线网络覆盖的任何地点上网。其次，移动终端大大提升了人们联网的便利性，智能手机、平板电脑、电子书等设备均可随身携带，随着技术发展，可穿戴设备进一步丰富人们对于移动终端的选择。再次，网络应用使得基于互联网的服务空前类型化和垂直化，网络不再只是信息传播和社会交往的平台，而成为汇聚多种多样在线服务的集成中介，这进一步推动传播媒介渗入大众生活的方方面面。

在网络、终端和应用等互联网架构革新之下，移动传播生境显示出与有线网络时代显然不同的特征，这既体现在液态连接场景的建立，又体现在网络嵌套结构的形成，以上两点共同作用于人类连接方式的拓展，催生着社群化生存时代的到来。

1. 液态连接的新场景

媒介环境学派代表人物约书亚·梅罗维茨（Joshua Meyrowitz）将社会学家欧文·戈夫曼（Erving Goffman）的拟剧理论与麦克卢汉的媒介理论相结合，提出了媒介情境理论。[1]梅罗维茨认为，媒介技术使个人生活面临的情境发生改变，人们随着情境变化调整自身行为。这里的情境包括物理场景和信息场景两个部分，传播技术正是改变了人们面临的信息场景从而改变人的行为。如果说以电视为代表的传统媒体因为单向传播而为观众呈现了千篇一律的信息场景，那么移动互联网的人机交互特点则为用户提供了千人千面的信息场景。当然，信息场景并非与物理场景完全分离，因为媒介使用行为发生在物理空间中，媒介中的人和信息连同物理空间中的人和信息共同构成媒介使用者面临的场景，二者均能对媒介使用者行为带来影响。由此，移动互联网用户在传播实践中也面临着两种场景，只不过两种场景的作用机制与传统媒体时代有所不同，它们对人类行为的影响方式也发生变化。以下对移动网络用户面临的物理场景和信息场景特征分别进行分析。

（1）移动网络用户所处的物理场景

在没有电子媒介介入时，物理场景对人的影响，主要通过场景中的参与

---

① 约书亚·梅罗维茨：《消失的地域：电子媒介对社会行为的影响》，肖志军译，清华大学出版社 2002 年版。

者和场景氛围两个方面进行。参与者指场景中的人，哪些人在场很大程度上影响着人们的行为举止。例如公共场合人员众多，人们通常举止适宜、谈吐得体，而在家庭、卧室等私人场合，人们会有更多私密行为。场景氛围是场景所传递的气氛带给人们的心理感受，例如节庆场合的特定装饰和热烈气氛能够给人带来轻松愉悦的体验。参与者和氛围使得人们所处的物理场景与能够获得的信息直接关联，也就是说物理场景与信息场景存在同构关系，处在什么样的环境下、见到什么样的人，决定着人们的信息接触与传播行为。

电子媒介对场景的改变，在于它切断了物理场景与信息场景的直接关联，在物理场景中加入了与该物理地点毫无关系的其他信息，使得人们面临的信息场景发生改变。电视等媒体无远弗届的传播能力，将远方发生的、来自任意物理场景中的事实呈现在人们面前，使得人们此刻所处的物理场景并不能决定人们接触怎样的人和氛围。这时，物理场景和电子媒介共同构成了人们所处的信息场景，但物理场景的影响可能微乎其微。比如一家人坐在客厅沙发上看电视，电视内容成为一家人获取信息的主要来源，客厅这一物理场景所发挥的信息场景功能十分有限。进入互联网时代，当人们使用有线网络和固定终端时，这一现象有过之而无不及，无论在家里上网、在网吧上网还是在其他地点上网，网络带给人的信息场景丰富多样，上网地点对于人的行为和信息获取显得并不重要。由此，梅罗维茨用"消失的地域"形容电子媒介冲击下，物理地点在人类传播交流中的作用式微。

然而，进入移动互联时代，物理场景以一种不同往常的新型逻辑，重新回归对人们信息接触和行为的影响之中。这里的关键因素是移动网络与地理定位技术的联合使用。通过移动网络与移动终端，人们可以在任何物理空间接入互联网，而地理定位技术能够识别用户所处空间区位，为用户提供当前物理位置的地理信息和相关周边信息。当然，地理定位技术通常不单独为用户提供信息，而是基于网络应用发挥作用。例如，对于社交类应用来说，地理定位技术为用户提供附近其他用户信息，方便用户之间沟通交流；对于服务类应用来说，能够基于用户位置提供更加精准的服务，例如推荐附近餐厅、规划交通路线等；对于新闻信息类应用来说，能够基于地理位置提供附近消息、同城新闻等。

这一过程中，物理场景的回归，并不是回归到电子媒介之前物理场景与信息场景缺一不可、相辅相成的状态，而是物理场景成为信息场景的一种来源。换言之，基于地理定位技术，用户所处的物理场景能够拓展用户基于移动网络媒介所获得的信息内容，在地信息与去领地化的网络信息共同构成用户所面临的信息场景。由此，当人们使用移动网络应用时，物理场景作为一种信息要素，被纳入移动网络所搭建的信息场景当中，人、位置、媒介三者形成彼此嵌套、相互作用的关系逻辑。这一关系打破了移动网络到来之前人们传播场景中的两种隔阂。

第一种隔阂是物理地点与传播媒介之间的隔阂。在梅罗维茨所说的以电视为代表的电子媒体时代，电视无法与物理地点建立连接，电视和地点分别为人搭建着不同的信息场景。但是，移动网络应用能够基于定位技术锁定用户位置，进而依据用户需要，为其提供与当下位置相关的各类资讯信息，辅助用户行为决策。显然，地点与媒介之间的隔阂被移动定位技术打破，它们共同为用户建构传播场景。

第二种隔阂是物理位置之间的隔阂。在没有移动互联网的环境下，不同物理位置对于人而言是独立的存在，它们各自为人搭建着不同的信息场景。但是在移动网络应用中，电子地图的概念和使用空前多样，它既是为用户提供当前定位信息的基础，也是呈现位置附近社交、美食、购物等社会信息的直接载体。人们能够在网络应用中查看不同位置信息，对信息进行对比，也能够跟随网络导航穿梭在不同物理空间，留下移动轨迹、书写空间见闻等。依托移动网络破除物理空间隔阂，人们面临的场景信息将更加多元。

因此，移动传播环境下，物理场景对于人们生活实践的重要性得以回归。其重要性体现在它成为移动网络为用户搭建信息场景体系中的重要一环，是网络应用为用户提供个性化服务的重要支撑，这与去媒介化交往情境中物理环境直接为人们搭建信息场景形成显著区分。人与网络、位置与网络、人与位置三者形成密切的互动。

（2）移动网络用户面临的信息场景

这一场景即是我们日常使用移动互联网时所面对的信息世界。虽然梅罗维茨所属媒介环境学派并不探究媒介内容对人类生活的影响，但我们依然可以通过考察移动网络中媒介内容的总体特征，来把握移动互联环境给人带来的信息场景的变化。传统媒体为受众构建的信息场景，总体上是单向的、强制的和有序的，移动网络上的信息场景则显示出三个明显不同的特征。

首先是个性化。一方面，用户可以依据自身需求自由搜索信息或服务；另一方面，算法技术依据用户习惯主动推送内容。此外，如同西班牙社会学家曼纽尔·卡斯特（Manuel Castells）所说的"大众自传播"（Mass Self-Communication）[①]，用户能够自主决定是否传播内容、在哪个平台传播内容、向谁传播内容等，传播的自主性也带来了信息场景的个性化。

其次是私密化。智能手机是最为常用的移动终端，相比电视作为家庭公用物品而言，手机是个人物品，手机里的信息如同手机一样，具有强烈的个人私密属性。当然，移动网络为人们呈现的信息场景是公开的，人们也经常在信息场景中进行公开的自我呈现，但这些呈现是人们在网络世界的"前台"进行的"表演"行为，更多时候，人们在网络世界的"后台"进行着私密化的信息浏览、储存和创造，这些行为相比前台的表演行为更加普遍和日常。

最后是浊噪化。"信息爆炸"是互联网到来时即被提出的口号，人们毫无疑问已经生活在信息冗余的时代，但相比过去对信息的目不暇接和难以选择，当前的信息冗余显示出对人们生活的主动打扰。信息流广告、推送广告、贴

---

① 曼纽尔·卡斯特：《传播力》，汤景泰、星辰译，社会科学文献出版社 2018 年版，第51 页。

片广告等各式各样的商业信息呈现在手机屏幕上，诸多按键、链接等待着人们或出于好奇或出于无意的点击，还有被算法呈现的热搜、热评和"猜你喜欢"等信息不断映入用户的眼帘，这些都使得人们在移动终端收发信息时总是面临着浑浊和充满噪音的信息环境。

在以上三点特征的影响下，移动网络用户展开了丰富多样的传播实践和行为实践，其信息接触和传播行为日益个性化和多元化。

总体而言，移动传播技术带来了人与信息高度流动的连接状态。齐格蒙特·鲍曼（Zygmunt Bauman）在《流动的现代性》等著作中所言，现代社会是一个液态的、流动的社会，液态社会可被理解为"我们生活在一个共同的多变世界中，在一种严重的……不稳定的状况下"①。移动网络使人类社会的信息流动、物质流动和关系流动空前加速，社会的液态化特征愈加明显。一方面，媒介与位置的结合，使移动终端能够跟随用户物理位置改变而呈现不同信息内容，人与信息的组合结果随位移改变而改变。另一方面，网络信息本身瞬息万变，人们在高度冗余的信息世界中去粗取精，选择的过程意味着人对信息的不断接触、选用和放弃。无论基于用户位置变化而实时更新的信息场景，还是用户本身面临的瞬息万变的信息世界，移动网络之下，人与信息的连接处于不确定的"液态"之中，因此移动互联网为人们带来液态连接的新场景。

2. 网络应用的嵌入式结构

移动互联技术驱动着网络接收终端的变革，智能手机在通信手机基础上加入智能操作系统，随之适合在移动化语境、小屏幕终端和用手指点击操作的网络应用迅速出现在大众生活中。当前所说的网络应用通常是移动终端上

---

① 齐格蒙特·鲍曼：《流动的现代性》，欧阳景根译，中国人民大学出版社 2018 年版，第 230 页。

的第三方应用程序，用户可在应用市场下载并安装在智能终端上使用，具有方便、快捷、适用范围广等特点。

网络应用的主要功能是为用户提供服务，社交类APP提供社交服务、新闻类APP提供信息服务、视频类APP提供视听服务、电商类APP提供消费服务等。在移动互联网到来之初，手机应用程序通常是电脑应用程序的移动化版本，例如新闻类网站开发APP，将网页版的信息服务置入移动程序当中。但随着移动网络的持续发展，网络应用的功能不断细化，为特定人群提供特殊服务的网络应用不断出现。有的应用背靠大型互联网科技公司，在功能建设和内容维护上具有综合性和系统性，有的应用则采取精细化原则，瞄准特定方向或特定人群进行功能开发。

网络应用市场竞争激烈，开发商采取差异化竞争或市场合作策略，使得当前的网络应用呈现出两个方面的嵌合特征：功能嵌合与应用嵌合。它们共同催动着移动网络用户的流动与汇集。

（1）功能嵌合

功能嵌合是指应用服务与社交服务两种功能的嵌合。网络应用的本质是为用户提供服务，互联网技术公司作为网络应用的开发主体，其根本目的在于盈利。从单纯的服务层面来讲，不断改进服务功能、持续优化用户体验、为用户提供增值服务等，是提升网络应用市场竞争力的直接策略。但在当前的网络应用中，社交功能通常作为服务功能的一种被纳入应用设计中，用户不仅可以使用APP的原生功能，还能够通过其社交通道建立彼此联系。比如网易云音乐以提供乐曲服务为本体功能，开发者设计多样化的社交服务，使用户能够基于共同的音乐偏好或平台活动等建立社交关系。再如知识学习类APP以知识服务为基础，通过开发"我的同桌""学习排行榜"等功能，使用户能够根据共同的学习需求建立彼此关联。

在盈利需求下，提供社交服务是APP开发者的一种市场策略，旨在充分激活用户潜能，利用用户之间的社交关系保持用户黏性。每位用户都是网络连接中的一个放射状节点，开发商运用一定手法，能够将用户的传播能量转化为市场推广资源，这为开发者在APP中嵌入社交功能提供了更深层次的动机。无论APP提供的原生服务是什么，只要具备社交功能，APP即成为泛社会化媒体，为人们基于共同身份或需求的连接提供支持。与此同时，在网络应用中本就存在大量以社交服务为核心功能的应用，但这些应用也日益不再满足于提供单纯社交功能，而是开发在线商城、网络直播等服务，将平台上的用户资源转化为消费动能。虽然功能嵌合并非移动互联网时代的产物，比如传统互联网时代人们即可在门户网站的新闻页面留言、讨论从而建立社交关系，但彼时网络服务的种类有限，并且人们的社交联络受到在固定端口才能上网的时空限制。移动网络语境大大拓展了网络服务的类型，并使APP服务功能与社交功能的嵌合成为常态，一旦人们进入网络应用享受服务，那么人们即可能面对着被纳入相互连接的秩序之中。

（2）应用嵌合

应用嵌合是指不同网络应用功能或形态的融合，其结果是一种网络应用成为一个综合性的信息载体和功能平台。与上文所提到的一种应用同时开发服务功能和社交功能不同，应用嵌合强调不同应用之间通过特定技术连接方式实现功能的互通互补，各应用之间基于不同服务呈现合作关系，但各个应用保持着独立的存在形态和功能体系。佐佐木俊尚认为当前的社交媒体发展呈现金字塔式等级结构[1]，但笔者认为用倒金字塔形容更为合适。

在倒金字塔的最上端，是微博这样的超大型社交平台，用户基础巨大，并承担着用户与好友相互联系的功能。倒金字塔的中部是"中型模块"，是指利用这些超大型平台提供专业性服务的网络应用，例如提供电影购票服务的应用在微博平台开设入口，微博用户可由此进入购票应用购买电影票。倒金

---

[1] 佐佐木俊尚：《策展时代：点赞、签到，信息整合的未来》，沈泱、沈美华译，中信出版集团 2015 年版，第 96 页。

字塔的底部是"小型模块"，佐佐木俊尚将其解释为推特（Twitter）或脸书网（Facebook）的转发工具或者代理制作脸书网专页的工具等。由该结构可以看出，汇聚了大量用户及其注意力资源的社交媒体成为其他网络应用的嵌合基底，二者达成某种程度上的协作运营。社交媒体借助其他应用增强功能多样性，而不必自行开发新功能，其他应用则借助社交媒体上的巨大用户流量进入市场，提升在网络用户中的可见性和影响力。这种嵌合方式进一步提升了用户在社交媒体和其他应用中的流动可能，为移动互联网的"液态"特征提供更多注脚。

在我国网络应用中，"小程序"日益深入大众生活。微信中的小程序堪称我国移动网络用户使用最为频繁的嵌入型应用，或者称为轻应用（light APP）。用微信创始人张小龙的话说：小程序是一种无须安装、无须卸载、用完即走的应用程序。依托微信平台巨大的用户数量，小程序能够有效解决用户的各类需求与各类服务提供商之间的对接，微信平台在其中成为一种开放平台，由各类轻应用嵌入其中。

小程序对于网络服务发展有三个层面意义。第一，小程序在使用方法上趋向简单化，装卸过程的省略以及用户账号的横向打通，大大节省了用户的使用成本。第二，相对于开发独立的网络APP，小程序的开发成本更低，能够吸引多种多样的开发者入局，满足各类垂直用户、小众市场的需求。第三，小程序可检索、可筛选，便于用户依据需求获取相应服务，更好实现需求与服务的对接。

总体而言，嵌入式结构进一步彰显在线网络开放互联的特征，催动网络用户在不同应用之间流动。虽然网络服务的多样化更加精准地满足用户需求，但正如信息的海量化使得人们获取优质信息的需求更加强烈，开发商如何以优质服务建立用户黏性，用户又如何在丰富的应用市场中选出适合自己的服务，成为移动互联时代开发商和用户面临的新问题。

3. 网络连接关系的拓展

连接，是互联网改变人类社会的底层逻辑。Web1.0开启人与信息的连接，Web2.0带来人与人的连接，人工智能技术则开启物与物之间的连接。移动互联网诞生在Web2.0时代，许多新技术的接入使得移动传播生境在连接逻辑上也与前序互联网时代显著不同，人与人的连接方式空前拓展。

在移动互联网到来之前，人与人的连接主要有三种逻辑。一是基于信息的连接，即人们通过发布、分享信息相互连接，这里既包括媒体发布的新闻信息，也包含网络用户相互交流的观点性信息。二是基于兴趣的连接，人们可以在网络平台上交流感兴趣之事，也可以在贴吧、论坛等网络社群中相互聚集。三是基于强关系的连接，即人们将现实社会关系延伸至网络空间中。

在移动互联网到来后，定位技术、细分应用、移动支付等手段渗入人们的日常网络实践，并对人类交往结构产生影响。除上文提及的人与人连接的三种方式外，移动互联网又为人们开拓了三种新型的连接方式。

一是基于服务的连接。如上节所言，网络应用服务功能与社交功能的嵌合已经成为网络常态。应用服务与社交服务的结合，既来自互联网连接逻辑的自然驱动，也是网络应用服务商挖掘用户价值、实现市场增值的必要手段。在新媒体环境下，市场营销的核心法则向关系营销过渡，产品或服务的提供者不再单纯依靠自身力量去找到一个个单独的消费者，而是凭借消费者基于网络的人际传播扩大产品或服务的影响力。移动网络APP的本质功能是为用户提供服务，无论用户间基于强关系的推荐，还是基于弱关系的分享，都使APP的宣传扩散成为可能。由此，人与人以应用服务为起点，最终实现相互之间的连接与聚集。

二是基于位置的连接。移动互联网使人的信息与地理位置产生实时关联，对于人与人的连接而言，当位置信息被纳入提供社交功能的网络应用当中时，位置信息就不只是单纯的物理信息，而是成为附着着网络用户在此地实践内容的信息综合体。比如用户可在社交媒体上发布地理定位，点击定位或"附近"，能够看到其他来过此地的用户在此地发布的信息，用户之间可以相互联络开展社交。一些提供跑步轨迹数据服务的运动健身类APP，为用户显示附近"跑场"（跑步者经常光顾的跑步场所，如操场、公园等）信息，点击跑场，能够看到在此地跑过步的诸多用户的数据，包含跑步时长、平均配速、跑步频次等，在此地跑过步的用户可以联络、约跑等，形成典型的基于位置相互连接的路径。

三是基于消费的连接。移动支付、社交与电子商务的结合，使得消费行为不再只是消费者与商家之间的互动，也成为连接消费者与消费者之间的桥梁。对于商家而言，找到消费者、留住消费者是其重要商业目的，电商平台为消费者与商品的连接提供通道，同时也成为汇聚消费者的中介。一方面，消费者基于共同的商品或服务消费能够实现彼此连接；另一方面，商业经营主体亦主动寻求通过建立网络社群等方式留住消费者，这在深耕垂直市场的经营者当中更为普遍。消费与社交的结合已然成为移动互联时代的一种商业策略。

当然，这三种连接方式并非对移动互联网之前人们连接方式的取代，而是在保持既有连接方式基础上，对人与人关系逻辑的升维和拓展。人与人的连接以空间为实现方式，有线网络在人们生活的物理空间之外开辟了无疆域的虚拟空间，使得人们的活动范围扩展至一个前所未有的新型空间层次。但此时虚拟空间和现实空间基本属于两个独立存在的空间，相互之间的串联十分有限。随着移动互联网的到来，地理定位、移动连接等技术打破两种空间的樊篱，人们所处的物理场景和信息场景进一步融合，线上与线下两种空间实践随之相互关联，这种混合空间再次为人们带来新的行为方式与连接逻辑。

因此，移动互联网之所以拓展了人们的连接方式，是因为它在以下两个方面改写着人们活动的空间逻辑。

首先，移动互联网中同样存在空间生产，其结果是网络社会关系的重构。

在亨利·勒菲弗（Henri Lefebvre）和米歇尔·福柯（Michel Foucault）等学者看来，空间是权力主体发挥作用的工具，通过对空间进行分隔、加工和管理，人们被重新分配到指定地点并服从于各种各样的流动①，同时权力主体通过规定空间的间隔而确定了等级序列。②现实生活中，人们在不同空间中的停驻、流动和彼此间隔是构成现代社会人际关系的显要动因。在虚拟的网络世界，空间生产主要以网络应用或服务的开发为表现形式，网络应用之间存在差别与区隔，每个应用形成一方可视可感的网络空间，人们在不同网络应用之中的停驻和流动表征着人们的身份标签和关系状态。伴随着网络应用的功能融合与相互嵌套，一个个具体的、微观的网络空间共同形成范围更大的、复合性的网络空间，从而加强人们基于不同功能需求而产生的连接状态。

其次，移动互联网将生活中的缝隙空间改造为实践空间，拓展了人们的连接机会与进路。勒菲弗所认为的空间生产主要针对工厂、学校、政府、公园等成体系的、用于生产生活的场所，但对不同空间的连接问题，即在结构化的空间体系之间的缝隙空间关注不足。刘涛认为，社会化媒体使空间生产的意义发生巨大转向，因为它"激活、利用、收编了被遗忘的碎片空间"，表现为人们在上班途中、等待途中、工作间隙等缝隙空间里埋头使用社会化媒体，从而使这些缝隙空间实现了社会化（socialization）。③这一论断在肯定了移动网络串联人们线上、线下双重空间实践的基础上，强调了社会化媒体对人类生活空间的全面渗透。如果说人们在结构化的现实空间中主要进行生产性活动或强关系社交，那么社会化媒体则将缝隙空间改造为人们发展弱关系的

---

① 亨利·勒菲弗：《空间与政治（第二版）》，李春译，上海人民出版社 2008 年版，第38 页。

② 米歇尔·福柯：《规训与惩罚：监狱的诞生（第二版）》，刘北成、杨远婴译，生活·读书·新知三联书店 2003 年版，第 157 页。

③ 刘涛：《社会化媒体与空间的社会化生产——列斐伏尔和福柯"空间思想"的批判与对话机制研究》，载《新闻与传播研究》2015 年第 5 期。

重要依托。伴随网络应用服务与社交功能的进一步融合，人们在缝隙空间中的实践更加多元，相互间的连接关系也更为丰富。

当然，网络世界中的空间生产并非随意的、无约束的，空间生产不仅存在竞争，也需遵循国家、政府对网络空间的规划和治理。但无论如何，移动互联网不仅为人类实践提供虚拟空间之维，也使现实中长期被忽视的缝隙空间、碎片空间焕发巨大的社会化价值。人是空间实践的主体，实践产生人的连接，技术重构了人们的空间实践逻辑，由此改变着人与人的连接方式和关系构造。

二、以信息策展聚落成群

通过上节对移动传播生境的分析，发现移动互联网改变了人类面临的信息场景、建立了嵌套式网络服务逻辑、拓展了人与人之间的连接方式，使得互联网上的信息流动、服务流动和关系流动空前加速。随之出现的问题是，既然移动网络大大强化了当前社会的"液态"特征，那么群落化生存又何以出现？液态连接强调流动与分散，群落化讲求固着与聚集，二者看似相互矛盾，移动网络如何催生了群落化生存的现实？

鲍曼在论述液态社会时指出，"最为痛苦的当代恐惧来自存在的不确定性"[①]。液态连接之下，万事万物处于高速变化中，社会运作的规律、秩序和结构不再像从前那般稳固，人们的社会信任、身份识别和认同建构面临着空前危机。某种程度上，正是液态社会的深入演进，使人们对群聚的需求更为迫切，无论人的群居本质，还是工业社会在"分工"基础上的"协作"要求，

---

① 齐格蒙特·鲍曼：《流动的时代——生活于充满不确定性的年代》，谷蕾、武媛媛译，江苏人民出版社 2012 年版，第 108 页。

都意味着群聚必然与流动相伴相生。在液态社会的流动性日益加速之际，学界研究出现了"新的移动范式"（new mobilities paradigm），它超越以往对移动和速度的追求，提倡在研究运动的同时关注停顿、等待、滞留等各类非移动和减速现象。[①]非移动意味着固着，群聚就是人们固着的方式。

移动互联网改写了人类面临的信息场景，虽然网络上的信息千变万化，但人们出于生产或生活的目的，对特定信息的需求却是具体而稳定的。在海量信息世界中，不同类型传播主体对信息进行归纳和释义，吸引具有共同信息需求的用户聚拢而来，形成以信息为核心的网络圈子。圈子既是群落化生存的表征，也是网络社群形成的基础。在此过程中信息管理者对信息的呈现和解释十分重要，这一行为被佐佐木俊尚称为"信息策展"，他认为这是网络平台上丰富多样、不计其数的微观移动生境的重要来源。[②]

1. 信息策展：从精选内容到编织意义

学者沃尔特·李普曼（Walter Lippmann）将新闻媒体为大众构建的信息世界称作"拟态环境"[③]，以此说明新闻世界是新闻媒体对事实世界选择、加工和重新结构化的结果。拟态环境固然有各种选择性和建构性，但它的积极方面在于将无限的、无序的、混沌的事实世界进行选择和条理化，为大众呈现一个有序的世界。媒体的新闻报道工作，本质上是对事实世界的选择和把关。

当传播技术将人们带入新媒体时代，信息的传播者从大众媒体向每一位网络用户扩散，人们面临的信息世界也不再是被大众媒体提炼、梳理过的世界，而是混杂着专业媒体、机构媒体和自媒体等传播来源的信息混合体。某

---

① 袁艳：《"慢"从何来？——数字时代的手帐及其再中介化》，载《国际新闻界》2021年第3期，第19–39页。

② 佐佐木俊尚：《策展时代：点赞、签到，信息整合的未来》，沈泱、沈美华译，中信出版集团2015年版，第169、173页。

③ 沃尔特·李普曼：《舆论》，常江、肖寒译，北京大学出版社2018年版。

种程度上，网络空间的海量信息又将人们带入混沌、无序的认知状态当中，网络用户必须具备从海量信息中挑选出符合自身需求的高质量信息的能力。一方面，专业媒体发布的信息在网络平台依然具有权威性和影响力，是网络用户精选信息内容的重要来源；另一方面，越来越多的自媒体获得大量关注，成为网络用户获取个性化信息的主要渠道。在佐佐木俊尚看来，信息过载时代，单纯的信息呈现已不能保证信息能够被看见，更为重要的是对信息进行汇总、加工和释义，使信息能够焕发新的价值。当前获得大量关注的自媒体，通常能够对事实信息进行整合与加工，以此呈现新观点和新内容。

在艺术和文博领域，策展人通常负责作品和信息的策划和展览，他们搜集多种多样的艺术作品或文物典籍，将它们暂时集中在一起，并对其赋予某种关联逻辑，让世人感知展出对象的外形和意义。策展人的核心工作机制是对展出内容的收集和关联性释义，单个展品或许意义有限，但按照策展人所搭建的情境和意义逻辑串联不同展品，能够为受众带来全新价值体验。佐佐木俊尚认为，网络媒体时代，与艺术策展有着共通逻辑的信息策展大量出现在网络平台。"比起传播第一手信息，能够赋予信息实质性意义、信息的可靠性、信息'于我而言的价值'等这类情境的策展人越来越显现出其重要性。"[1]

在网络平台，信息的"策展人"即是信息的管理者。按照佐佐木俊尚的定义，信息策展人的工作是在收集信息基础上，通过赋予情境使信息呈现不同面貌，从而增强信息对于人的实际价值。沿承艺术策展人对艺术品进行"关联性释义"的逻辑，信息策展人的行为实质上是对信息进行提炼整合，输出观点性内容，直接为受众呈现信息规律或者策展人对事物发展本质的理解。情境在信息策展中更强调信息的结构化聚合以及内在关联的重置，策展人通过这些方式获得受众认可。因此，信息策展人与意见领袖较为相似，只不过

---

[1] 佐佐木俊尚：《策展时代：点赞、签到，信息整合的未来》，沈泱、沈美华译，中信出版集团 2015 年版，第 165 页。

后者通常具有一定的受众影响力，而策展人得到的关注则程度不一。在微博上基于事实发表观点、在短视频网站上解读社会热点、在互动问答平台上撰写回答等，都是信息策展行为。信息策展之所以重要，是因为人们需要将信息内化为对世界发展趋势的认识，从而指导自身行为。在广袤无垠的信息世界中，信息策展正是将冗杂信息转化成直接观点，帮助受众完成对信息的分析过程。

总体而言，人们难以适应混沌的信息环境，信息策展是网络平台上机构用户或个人用户进行信息选择、加工和释义的过程。某种程度上，每位网络用户都是信息策展人，能够获得更多关注的策展人，通常对信息重新进行了更强程度的意义编织，引导受众把握信息背后的本质规律。信息策展的结果是网络用户向自身认同的内容靠拢，形成以策展人为中心的聚集态势，其中必然伴生人们围绕信息的彼此互动。当被呈现的信息策展成为一种沟通情境时，策展人和网络用户在其中相互交流，那么一处处信息策展便成为一个个具体的、微观的群落生境，这与瞬息万变的数字生态共同构成移动互联时代的信息景观。

2. 群落边界的自反性更新

大多数由信息策展聚集而成的在线群落并不具备共享意识、共同目标等网络社群构成要件，但它们是个人在信息化时代建立世界认知、把握事物规律的一种来源，是人们处理自身与外部世界关系的显性参照。从广义层面看，信息的概念涵盖广泛，不只是新闻资讯、新出台的政策条例、国内外时事变动等可被称为信息，人们不知道的知识、尚未接触的网络服务等能够消除人们认知和行为不确定性的内容，都可被纳入信息范畴。与信息的高度流动相似，由信息策展生发而来的在线群落亦处于不断的更新和变动中，群落的聚集是自发而松散的，群落的边界是模糊和开放的。

移动互联网提升了信息的流动速率，表面上看，人们在信息海洋中变换对信息的接触和存储是一种自然结果。但在更深层次上，技术变革重新形塑着人们对现实世界的认知方式，网络技术使人们对于世界的"自反性认知"特征愈加明显。吉登斯指出，社会学研究呈现出自反性（reflexivity）模式，一方面，社会学知识的发展依赖于围绕社会现象进行概念的提出；另一方面，这些概念重新回到被其描述和解释的范围中去，忽隐忽现地作用于这些社会范围，其结果是既有的研究发现和这些被解释的社会领域都会相应更新甚至重构。[①]换言之，社会学研究是一个从现象中提取知识，再将知识置于现象中去进行验证的过程，而被提出的知识能够影响现象的发展，从而使现象和知识相较之前的模样均发生改变，社会学研究由此呈现出不断的反思和更新特点。在高速流动的现代社会中，这种反思性特征更加强烈。

虽然每个社会个体并不都是社会学家，但人们依据社会现状建立对世界认知和判断的过程，在本质上亦是一种认识活动，只不过认知的结果是观点和经验，而非社会学领域的抽象理论。因此，自反性特征同样体现在网络用户对世界的认知过程。这里的不同之处是，当海量的、矛盾的、变化的信息一起涌入人们眼前时，人们更倾向于接受与自身立场和思维方式接近的信息，这既能避免在混沌的信息世界中迷失自我，又与自身改造世界的行为逻辑相契合。与此同时，按照自反性的逻辑，人们怎样认识世界、怎样改造世界，能够反过来影响观点和经验的生成以及客观世界的变化，这一过程同样体现在人们接收网络信息的过程中。由此，两种不同的力量驱动着基于信息策展形成的群落边界的更新。

第一种是人们对自身实践同一性的要求，与信息快速更新之间的张力博弈。作为人的一种天性，人们倾向于选择符合自身认知框架和行动逻辑的信息加以内化，以此确保历时性和共时性双重维度上自身实践的同一性。但快速更新的信息世界要求人们不得不将新趋势、新情境纳入考察，以避免因自

---

① 安东尼·吉登斯：《现代性的后果》，田禾译，译林出版社 2011 年版，第 13、14 页。

我封闭导致的负面结果。作为对信息变化高度敏感的信息策展人，他们对不断出现的新信息进行释义，使得前期围绕策展信息聚拢而来的网络用户或许因策展内容变化而离开，也或许对策展人建立更高黏性，同时，处于游移状态的其他用户纷纷前来，由此共同带来群落边界的更新。第二种则是人类社会认知自反性的体现。信息策展人的策展行为，是按照自身认知结构将信息转化为观点、经验甚至是知识的过程，这一主观性的思维活动无疑为策展受众提供了如何认知世界和改造世界的框架，人们在这些框架下开展行动，改变着事实世界的走向，反过来影响策展人的信息选择和呈现，最终驱动着群落边界的更新。

无论群落边界如何更新，大大小小群落的动态共存是信息化时代的常态，这在移动互联网语境中更为显著。群落边界的自反性更新，恰恰说明液态社会中人们对于共同体的需要，因为共同体代表着纷繁复杂网络世界中的一种认知参照体系，人们对数字自我的确认和建构受到"数字环境中认知参照体系的关键影响"[①]。更进一步地，信息策展人所搭建的群落生境，不仅仅具有信息共享和观点传播的作用，它所彰显的交流互动和意义生发的特质，为网络用户的情感交流和身份确认提供充分可能，而这些正是形成网络社群的必要因素。由此，无论身处自发、松散的在线群落，还是居于相对稳定、持有共同意识的网络社群，人们对于共同性的需求将伴随移动互联网时代的整个传播实践当中。

---

① 彭兰：《"数据化生存"：被量化、外化的人与人生》，载《苏州大学学报（哲学社会科学版）》2022 年第 2 期，第 154–163 页。

三、群落化生存的特征

通过前两节分析内容可以看出，移动互联网使社会信息流动空前加快，但人们需要在海量、无序、变动的信息世界中提取有用内容指导生产生活实践，人们向网络中的信息策展人靠拢，形成一个个基于共同信息需求目的的群落生境。虽然人们在网络世界中的群聚还会出于兴趣爱好、情感交流、身份认同等目的，但这些情形在有线网络时代已经存在，并且群落中的传播内容依然离不开信息策展，因此前两节以信息传播为切入点探讨了群落化生存的形成过程。群聚而居背后，包含着人们认知、行动、身份、认同等多种多样的实践目的。

但无论如何，移动互联网不仅改变了人类交往方式，也重构着经济、文化、科技等结构性力量作用于社会发展的方式。随着传播媒介日益渗入人类生活的方方面面，网络社群的功能也从单纯的聊天、交流向外扩展，成为人们协调自身与外部世界关系，以及运用数字技术更新生活方式的一种路径。通过人、移动互联技术和社会结构性力量的相互作用，群落化生存显示出不同于以往传播环境下的新特征。

1. 现实世界与虚拟群落交叠共生

本章在论述移动网络如何改变人类所面临的信息场景时指出，地理位置作为影响网络用户信息场景的因素得以回归，用户所处位置能够决定网络应用为其呈现的信息内容。当线下位置能够与线上信息产生连接，现实空间与虚拟空间的樊篱不复存在，移动网络用户在两种空间的交叠作用下进行传播实践，在线群落的形成和演变也受到两种空间形态的共同影响。

对于群落的聚集而言，现实空间因素成为群落生成的动力。在移动定位技术下，"附近"的陌生人社交成为现实，无论出于共同兴趣爱好组建在地社群，还是出于娱乐消遣目的组建交友社群，人们都能够在虚拟空间形成在线群落，进一步从虚拟空间走向现实空间，从线上社交发展到线下相见。对于从事商业经营的网络用户而言，他们积极邀请附近地域消费者加入在线社群，以此在茫茫人海中析出顾客与维护顾客。例如不少做餐饮、蔬菜、水果等生意的人，为附近顾客建立微信群，既可以在群中提供预订服务，又能够提前对接顾客需求，提供上门配送服务等。以上媒介实践建立在现实空间与虚拟空间贯通的基础上，现实地理位置的接近性，使附近用户能够基于共同目的在移动网络汇聚成群。

对于群落的传播而言，现实空间实践成为群落交流的来源。移动传播与多媒体技术的结合，使得人们日常生活皆可被记录、被传播，尤其是数字影像技术在移动终端的普及和提升，赋予了人们用图片、短视频和直播呈现个体生活的便捷机会。以直播为例，任何人在任何情境下皆可开启直播，这将开播者的现实生活实践展现给在线观众，每个直播间都是一个临时性的在线群落，并可能随着观众对开播者的持续关注和守候，发展为具有一定规模的、稳定的在线社群。另外，对于具有共同身份归属和共享意志的网络社群而言，分享现实生活实践成为社群成员建立信任和增进关系的一种方式，虽然每位成员对现实生活的暴露程度不同，但分享线下实践意味着更多真实信息的呈现，这是培养社群信任的重要构成。

由此，定位技术将现实空间具有共同特征的网络用户聚集在虚拟空间，数字技术则将用户的现实空间实践呈现在虚拟空间，二者遵循着"由线下到线上"的逻辑建构在线群落。反过来，"从线上到线下"的情形更广泛地体现在移动传播实践中，无论线上群落成员开展线下见面活动，还是用户利用线上社群交流的信息指导线下实践等，都体现着线上传播对现实生活的影响。移动网络打通两种空间的连接理路，由此造就现实世界与虚拟群落交叠共生的群落化生存景观。

2. 商业因素对群落生态深度渗透

无论出于何种原因聚集，群落中的人通常具有某种层面的一致性，包括信息需求的一致性、实践目的的一致性、身份标签的一致性等。当社交媒体和移动传播能够将分散在世界各地的网络用户会聚成群时，也就意味着异质的、海量的用户被按照某种或笼统或精确的标准聚在一起，这为以析出特定人群为目标的传播主体提供了巨大的便利。毫无疑问，移动传播技术为商业主体的市场策略提供全新思路，它们不再单单追求通过大众传媒向最广泛的受众传递信息，而是讲求营销传播的精准性和有效性，这一切建立在网络平台和各类信息策展人对网络用户的有效析出，使得信息传播的目标受众更加清晰和集中。

很大程度上，社群经济的出现，依赖于移动互联网的深入发展。社群经济强调通过社群内部的横向沟通发现社群及成员的需求，重点在于通过服务这些需求实现相应的增值，并进一步建立社群内部的生态系统。[①]社群成员沟通的场域、企业与社群的匹配渠道以及二者的交流互动等，无不需要网络空间作为依托。对于志在追求企业与消费者密切互动，以激发消费者参与达成品牌价值共创的企业而言，实时掌握消费者的现实需求、与消费者建立通畅的沟通渠道更为重要，这为企业主动建立社群和维护社群注入源源不断的动力。当前，各类层级、各种规模的商业经营者纷纷建立群聊，无论在群中开展预定、促销等活动，还是以社群为依托升级品牌价值，均体现出商业因素对群落生态的渗透。

还应看到，互联网企业本身作为一类商业主体，为了给用户提供更精准

---

① 程明、周亚齐：《从流量变现到关系变现：社群经济及其商业模式研究》，载《当代传播》2018 年第 2 期，第 68-73 页。

的服务，也将用户的类聚与群分逻辑融入功能开发中。在聚集着海量用户和信息的微博平台，开设"教育""美妆""动漫""育儿"等不同类型社群入口供用户选择，"微博超话"也以细分话题为中介积聚用户。总体而言，平台的用户越多，功能细分就越明显，也就越能按照用户的需求和标签对其进行分类析出。这一方面为网络用户提供了更加细致的服务，但另一方面也是网络平台及合作企业面向特定用户开展精准营销的题中之义，这再次印证了商业力量与群落化生存的形塑作用。

3. 个体对抗流动社会的缓冲策略

如前文所说，移动互联网加剧了"液态社会"的特征，物质、信息、情感、关系等社会基质的流动性越来越强。液态之下，原本作为中间组织联结人类社会的地缘共同体、血缘共同体等逐渐瓦解，"个人成为一种独立的个体存在，人际关系开始疏离，国家与个人之间的初级社会组织被破坏，个人直接面对国家"[1]，也就是社会原子化的特征愈加明显。原子化带来的后果不只是人与人、人与组织的关联发生断裂，还意味着个体在精神层面的迷失，"表现为精神上的孤独无助和思想行为上的混乱"[2]，这将导致个体在现代社会中的自我认同危机问题。随着移动网络进一步加快社会流动，认同危机将伴随海量信息带给个体的压迫感和分裂性进一步加剧。

对抗社会流动的根本目的，在于建构或强化自我认同。网络信息裹挟着差异巨大、相互矛盾的价值观念涌入个体生活，对个体的认知、态度和行为形成持续影响。进入在线群落的意义，在于选择与自身思想和行为相近的人群确认彼此，形成社会互动层面的价值体认，从而生成自我认同。在精神分

---

① 田毅鹏：《转型期中国社会原子化动向及其对社会工作的挑战》，载《社会科学》2009年第 7 期，第 72 页。

② 田毅鹏、吕方：《社会原子化：理论谱系及其问题表达》，载《天津社会科学》2010年第 5 期，第 68–73 页。

析学家雅克·拉康（Jacques Lacan）看来，人类在"镜像阶段"开始进入主体性的秩序中，"镜像阶段"意味着婴儿在镜子中看到自己的影像而形成某种认同感。[①]虽然这种认同通常是"误认"，并且拉康所言的认同与自我身份认同不可相提并论，但这里强调了人是在与客体的对照中建立关于自我的观念。在社会学家看来，自我认同是在社会中形成与发展出来的，因为由个体相互作用而联系确立的社会才是真正的社会。[②]因此，在网络中聚群而居，能够使个体在与他人交流互动中进行彼此审视与参照，强化对自身主体身份的信仰与认同。

当然，加入在线群落并不意味着对流动性的征服。正如信息策展人随时调整群落边界，在线社群本身也处于发展变化之中。群落化生存的题中之义，是人们在数不清的线上群落中进行选择和加入，但一方面出于生产、生活和精神等方面需求，人们入群的动机是多元的，另一方面，流动社会赋予每个个体更加多元的社会身份，因此个体对于社群的选择也通常处于流动之中。在这个意义上，线上入群只是人们对抗流动性的一种缓冲策略，真正的自我认同依然建立在人们对现实生活秩序的自主调和，以及与现实社会的良性互动之中。

4. 社群实存作为一种行动者要素

移动互联网络丰富了技术的可供性，人们可以随时建群、进群、离群，在线群落的社会功能被大大拓展。当个体用户能够获得对在线群落的组建、掌握与管理能力，群落便不再仅仅充当信息交流和消遣娱乐的中介角色，而是成为人们实现行为目标过程中的一种行动者要素。法国社会学家米歇尔·卡

① 约翰·斯道雷：《文化理论与大众文化导论》，常江译，北京大学出版社 2010 年版，第 124 页。

② 贾国华：《吉登斯的自我认同理论评述》，载《江汉论坛》2003 年第 5 期，第 56–58 页。

龙（Michel Callon）和布鲁诺·拉图尔（Bruno Latour）提出的行动者网络理论（actor-network theory）认为，行动者包括人与非人，每一个行动者都是一个结点，结点之间相互连接形成一个彼此协调的行动之网，行动者之间通过转译相互作用。①网络技术作为非人要素，它在各个行动者之间的转译作用集中体现为媒介逻辑，即通过媒介逻辑与行动要素相互连接和协调，共同达成行动效果。移动互联网的媒介逻辑集中体现在共享逻辑、互动逻辑和时空逻辑三个层面。

共享逻辑意味着依托互联网进行资源分享。例如个体把难以解决的问题放在网络平台，利用参与者群体智慧获得解决方案的社群被称为知识社群。用户并非出于自身兴趣或情感交流进入社群，而是以之获取现实行动方案，用户、网络、社群共同成为行动者。互动逻辑是指人们能够依托网络社群进行信息交流，进而开展行动策划，社群在其中成为组织动员工具。这一逻辑通常与时空逻辑并存，移动网络克服时空障碍，赋予人们随时随地建群的条件。为了达成行动目标，人们根据需要随时组建行动社群以及各个细分社群，在群内分工、协调甚至开展集体线上行动。由此，在线社群成为人们行为过程中不可或缺的要素。

当传播技术贯通了线上与线下、时间与空间，在线群落不再只是承载信息、娱乐和情感的虚拟空间，它潜移默化但又日益深刻地嵌入人们生活实践中，成为一种实践工具、行动要素或者说液态社会中的生活策略，帮助人们更高效、更有力地完成生活目标。

综上所述，移动网络时代的在线群落与传统互联网时期的网络社区具有显著区分。在线群落流动性更强，但它串联线上线下、类型更加多样、互动更加便捷，能够为个体提供更加多元的现实支持。虽然在线群落不等于网络

---

① Michel Callon.（1986）. *The Sociology of Actor-Network: the Case of the Electric Vehicle*. London: the Macmillan Press, pp. 19–34.

社群，但人们在各类规模、各种样态的群落中或临时或长久的聚集，是一种非正式的交往。这种交往"整体上培养了人们对共同情感的认同，构建了公共生活中彼此尊重和信任的网络，积累了个人或生活区域出现不时之需时可以加以利用的资源"。[①]因此，在线群落是原子化社会中人们重建社会联结的一种方式。也应看到，商业因素、文化因素、政治因素等社会结构性力量同样在着力提升同类型人群的可见性，以此更有针对性地进行目标管理和组织实践。技术、社会和人，共同构筑了群落化生存的现实图景。

四、小结

本章通过剖析移动互联网技术为人类搭建的传播环境特征，考察网络用户围绕信息策展相互聚集的过程，为群落化生存寻求解释机制，并进一步思考群落化生存的特征。移动互联网将地理位置因素重新纳入信息场景的构建中，打通用户在现实世界和虚拟世界的两种空间实践，通过功能嵌合和应用嵌合将用户引入更精细的网络服务，由此将用户之间的连接方式拓展至基于服务的连接、基于位置的连接和基于消费的连接。互联网以传播信息为基础功能，在移动网络瞬息万变的信息生态下，网络用户通过对信息的梳理和重新释义进行信息策展，具有相同信息需求或价值观念的用户向策展人聚集，构成人们群落化生存的基本形式。得益于移动网络技术可供性的强化，人们将在线群落作为个体发展或集体行动工具，随时随地在群中汲取社会支持，由此群落化生存成为传播技术发展的必然产物。

需要明确的是，在线群落并不等于网络社群。前者是指网络用户因各类

---

① Jacobs, J.（1961）. *The Death and Life of Great American Cities*. New York: Random House, p.56.

需求和目的聚合在一起的状态，具有较强的自发性、临时性和流动性，群落存在的时长不定，群落的形态也丰富多元，包括某一自媒体的关注者群体、某一问题的互动者群体或各类微信群、QQ群、微博群等在线群体。当群落参与者具有了共同的意识、行动目标和对群落的依恋，群落则能够发展为网络社群，后者更加稳定、持久并伴随着情感交流。

但无论如何，群落化生存已成现实，并且形成了某种程度上的内循环色彩。斯科特·麦夸尔（Scott McQuire）认为，我们当下面临的挑战是学会如何在复杂的环境中分享社群既有的共同之处，又不丧失我们之间的各种差异。麦夸尔援引让–吕克·南希（Jean-Luc Nancy）的论述，认为达成这样的目标需要产生新的社群，也就需要新的传播实践。①从这个意义看，进入一个社群，是个体连接社会和建立共同性的方式，而进入不同社群，则是个体显示差异性的来源。由此，人们对社群的需要源源不断地产生，这是个体建构共同性和差异性所形成张力下的内循环结果，群落化生存走向纵深。

本章分析了群落化生存的媒介基础和主要特征问题，在接下来的四章内容中，本书将聚焦在线群落的典型形式——网络社群，对其形成与传播进行分析，探讨移动互联语境下网络社群的新特点。

---

① 斯科特·麦夸尔：《地理媒介：网络化城市与公共空间的未来》，潘霁译，复旦大学出版社 2019 年版，第 25 页。

第三章

网络健身社群的混合空间传播

互联网技术重构人类社会存在方式，在移动互联网络大规模应用之前，人类社区可以分为两种：在地社区和网络社区。前者是传统上基于共在物理空间内的人类共同体，成员地域分布窄，社交关系较强；后者指依托互联网虚拟空间形成的多人互动团体，成员地域分布广，社交关系较弱。对于这一时期的网络社区而言，来自天南海北的网民基于共同兴趣或目的聚集于同一虚拟空间，他们很少在现实中集体会面，传播活动基本上局限于以互联网为中介的线上交往。

然而，移动互联技术的发展，大大消解了人类传播的物理空间与网络空间的樊篱。尤其随着地理定位技术和移动通信的融合，"物理信息"重新回归传播版图，基于地理位置的服务（Location-Based Service，LBS）使人类的生产生活和社交应验了麦克卢汉的"地球村"预言之后发生反转，朝着在地化与全球化并存的逻辑发展。早期关于数字化生存的研究更多关注人在网络空间中的精神性存在，将网络空间称为赛博空间，但技术发展让人愈加感知赛博空间与现实空间的多重勾连，移动互联网进一步加强这种互动。[①]LBS将从前服务于政治、商业等宏观社会系统发展的定位技术运用于每位网络用户的个性化生活，带来人类生活方式和交往方式的变革。

LBS与移动互联网的结合，将人们的物理空间实践和位置关系纳入网络传播实践中，这一转变带来了网络社群的两种变化。其一，网络社群不再仅仅依靠身处异地的网民组建而成，处于相近地理位置的网络用户可以就近建群，形成具有一定地缘关系的网络共同体。其二，网络社群的传播内容与物理空间实践和空间关系相互渗透，社群成员具有更强的在地感知，其社群关系更容易从线上发展到线下。对于微信、微博、短视频平台等社会化媒体而言，提供地理定位服务和附近用户社交功能已成为应用标配，用户可以轻松

---

① 彭兰：《"数据化生存"：被量化、外化的人与人生》，载《苏州大学学报（哲学社会科学版）》2022年第2期，第154–163页。

发现附近社群。由腾讯2020年发布的《中国移动社群生态报告》显示，在基于地理位置查找附近的群时，近40%的网友会选择加入附近的交友群。[①]而对于新闻客户端、音乐类APP、健身类APP等提供专项服务的应用，亦能够通过"附近推荐"功能，为用户就近结识具有相同兴趣爱好的群体搭建平台。这些变化为网络社群研究提出一系列新问题：定位技术如何影响网络社群的形成和发展？相比纯粹的虚拟网络社群，群内成员地理位置相近的网络社群在传播内容和互动方式上有哪些不同？社群关系能否从线上发展到线下，如何从线上发展到线下，线上与线下的双重实践如何影响社群成员对社群的认知？在地化的网络社群对人们的生活和交往产生了什么影响？

更进一步地，当网络社群朝着虚拟与现实两种空间的互动传播发展，这就为考察传播与空间的关系这一经典学术问题提供了新视角。传播技术在发展初期就有一个显著特征，它破坏了消息传递与共享性空间之间的强制性连接[②]，这里的共享性空间是人们接收消息时所共处的现实空间，技术使人们的信息交流从现实空间抽离，形成去地域化的线上传播。然而定位技术让人们在广袤无边的网络空间中重新落地，人们在现实空间中的实践和信息互动，与其在网络空间中的传播相互交融。对于网络社群而言，共享的现实空间对社群成员意味着什么？他们如何呈现和分享自身在现实空间的行为实践？传播技术又是怎样串联人们在现实和网络双重空间中的群体传播？人类是群居动物，回答这些问题，对于考察人们在线上和线下生活空间日益模糊的当下如何开展社会互动，进而窥探技术变革下人类交往结构的变化具有启示意义。

在当前因地理定位技术而兴起的各类社群中，有一种社群在串联线上、线下两种空间实践方面具有独特表征，即网络健身社群，尤以跑步类健身社

---

① 苏宏元、方园：《微粒社会下新型网络社群关系的形成与维系》，载《当代传播》2021年第4期，第90—93页。

② 南希·K.拜厄姆：《交往在云端：数字时代的人际关系》，董晨宇、唐悦哲译，中国人民大学出版社2020年版，第101页。

群更为显著。一方面，跑步类APP提供创建线上跑团功能，用户可以自由加入附近跑团，与团友进行线上或线下约跑，这里跑团相当于一个个网络虚拟社区；另一方面，用户在现实空间的跑步实践，成为其在跑团线上打卡、互动等网络传播的内容来源，团友的讨论与评价又能影响用户后续的跑步实践。由此，线上跑团得益于地理定位技术而产生，成员的网络空间传播与线下空间实践交互融合，这为考察在地化网络社群的混合空间传播提供了独特案例。实际上，马拉松运动近年来在民间的火热，与跑步类APP的兴起及其对运动社交的推广不无关系。跑步类APP是一种轨迹记录型LBS平台，基于传感技术，能够生成用户的跑步路线、配速、里程、爬升等信息，用户得以实时监测自身运动数据，并且这些数据可以生成图片或文本，用于用户在跑团内外开展线上传播。2019年，我国马拉松规模赛事有1828场，"跑马"人数达到712.56万人次[①]，而在五年前的2014年，马拉松赛事数量仅有51场。[②]技术加持使长跑运动愈加普及，在推进全民健身、体育强国建设的当下，研究跑步社群对于考察体育运动的民间推广亦具有现实意义。

　　本章选取运动类APP"咕咚"为LBS平台代表，以该平台上的跑步社群武汉市G跑团为研究对象，试图回答三个问题：

　　1.以地理位置为基础形成的网络社群有哪些特征？

　　2.地理定位技术如何影响网络社群成员的传播实践？

　　3.社群成员在线上、线下的混合空间传播中如何建构社群认同？

　　以上述问题为牵引，本章将首先对社区、空间与传播的关系进行理论综述，厘清空间和传播对于社区存续的意义；其次结合现有研究，从理论层面对基于地理位置的网络社群的特征进行分析；最后通过对G跑团的实证分析，

---

① 《2019中国马拉松大数据分析报告》：http://www.athletics.org.cn/news/marathon/2020/0501/346438.html。

② 吴俊宽、刘旸：《2014年中国田协共举办51场马拉松及相关运动赛事》，http://sports.people.com.cn/n/2015/0104/c22168-26318201.html。

探索社群成员的混合空间传播实践及其社群认同问题。

一、社区、空间与传播

"社区"和"社群"两个术语，前者从字面来看具有更强的空间属性，因此学界多用社区一词来开展关于社会共同体空间特征的研究。鉴于社区和社群二词在研究中经常被混用（绪论章节已做详细阐述），依据本章侧重空间研究这一出发点，本节运用社区一词进行研究梳理和理论阐释。

社区的构成，以空间为载体，以传播为路径。人们在一定共享空间中的互动交流，为社区树立边界并注入意义。移动互联网带来了人类社区向混合式空间形态转向，传播在其中发挥着根本性作用。

1. 社区的空间属性

社区这一概念，从字面而言容易让人联想到与物理区位有关。在社会学研究中，虽然学者们对社区的定义各执己见，但大都强调地域或地方这一元素。美国社会学芝加哥学派的代表人物罗伯特·帕克（R. E. Park）在其著作《人文生态学》一文中，从三个方面对社区进行了界定：第一，以区域组织起来的人群；第二，他们程度不同地深深扎根于居住的地盘；第三，生活在多种多样的依赖关系之中，这种相互依存关系与其说是社会的，不如说是共生的。[①]这一定义指出了社区人群对物理空间的共在与共享，意味着地域范围构成了社区的边界。同时帕克对于"人们扎根于此地"的强调，蕴含着人们在同一地域中养成相似的生活习惯和思维方式的可能性，这在无形中建立了社区成员之间的共同性。

---

① 王小章：《何谓社区与社区何为》，载《浙江学刊》2002 年第 2 期。

与物质意义上可见的地理空间相比，网络空间难以通过人类视听感官得以感知，是一种虚拟的、抽象的空间概念。但在网络社区研究中，学者们依然把空间视为网络社区的必备要件。南希·K.拜厄姆将互联网语言中所描述"空间"解读为"线上群组在软件和硬件平台上相遇的感觉"。并且在观察线上群组和许多对社区的定义中总结了社区的五种特质，第一种就是空间感（sense of space）。①在这里，网络社区中的空间概念被理解为人们对于共同性的一种感知结果，即网络平台把社区成员聚集在一定的传播场域之内，社区成员实现虚拟的共同在场。拜厄姆同时指出，这种空间认知在视觉化的网络环境中更加明显，例如大型多人在线网游通过视听符号构建出一个虚拟世界，带给人们半物理现实（semi-physical realities）的体验。这里强调的是网络传播符号对人们感知网络空间的明示作用。在网络平台，不仅游戏世界能给玩家群体搭建可视化的虚拟空间，我们日常所处的微信群、抖音群等，也通过显示群名称、群人数、群成员等方式，将网络空间进行视觉化呈现。

无论现实社区还是网络社区，空间概念之所以重要，是因为空间昭示着一种集中性，将人集中到一定的范围之内。在学者彭兰（2020）对于网络社区的界定中，认为空间的集中性是"社区"这一共同体的基础，并把"特定空间边界"作为网络社区的一个构成要件。②其后彭兰对社区与社群做了区分，但依然认为"与社区相似，社群的形成往往基于空间的集中性"。互联网通过一系列代码规则提供用户聚集路径，通过灵活多样的视觉符号将用户的虚拟共同在场视觉化，这些规则和符号即是互联网空间的表征。

有了空间，才会有人群的集中，才能形成社群。正如叙事学研究者将故事分为事件和实存两部分，前者是时间性的，后者是空间性的，后者包含背

---

① 南希·K.拜厄姆：《交往在云端：数字时代的人际关系》，董晨宇、唐悦哲译，中国人民大学出版社 2020 年版，第 101 页。

② 彭兰：《"液态""半液态""气态"：网络共同体的"三态"》，载《国际新闻界》2020年第 10 期，第 31—47 页。

景和人物两个部分，社群也可以看作一群人在现实中的叙事，其中空间性的要素必不可少。因此，社区/社群具有天然的空间属性。当人们所处的现实空间与网络空间交叉融合，人们的空间实践和空间本身所附着的意义通过人的传播开始互动，这对于社群关系和人们的交往结构必然产生影响。

2. 社区的传播本质

社区经由人与人的传播活动才能构成其存在意义，如果只有空间与人，没有人与人之间的互动，社区只是一种固定的、静态的、单一的客观存在。在郑杭生对网络社区的定义中，明确指出了社区是网民"通过频繁的社会互动形成的具有文化认同的共同体及其活动场所"[①]，社区成员的交往活动构成了社区内部共享的意义和价值，在此基础上形成人们对社区身份的认同。正如詹姆斯·凯瑞提出的传播的仪式观，认为传播并非简单地实现信息的传递，而是达成意义的传递，使人们能共享相同的思想和价值观念。社区的生成和维系依靠传播的发生，社区成员共享性的实践、文化和身份，本质上来源于成员之间的传播活动。

随着当代社会流动性的加强，人们出于工作或生活的需要迁居于不同的物理场所，即便是现实生活中的社区，也不再像先前的社会那般稳固。而随着移动互联网的发展，社区的形态进一步向虚拟化、多元化发展。在这些背景下，有学者不再强调空间因素对社区的锚定作用，而是用动态的、生成的眼光来看待社区，着力探索社区生成的动态机制。这一观点最有代表性的是谢静提出的"构成性社区传播理论"，该理论反对仅仅将社区当作先验事实，而主张以传播为核心，把社区看作由传播所构成的网络。谢静认为，传播构成社区包含三个层面上的网络构造：人际网络、意义网络和行动者网络。传播架起社区成员沟通互动的桥梁，编织起人际网络；传播建立起社区精神和

---

① 郑杭生：《社会学概论新修（第三版）》，中国人民大学出版社 2008 年版，第 291 页。

社区文化，使社区成为"想象共同体"，从而造就意义网络；传播联结空间和文本，这些非人元素与社区中的人一起构成了行动者网络。[①]

此种观念从社区的"关系"维度考察社区问题，不再将社区看作一个结构化的、既存的社会主体，而是强调社区的生成性过程。这一视角打破了以地缘、血缘、趣缘、业缘等不同类型划分社区的传统，传播的意图和目的千千万万，正是传播构成了形形色色的人类社区。在流动性社会中，构成性社区传播理论拓展了人们对于社区的理解维度，不再生硬地把现实社区和网络社区看作两种界限分明的、不相关的存在，只要存在多人之间的传播行为，无论线上还是线下，社区便都能够生成。

3. 混合空间与社区传播

当数字智能媒体能够被装入口袋跟随使用者游移于城市街角时，物质与虚拟便发生融合。现实空间与虚拟空间的二分法在数字媒介时代愈加暴露出局限性，学者针对两种空间的交融状态进行不同的描述，有的学者称其为空间重合（doubling of space）[②]，有的称其为混合现实（mixed reality）[③]，也有学者称之为混合空间（hybrid space）[④]。虽然称谓不同，但将两种空间并置思考，考察其与人类传播的互构作用，已然成为智能媒介时代的显性话题。本章采用混合空间的概念来形容人们面临的两种空间交叠的状态。

---

① 谢静：《社区：传播的构成》，载《苏州大学学报（哲学社会科学版）》2015 年第 3 期，第 32–40 页。

② Moores, S.（2003）. "The doubling of place: electronic media, time-space arrangements and social relationships" in N. Couldry and A. McCarthy（eds）, *Media Space: Place, Scale, and Culture in a Media Age*, London and New York: Routledge.

③ Benford, S. and Giannachi, G.（2011）. *Performing Mixed Reality*. Cambridge MA: MIT Press.

④ Frith, J.（2012）. Splintered space: hybrid spaces and differential mobility, *Mobilities*, 7（1）, 131–149.

混合空间对于个人而言，丰富了人们对于生活其中的物理空间的意义认知，因为媒介能够对这些物理空间进行再现，成为一种中介经验。城市地理空间中大量原本的"直接经验"与技术中介化过程紧密融合后抹淡了"中介经验"与"直接经验"之间原有的界线。[①]有趣之处在于，这里的中介经验不仅来自大众媒体或者机构媒体，也来自不计其数的自媒体用户。抖音、小红书、微博等平台上，不同用户使用自己喜欢的角度、造型和滤镜对他们生活的街道、公园、楼宇等物理空间加以呈现，这些被媒介化的物理空间成为他人中介经验的来源。这里，现实空间成为一种传播材质，被转化成媒介文本搬运至网络空间，无数网络用户对现实空间的直接经验与这些中介经验发生碰撞，这影响着他们对现实空间的认知以及空间实践。

提出混合空间的意义在于揭示了人类的实践活动对其所栖身场所的意义赋予和改写，尤其是物理场所成为人们生产意义和表达意义的依托。文化地理学认为，地点并非物理世界中的一个场所，而是从个体拥有的东西（性质或状态）变为个体做过的事情。[②]De Souza等认为，混合空间是数字信息对物理世界重叠覆盖的结果，这种空间显示出人们一种参与形式的潜力，即使用位置信息进行参与。[③]这种参与的结果，在Schwartz等看来，塑造出了数字时代的"空间自我"（spatial self），这一概念被用来形容个体记录（document）、存档（archive）和陈列（display）他们在空间内的经历和/或移动性的各种实例（并含线上和线下），以向别人呈现或表演他们身份的各个方面的过

① 潘霁:《地理媒介、生活实验艺术与市民对城市的权利》，载《新闻记者》2017年第11期。

② Cramer H., Rost M. & Holmquist L.E.（2011）. Performing a check-in: emerging practices, norms and 'Conflicts' in location-sharing using foursquare. *ACM*.

③ De Souza e Silva A. & Sutko D. M.（2011）. Location-aware mobile media and urban sociability. *New Media & Society,* 13（5）, 807–823.

程。①空间自我贯通了人们线上线下的传播过程，昭示着数字时代人的主体性已然由物理实践和网络实践两个维度综合建构。

混合空间对于社群的意义，在有的学者看来，能够加强社群的紧密程度和稳定程度，因为"社群成员在现实与网络的双重空间中具备高度的集中性"②。另有学者指出，虚拟社区成员的线下集体活动对成员的身份认同和归属感建设具有良好的促进作用。③毋庸置疑的是，基于地理位置的网络社群中，人们对共同生活空间的直接经验和中介经验相互交织，进行着空间自我的自塑和互塑，同时，人们能够将线上关系发展到线下，拓展基于互联网的新型社交关系，这为数字时代的社群化生存提供新内涵。

二、以地理位置为驱动的网络社群特征

以地理位置为驱动的网络社群，是网络用户基于互联网应用提供的地理定位功能，与附近用户建立社交关系并在线上聚集而形成的社群。社群成员的共通兴趣通常与互联网应用提供的服务相关，例如社交应用上通常聚集以纯社交为目的的网络社群，而跑步应用上则聚集以跑步监测为目的，同时开展交流互动的跑步社群。由此，社群成员共享相同的地理空间，也具有相同的兴趣或目的，他们具备经常性的时机开展线下活动，也能实时分享自己在共同地理空间内的生活日常。相比一般性的网络共同体，以地理位置为驱动

---

① Schwartz R. & Halegoua G.R.（2014）. The spatial self: location-based identity performance on social media. *New Media & Society*, 17（10），1644–1661.

② 苏宏元、方园：《微粒社会下新型网络社群关系的形成与维系》，载《当代传播》2021年第4期，第90–93页。

③ 吴欢：《虚拟社区内的认同——以中国内地老年门户网站"老小孩"为例》，载《新闻与传播研究》2013年第5期，第84–99+127–128页。

的网络社群具有三个方面的不同特征。

1. 社交的真实感增强

根据定位技术的不同使用方式，基于地理位置的社会化媒体可以分为两种。一种是分享固定位置的社交网络，用户通过签到和发布定位等方式分享地理定位，并能获得与地点有关的信息和评价。当前各类添加了定位功能的社交软件即是此种类型，人们能够基于物理位置添加附近好友。另一种是分享移动轨迹的社交应用，由多个位置点描述用户活动的详细信息，用户之间的相关性通过轨迹体现出来，例如跑步软件、打车软件等记录轨迹的网络应用。在由基于地理位置的社会化媒体所聚合的网络社群中，位置信息如同用户的昵称、头像等信息一般镶嵌在个人基本信息中，但与昵称、头像可由用户任意建构不同，位置信息具有天然的客观真实性，这就为社群成员的身份注入了一层具象色彩。

有学者针对位置打卡型社交媒体的用户研究发现，绝大多数用户明确表示他们不会分享与实际所在地点不相符的位置信息，因为这与基于地理位置的社交应用所传递的精神相悖。研究者援引欧文·戈夫曼（Erving Goffman）的拟剧理论加以解释，认为基于地理位置的社交应用具有一项功能，即通过把用户前台和后台的行为匹配起来而使用户的身份更具有连贯性，由此用户的传播活动更具有真实性（authenticity）。[1]原本作为社交媒体"后台"元素的地理位置信息和行动数据被分享至"前台"，意味着将个人活动的现实背景明示于人，虽然这不代表基于地理位置的社交用户会完全真实地分享位置，但"前台"中有越多真实的行为情境信息，个人在其中的行为实践和行为分享便具有越多的现实依据和可靠性，这使基于地理位置的网络社群用户在认知社

---

① Saker, M.（2017）. Foursquare and identity: Checking-in and presenting the self through location. *New Media & Society*, 19（6），934–949.

群关系时体会到更多的真实感。

2. 弱关系走向强关系

在《弱连接的威力》（*The Strength of Weak Ties*）一文中，马克·格兰诺维特（Mark Granovetter）用互动频率、情感强度、亲密程度与互惠性来测量关系的强弱。[①]在日常生活中，人们最频繁接触的是自己的亲人、朋友、同学、同事，人们与这些人的关系是一种强关系，它由情感维系，稳定性和亲密度更高，但传播范围有限。相对于强关系，还有一种稳定性相对较差但传播范围广的关系，比如听亲人偶然间提到的朋友，人们与这些人之间的关系是弱关系。

在一般性的网络共同体中，人们多以虚拟网名互称，对彼此的认识高度依赖于个人在网络平台上选择性披露出的片段信息，而对于网友在真实生活中的行动则知之甚少。由于彼此之间高度不透明，信任感难以建立，人际沟通互动也容易停留在表层的信息、知识等内容交流上，这种关系多为关系强度不足的弱关系。而基于地理位置的网络社群在网缘关系的基础上多了地缘上的共通性，具备更多从线上走向线下的可能性，在面对面互动的基础上，网络社群中的个体更容易建立信任感，社群对个体的影响力进一步强化。在信任关系建立后，人际间的互动频率、情感强度、亲密程度与互惠性也会相应增强，由此，社交关系容易发生由弱到强的转变。

3. 身体实践成为社交货币

基于地理位置的社交，使人们能够将在物理空间的身体实践生成传播文本共享给他人，例如人们能将在公园出游、在餐厅吃饭、在体育场健身等行

---

① Mark Granovetter.（1973）. The strength of weak ties, *The American Journal of Sociology*, 78（6），1360–1380.

为活动，通过图片、视频等方式与网友共享。由此，个体在线下空间的身体实践成为一种社交货币。与基于互联网的远程人际传播不同，在以地理位置为驱动的网络社群内，社群成员对于线下空间身体实践的分享，能在两个层面与其他社群成员建立信息或情感连接。

一是身体实践所依托的空间背景。基于地理位置的网络社群成员拥有大致重叠的现实生活空间，比如共同生活在附近的街区、共同工作在附近的商务楼宇，那么某位成员对于现实空间的再现，能够唤起其他成员对此地的记忆和感知，从而连接起社群成员在主观上的共同性。

二是身体实践所激发的意义对比。人类的身体实践蕴含着特定的意义，并且身体实践与背景空间共同参与意义的生成，比如同样是去餐馆用餐，在街边小馆用餐和在高级酒店用餐，所具有的意义不尽相同。当社群成员对附近的地理环境都较为熟悉时，那么成员间分享在同一地理场所内的不同实践行为，能够引发成员间的讨论。也即是说，某位成员对于自身身体实践的传播，对于其他成员而言是一种"中介经验"，他们将自己的直接经验与中介经验对比，更能够形成社群的互动和讨论。

如前文所言，基于地理位置的社交网络能给用户带来更多的社交真实感，如果说位置是真实感的来源，那么人们在地理位置中的身体实践则更加强化了社群成员间的关系连接。研究发现，在基于地理位置的社交网络中，人们通过分享个人位置来呈现特定身份的情况变得普遍，因为人们将自己的身份与他们常去的地方和给这些地方贴的标签相并合（conflate）。[①]网络用户分享位置通常与分享该位置中的身体实践融为一体，这为人们的身份注入一致性，为线上交往带来更多可信度。

---

① Saker, M.（2017）. Foursquare and identity: Checking-in and presenting the self through location. *New Media & Society*, 19（6）, 934–949.

三、网络健身社群的混合空间实践

咕咚APP诞生于2012年，基于用户地理位置记录其跑步、骑行、健走等运动数据，并提供运动轨迹、里程、平均时速、爬升海拔等运动参数和图表分析。每位用户都可发起成立跑团，并必须标注团队所在位置（通常为创建人居住地附近的标志性建筑或单位），同城用户在浏览跑团界面时，咕咚以跑团与用户的距离为标准由近及远排序，方便用户添加附近团体。用户通过跑步打卡分享位置，并能够依据物理距离远近加入运动团、添加在附近跑步的跑友和开展社交等，实现"社交性地分享地理位置"。

G跑团已成立六年有余，同很多线上跑团一样，该跑团最初是由创建者自发在咕咚平台建立的运动团。其后，创建者和最初入团的几位跑步发烧友开始组织线下约跑活动，他们在咕咚团发布约定的时间和地点，其他团友看到后可如约而至，这样跑团的社交关系从线上发展到线下。经常参加线下约跑，或者跑步打卡频率高的用户，可以加入跑团微信群，这是一个互动频繁、成员身份归属很强的社交空间。只要天气和条件允许，G跑团每周组织两次线下集体跑步活动，参与人数20—30人的居多。线下活动为跑团的线上传播提供丰富素材，跑步的合影、视频和每个人的跑步数据，甚至是跑步后一起聚餐的情况，都成为跑团群里津津乐道的谈资。

研究发现，社群成员的跑步行为与线上传播互为动力，定位技术、传感技术和数字媒体技术让人们的空间实践和身份建构拥有多种可能，社群成员在现实空间实践中达成意义的书写与交流，并在线上传播中强化着共同体意识。

1. 空间实践的数字转化与自我呈现

记录移动轨迹的网络应用，除能够显示位置信息外，还能将用户在现实空间的位移活动和实践活动转换成可视化文本，用于用户的社交传播。换言之，媒介技术的发展使得"让他人见证自己的某种状态"更容易实现，媒介使用与自我呈现的深度嫁接，成为移动传播时代人与媒介关系的显著表征。地理定位技术让人们在现实空间的身体实践成为自我呈现的一种方式。

在跑步应用中，用户的跑步行为是在现实场景中的空间实践，这种空间实践经历着媒介化生成和线上传播两个过程，塑造着用户在混合空间中的"空间自我"。

首先，媒介技术将个人的现实空间实践媒介化。跑步应用的运动记录功能，实时记录用户的移动轨迹和身体数据，能够生成轨迹图片和运动数据，并以可保存、可分享的图片、视频等文本形式呈现。在一般性社会化媒体中，由于网络的匿名性和与现实空间的区隔，用户对于自我的数字化披露存在更大的操纵与改写空间，有时甚至会呈现出与物理空间中的自我截然不同的人物形象。但基于地理位置的实践数据由用户亲身实践生成，用户的自我建构具备真实性基础。

位置信息嵌入用户的线上传播后，用户的隐私面临进一步暴露，但在跑步应用中，用户并不介意通过披露隐私完成自我呈现。跑步活动通常发生于非工作时段，人们从家里出发，在附近的道路、操场跑步。通过观察单个用户经常性的跑步轨迹，能够获知其家庭位置、活动范围等信息，这些信息通常是私密的、个人的，而用户主动地、长期地公开这些信息，实际上将个人隐私纳入身份呈现。依据社会临场感理论，人们利用媒体进行沟通过程中，越多地披露隐私，越能够提升自身被视为"真实的人"的程度及与他人联系的感知程度。地理信息与个人隐私的相互嵌入，提升了用户身份建构的真实性和有效性。

其次，用户基于线下空间实践进行自我叙述，这成为其线上空间自我呈现的主要来源。吉登斯曾提出"自我叙述"的概念，将之解释为个人对于自我的反思，并举出人们写日记自省的例子来说明这种自我叙述的无所不在。[①]媒介化时代，人们用纸质媒介书写日记的情况大量减少，在媒体平台进行自我表露，成为人们自我叙述的重要方式。与一般类型的社交应用不同，跑步类APP能够将用户在现实空间中的行动轨迹、身体实践等自动转化为媒介文本，这些文本与用户写消息、发朋友圈等充满主观性的自我表露相比，具有更强的真实性和客观性。运用这些文本开展网络传播，用户能够更加具象和深入地进行自我叙述。尤其当线上传播发生在具有相同兴趣爱好的网络社群中，用户的自我叙述将更具有内生动力。

在跑步应用中，用户将单次跑步数据上传至跑团群或运动圈（咕咚类似微信朋友圈的功能），跑友称之为"打卡"。连续的跑步实践意味着通过连续的运动数据进行自我呈现，而不少用户在打卡的同时，喜欢配以长短不一的文字进行自我评价。

女跑友"wm339"是G跑团最早的团员之一，作为纯粹的业余跑者，她为了备战马拉松赛事，一度过量奔跑，导致腿部出现严重不适。经过入院治疗和漫长的康复训练，她感觉双腿恢复正常，尝试重新开始跑步。于是，她在跑团群和运动圈打卡，并在运动圈以"D+数字"为开头，记录复出跑步的天数和感受，如"D58，洒过水的路面跟汗蒸一样，六分半的配速心率187，跑不下去了。提前三天完成本月计划，稍感安慰"。这里的记录是对于跑步实践的自我叙述，背后是"wm339"对生活的真实表达与书写。跑友海风也喜欢在微信群打卡，并随跑步截图发布一段短日记式的跑步感受："农历闰六月初三星期二，武汉晴，气温39度/27度，高温闷热。8款跑步APP同开慢跑晨练刷

---

① 安东尼·吉登斯：《现代性与自我认同：晚期现代中的自我与社会》，夏璐译，中国人民大学出版社2016年版，第82页。

半马。跑步即生活，三伏天适合长跑流汗磨炼意志，强健身体。"平日里，总有团友在打卡时随即附上几句，如今天的身体状态、跑步见闻和励志话语等。如果备战马拉松赛事，团友的自我叙述更为普遍，他们往往以马拉松倒计时天数为单位，在打卡的同时书写自己的训练状态和感想，形成与一次次跑步相匹配的自我叙述。

这些自我叙述不仅是跑团用户真实的自我呈现，也是他们建构自我身份认同的方式。吉登斯认为，要想成为一个有能力的能动者，不仅意味着要保持对身体的一种持续不断的控制，而且意味着要让他人见证自己的此种状态。同时，基于自反性的自我叙述，是生成身份认同的重要来源。[①]在跑步社群，群内成员以三种方式不断塑造着群内成员的能动性和自反性，让他们在自我呈现中建构着自我认同和对跑团社群的认同：一是在现实空间进行着积极的身体实践，二是在网络空间让他人见证自己的此种实践，三是基于身体实践进行自我叙述。

2. 空间意象的个体描画与意义再造

共享性实践（shared practice）是网络社群的特质之一[②]，通常指社群成员有着共同的行为特征或行动目的，它是形成和维系社群共享性身份和价值观念的必要载体。在混合空间传播中，共享性实践不仅是指社群成员的线上传播行为，也与其线下空间实践及其媒介化建构密不可分。对于G跑团而言，跑步以及对跑步的媒介化呈现是社群最重要的共享性实践，它与一般线上社群的不同之处在于，跑步的媒介化把跑步者途经的现实空间转化为可生发意义的媒介文本，这意味着现实空间可以成为跑团成员建构社群意义的素材来源。

---

① 安东尼·吉登斯：《现代性与自我认同：晚期现代中的自我与社会》，夏璐译，中国人民大学出版社2016年版，第52页。

② 南希·K. 拜厄姆：《交往在云端：数字时代的人际关系》，董晨宇、唐悦哲译，中国人民大学出版社2020年版。

通过跑步行为让城市空间为我所用，并在跑步中将个体价值、社群价值与城市空间紧密嵌合，成为G跑团独有的共享性实践。这一实践生发于地理定位技术的可供性之中，并在移动传播语境下愈加成熟。

空间是现代性研究中无法回避的话题，在许多学者看来，空间是现代化国家的权力运作载体。统治阶级把空间当成一种工具使用，用作实现多个目标的工具：把劳动力分配到指定的地点，组织各种各样的流动，让这些流动服从制度规章。①这种观点基于宏观权力分配和社会结构进行思考，对我们理解现代性的后果不无启发，但这并不代表人们在空间规训中束手无策。个体在地点中的能动实践赋予地点意义，使中立的、固定的地点转化为具有主观意识色彩的空间，个体的空间实践意味着个人化的意义生产，形成个体对现代化空间规训力量的反制。主体性不仅处于空间中，而且通过空间来表现和进行抵抗。②

在现代性社会中，如何实现秩序的统一性与个体的能动性并行不悖，或者说如何建立主体性与现代性的对话和交融通路，是社会发展必然面临的问题。而各方主体对空间的征用与协商，为回答这一问题提供了视角。在G跑团，跑步者虽然不直接进行现实空间的改造，但通过跑步这种身体实践和跑步的媒介化呈现，在媒介文本中为跑步经过的现实空间注入别样的意义。

首先，用跑步轨迹表达个体意义。基于GPS轨迹追踪和跑步数据传感技术，跑步者的轨迹能够以线条方式在地图中呈现，这种通过身体实践"绘制"轨迹图的方式，成为跑步者表达个体意义的途径。每年5月20日，G跑团成员都会精心规划跑步路线，将跑步轨迹绘制成"爱心"形状，在微信群中打卡表示对跑团和亲友的情谊。与此同时，通过控制跑步平均速度和跑步里程数，

---

① 列斐伏尔：《空间与政治》，李春译，上海人民出版社 2008 年版，第 9 页。
② 罗宾·朗赫斯特：《主体性、空间和地方》，载凯·安德森等主编：《文化地理学手册》，李蕾蕾、张景秋译，商务印书馆 2009 年版，第 415 页。

赋予这些数据特殊含义，例如将跑步距离控制在13.14公里、将平均每公里配速控制在5分20秒等，传递当天日期谐音具有的情感意义。团友"青春飞扬"在5月20日将自己跑出的心形轨迹发送至运动圈，并配文写道："特别的日子，以一种特别的方式：爱家人！爱运动！！爱生活！！！"用轨迹和数据传递意义的方式在节日当中尤为常见，跑友们通常将跑步里程定格在节日日期，用跑步的方式表达节庆意义，如国庆节跑10.1公里、中秋节跑8.15公里。

更进一步地，用户描画空间意象的行为可与主流意识形态形成呼应机制，成为个体与社会结构互动的一种方式。跑友"海风"在2017年春季的三个月时间，每天利用跑步轨迹绘制一个数字，完成从1到100的绘制后，他在群中写道："武汉有个城市形象宣传片'武汉，每天不一样！'，俺也来了个跑步轨迹每天不一样，也算是创新。"通过跑步实践和线上传播，团友将城市官方宣传语融入自身生活，使得宏观的、抽象的主流意识形态以颇为灵活的方式温柔着陆和渗入市民生活肌理，客观上形成个体价值与官方意义的协商与融合。全球化的后果是人类生活被置于千篇一律的存在模式，但LBS用户通过线下实践与线上传播，在文化、生活走向高度同质的一体化浪潮中开辟个性化的表达方式。通过身体实践和媒介文本，用户将自身的个性身份与具有民族性、地方性的文化意义相结合，在能动描画和意义形塑中表达出独特的文化意义与价值。

其次，用跑步影像书写个体意义。描画空间意向的另一种方式是拍摄跑步沿途照片。咕咚提供拍照纪念功能，用户在跑步过程中拍摄照片，咕咚自动添加跑步数据或主题水印供用户分享。这样，沿途风光和跑步数据生成一张媒介文本，城市空间与身体实践再次交合，成为跑步者线上传播的素材。即便不使用"拍照+水印"功能，人们也热衷在跑步中拍摄沿途风光、城市道路等照片并发布运动圈。跑友通常在住所附近跑步，无论对相同地点的取景，还是拍摄新发现的风光，都是其通过符号化的方式将习以为常的城市空间纳入跑步实践的记忆，并在空间符号的分享中达成身份意义的传播，这实际上开辟了个体嵌入城市空间的另一种通道。

人们将自身意义融入空间实践，获得对空间意义的改写和主体价值的表达，形成了个体对现代化空间的能动实践。通过LBS这一关键中介，城市空间不再仅仅是LBS用户身体实践的行为背景，还被其纳入自我意识的书写之中。跑步社群的打卡，蕴含着跑步者精神世界与城市空间的勾连，他们通过身体实践描画具有身份意义的空间意向，形成个体对城市空间的再生产。这种线上、线下混合状态中的"空间自我"，让LBS用户的身份建构重新与物理空间实践产生强链接，推动用户与现代城市空间的深度融入。

3. 空间功能的集体改写与文化生成

在移动传播和定位技术尚未普及之前，人类社交关系的延展通常是从线下发展到线上，即把线下熟人关系延伸到网络虚拟空间。但在移动化传播的今天，从线上关系发展到线下交往，显然已经屡见不鲜。基于地理位置的网络社群不仅在线上开展传播，在线下空间的集体实践是其区别于传统网络社群的显著特征。这种集体实践生发于现实空间并带来两个方面的结果，一是对现实空间的既有功能进行改写，使之服务于社群集体实践活动，二是生成丰富的媒介文本，成为社群共享性文化的生发载体。

首先，在现实空间的功能方面，社群成员按集体需求使用现实空间，使之服务于集体意志的实现，这是对个体空间实践效果的延伸。学者谢静在对J市健身坡的研究中，发现市民自发将城郊的一座小山作为健身活动场所，甚至自发进行筑路、修井、整坪等景观营造工程，构筑了不同于全球或国家逻辑的地方空间，从而制造出属于自己的地点，实现再地域化。[①]而在G跑团的实践中，虽然不涉及对于具体空间的改造，但跑团成员对某些空间进行了功

---

① 谢静：《地点制造：城市居民的空间实践与社区传播——J市"健身坡"的案例解读》，载《新闻与传播研究》2013 年第 2 期。

能置换，使其满足社群的意志与需求。

只要天气和客观条件允许，G跑团每周举办两次集体跑步活动，周三晚7点在G地区森林公园开跑，周日早7点在藏龙岛环湖路循环跑。由于社群成员地域集中，每周三晚参加跑步活动的跑友中，除了夏天白昼较长时少数其他地区跑友前来赴会，其他跑友几乎都来自G地区，多则五十余人，少则数十人。森林公园是收费景区，但市民可在下午五点半园区停止营业后自由出入。园区晚间不对外营业，加之园内17座大小山峰林立，公园部分区域没有路灯，跑友需在黑暗的林间步道中完成夜跑，因此他们给森林公园取名"黑森林"。森林公园占地颇大（713公顷），跑友们开发出8公里、10公里、12公里三条环形路线，跑完一圈即完成相应公里数，供不同能力的跑友选择。跑团对森林公园入口处有明确的使用方式，公园大门外的缓坡为集合区，跑团成员在此聚齐、热身、合影。完成跑步后，大家来到公园进门左侧的一片高台平地上，此为补水区和医疗区，跑友在此饮水、放松并等待后续跑友完成跑步。同样，周末活动的场地藏龙岛也具有固定的集合区、拍照区、补水区等，且由于绕岛跑上两圈的距离约等于半程马拉松的长度（21.09公里），跑友们称跑藏龙岛为"跑藏马"。

可以看出，人们从社群活动目的出发，对活动地点进行符号化的再度标识，并开发出服务于集体身份实践的使用方式，实际上已将地点纳入社群的意义构建。这一过程可被视为学者谢静所讲的"再造地点"，即人们利用现有社会结构中的空间与资源开展有利于自身的行动，从而创造出对自己具有特定意义的地点的过程。再造地点意味着一个理想的、也许从未实现的联合体，对地点加以掌控并将身份认同附加其上[1]，这一过程并不一定意味着改变物理地域的实体形态，而是强调人们在地点实践中的意义生成，地点被纳入

---

[1]　谢静：《地点制造：城市居民的空间实践与社区传播——J市"健身坡"的案例解读》，载《新闻与传播研究》2013年第2期。

人们目的性的行为活动中，超越中立、静止的物理状态而成为含有特定意义的地点。

其次，混合空间传播孕育着丰富的社群文化，在承载社群记忆中形塑集体认同。社群记忆是黏合社群情感、增进社群认同的重要依托，而集体行动是塑造集体记忆的首要载体。G跑团的线下集体约跑不仅是一种空间实践，也是一种集体行动，每一次约跑中的影像、数据，都成为社群线上传播的文本内容，它们不仅激励更多群友参加线下活动，也成为数字记忆存留于网络社群中。

咕咚平台设有"群活动"和"群相册"等功能，它们是每一个运动团生动的数字记忆。群活动功能由社群管理员发起，注明活动时间、地点和其他说明，社群成员可自由报名。群活动正式开始前，参与者已集中于约定地点，管理员发起活动签到，参与者点击签到按钮，手机定位系统依据参与者是否在指定地点而判断签到是否成功。活动结束后，咕咚应用会为该活动标记"已结束"标签，但所有开展过的活动都会显示在"群活动"页面中，并且签到成功的参与者列表也会显示其中，这样无论对参与者个人还是整个社群，都是集体活动的一种记忆存储方式。在"群相册"中，社群管理员将每次活动拍摄的照片上传其中，构成了跑团记忆的另一种存储形式。

除了静态的记忆存储，处于不断更新中的线上传播，是生成社群记忆的另一条线索。这种记忆不只是社群成员对共同经历的复写与讨论，也在灵活多样的话语方式中生成独特的社群文化。G跑团微信群十分活跃，经常文字和表情齐飞，人们并不满足于商业平台提供的表情包，而是自己动手制作多种表情符号用于传播。这些表情的原始素材为跑团集体活动时个人或多人的照片，跑友们重新加工并配以文字，形成凝结社区认同意义的文化符号。表情以动图为主，内容分为跑步主题和表意主题，后者传达轻松、调侃之意。跑步类表情使用率相当高，此类表情通常是一人或多人的跑步动图，配以"走，跑步去！""起床了，跑步了"等文字，营造跑友共同约跑之感。每天清晨团内第一批起床者，通常会将此类表情发至群中，在激励大家晨跑中开始新的一天；跑友亦会依据跑步和表意需要，在日常交流中使用多种表情。自制表情符号构成G跑团的表情包文化，它为单一的线下活动赋予线上平台的传播意义，将两种空间的实践行为聚合于跑团成员的身份认同中。

相比微观的表情生产，G跑团的竞赛文化更具参与仪式感。虽然跑团为业余跑步爱好者团体，但为了督促成员坚持跑步锻炼，G跑团形成了浓厚的竞赛文化氛围。竞赛通常以自然月为单位，以月跑量判定胜负，由管理员策划多样化的主题和竞赛方式，如"Mr & Mrs Runner男女双人跑""五军集结团队大作战""不跑就出局21天连续跑""热炼一夏个人跑"等，以月跑量判定胜负。团员自愿参加，通常在50人左右，最终排名落后的团队/个人向领先者发送微信红包，或承担若干次线下集体活动费用。活动期间有专人统计跑量并每日公布于群，大家围绕跑量热烈议论和调侃。竞赛明确的时间边界、多数人的参与和组织化形式，赋予竞赛强烈的仪式化特征，人们通过参与性实践建构集体记忆、深化情感投入，并在竞赛的持续进行中形塑集体文化。

此外，G跑团不仅塑造社区内部文化，还与宏观生活世界的文化意义发生勾连。咕咚平台每月号召全国各个跑团举办"月跑一善"活动，平台给出主题和主要形式，跑团组织一次线下主题奔跑。这些主题通常与本月节日或纪念日有关，如4月关爱自闭症儿童主题、5月母亲节主题、6月为儿童节主题等。G跑团通常会精心组织"月跑一善"活动，通过主题象征物的使用营造活动仪式感：儿童节主题中，到场跑友都可获得红领巾和棒棒糖，大家敬少先队礼合影留念、在主题海报签名，跑步活动中全程佩戴红领巾；关爱自闭症儿童方面，每人都于面部描画蓝色彩绘，并在手腕捆系蓝丝带，以其标志色和丝带宣传世界自闭症日。通过将象征物引入跑步活动，G跑团将社会主流文化意义纳入跑团意义建构中，跑步者的自我身份成为宏大意义体系与个人意志的连接通道，客观上形成社会文化价值对个体生活的融入。

咕咚平台将跑步实践的可视化呈现与社交化分享融为一体，使个人更容易在社交媒体的传播中获取群体内认同。G跑团有着评论跑步卡的习惯，当一位跑友截图打卡时，总会有跑友针对截图聊上几句，如"跑这么多""真早啊""速度真快""今天跑得这么温柔""飞起来了"等。多人在一段时间内连续打卡时，便有跑友通过"@"功能一次性点到所有打卡者，并附以竖大拇指表情或称赞字词予以肯定，此举通常引起多名跑友自发复制，形成群内独特的"排队点赞"现象。社区内部对个体跑步实践的认同不断强化个人身份的主体意识，即便个体因跑速慢、跑程短而对自身"跑者"身份产生疑虑，社区成员也会通过积极鼓励和介绍经验等方式，辅助个体确认身份并展开持续实践。

G跑团在线上、线下的互动实践中生成多元社区文化，并在此过程中塑造着成员的集体记忆。线下活动的集体在场集中建构了跑友的集体记忆，而活动图片、视频和表情包的线上传播则为记忆的保存和唤起提供平台。如团友"机械狂人"所言：大伙都是一个团的跑友，多参加活动会爱上这个跑团；团友"雯雯"谈道：我在咕咚上申请入群一年多，感觉G跑团是真的有爱的一个团体，未来我会继续跟着跑团一直跑下去；团友"璿"说道：第一次参加线下活动后，我开始每天坚持跑步、每天打卡，刷手机（指收发跑团线上群信息）平添了无数的欢乐。集体记忆将社区成员的身份认同转化为情感认同，反过来赋予成员们参与社区实践的情感能量。在参与—认同—记忆—情感—参与的循环式动力链条中，成员个体不断获得能动实践的价值意义，文化创造力也被源源不断地激发出来。

社区的维系需建立在亲密关系和精神归属之上，即滕尼斯所说的"人的意志完善的统一体"，这依赖于跑团对自身社区文化的建构，以及这种文化力量对成员精神信仰的黏合。通过混合空间实践，G跑团以跑步活动为依托，塑造了具有特色的跑团文化。人们通过能动实践将自我认同和集体认同赋予地点之上，在宏大的城市空间中开拓凝聚社群记忆的集体空间。

四、小结

本质上，LBS是基于地理位置提供服务的一种应用，其原生功能在于依托地理定位技术，为用户提供周边环境信息、行动数据记录或其他位置服务，社交功能是在此基础上的衍生服务。然而，正是地理定位贯通了用户的线下身体行为和媒介使用，使得用户的空间自我不再是纯粹的主观文本呈现，而是包含用户客观行动的实践话语，也助推着成员在不断的混合空间实践中完成主体性构建。

在本章考察的G跑团案例中，基于位置的网络应用使得难以被记录的身体实践数据化、可视化，这从两个方面帮助用户塑造其身份意义。其一，数据文本作为身体实践的直接表征构成用户的自我叙述，个体生活和个人隐私在此过程中进一步披露，但用户倾向于以这种真实感触发身份建构的真实性，在线上、线下双重空间实践中塑造身份的一致性。其二，用户的实践与传播将身份意义融入物理地点，由社会宏观权力规制的现实空间被用户进行意义改造和重塑，个体在地点中的能动实践赋予地点意义，使中立的、固定的地点转化为具有主观意识色彩的空间，个体的空间实践意味着个人化的意义生产。

而社区成员各自的文本分享和人们对文本意义的支持型互动（如排队点赞），共同构成线上传播的仪式性话语，进而赋予个体线下仪式化实践的动力。其次，相近的地理位置使线上社区持续性地进行线下集体实践成为现实，集体实践的固定化本身成为一种仪式，进一步激励个体实践的仪式化转向。内化于日常生活的仪式性持续聚合两种空间，人们在不断的跨空间实践中完成身份认同和集体认同、扩展真实的社交关系和获取社会资本、参与共同体文化建设并收获情感能量，在这一系列相生相伴的过程中，人们持续进行着身份认同和社群认同的构建。

若基于此进一步反思新媒介技术环境下媒介与认同的关系，可以发现，媒介对人类生活的深度卷入，建立在媒介技术为人类提供日益精细化的服务基础之上。服务本身是一种身份析出，选择服务的过程，意味着个体在高速流动的社会中停驻自我和匹配服务背后的身份意义的过程。而当社交作为自媒体的基础功能已成共识时，"服务+社交"的模式将具有同类需求或属性的人连接在一起，形成基于服务的、松散的社区共同体。用户通过使用服务中的身体实践和社交传播中的自我叙述完成身份塑造和认同构建，并在共同体的传播和实践中强化身份认同。

从个体的能动性视角出发，则可以发现虽然网络平台的商业目的日益嵌入社会生活，但人们并非单纯被动接受。从G跑团的案例中，我们看到人们使用基于地理位置的社交媒体发现圈子，进而在两种空间实践中再造城市地点、重构社会关系、达成情感认同，显示出人们在网络平台使用中的能动性和反抗色彩，人们对媒介技术的使用是消费的实践，其实也是意义的生产。另一方面，持续聚合两种空间的LBSN平台，不仅使成员在不断的跨空间实践中完成主体性构建，也为流动中的现代空间结构植入稳定性，为社会分化语境中重建"共同体"提供可能。

以地理位置为先决条件、具备更强的真实性、存在更多从线上走向线下的可能、成员间更容易建立信任关系等，使得以地理位置为形构的网络社群具备不同于传统网络社群的诸多特点。而随着未来智能化技术与媒介更深入的结合，人类生产生活将更加依赖多样化的媒介服务实现，以此衍生用户的身份意义和社区重组。网络健身社群的混合空间传播即展示了媒介技术改写人类的社会结构和行为方式，实现技术对人的重构历程的另一种可能。

第四章

网络直播社群的数字亲密关系

在社群化生存的今天，网络社群不仅被视为一种社会群体或文化群体，其商业价值亦得到充分强调，深耕社群经济越来越成为市场营销所追求的目标[①]。社群经济的兴起，与移动支付、移动社交、移动信息共享等移动互联手段密不可分，其中，基于网络直播形成的互动社群，为考察移动互联时代商业因素对社群的生成与维系提供了独特载体。

传统而言，网络直播被视为电视直播内容在网络平台上的复刻，即把电视信号转化成数字信号接入互联网，受众利用电脑登录网页实时观看的传播方式，相当于"网络电视"。但在2016年前后，网络直播这一概念向一条全新的路径拓展，无论组织机构或者自然人，都可以随时随地架起具有音视频采集功能的移动设备，将自己此时此刻的行为言语实时传向无远弗届的远方。近年来，网络直播平台井喷式增长，用户规模不断扩大，据中国演出行业协会发布的数据，2021年我国直播行业市场规模达1844.42亿元。[②]在用户方面，中国互联网络信息中心（CNNIC）发布的《第51次中国互联网络发展状况统计报告》显示，截至2022年12月，网络直播用户规模达7.51亿人，占网民整体的70.3%。网络直播的巨大影响力在产业规模和用户数量上得到明证，本章探讨的网络直播正是这种人人皆可参与的以影音为载体的实时传收形态。

网络直播是移动互联技术与流媒体技术融合发展的产物，手机等移动终端影音采集与接收的一体化，网络带宽的不断提升，使网络直播迅速走入大众生活。如果说传统上"网络电视"形态的网络直播具有专业化、机构化等特点，当前的网络直播则具有世俗化、民众化的特征。无论身处何地，无论年龄、性别、职业、爱好，每位个体都可以轻触直播按键，开始展现自己的

---

① 程明、周亚齐：《从流量变现到关系变现：社群经济及其商业模式研究》，载《当代传播》2018年第2期，第68-73页。周琼：《社群经济时代新兴网络社群的特点及其影响》，载《浙江工业大学学报（社会科学版）》2018年第4期，第431-437页。
② 中国演出行业协会网站：《中国网络表演（直播）行业发展报告（2021-2022）》，http://www.capa.com.cn/news/showDetail?id=182738。

生活、感想与日常。网络直播亦是一种新型社交形态，竖屏和近景景别带来的面对面交流感，以及影音同步传输带来的视听感官刺激，都让直播用户感受到"去中介化"的社交体验。随着天南海北、风格迥异的人们纷纷入局直播，一批批个性独特、才艺出众的网络主播人气不断攀升。大众不再只是迷恋遥不可及的影视明星，而是发现了眼前手机屏幕里"小姐姐"的独特魅力；人们也不再只是被社会精英的傲人才华所打动，而是意外喜欢上了眼前平凡但有着可爱人格的网络主播。于是一个个网络主播的粉丝社群应运而生，他们准时守候在直播间，一次次陪伴主播度过长达几个小时的直播，与主播互动、向主播打赏，用时间和礼物向主播表达自己的喜爱，创造并维持着与主播的亲密关系。

本章所讲的网络直播社群，即以具体的网络主播为纽带，喜爱该主播的人群聚合在一起所形成的社群，他们平时以微信群、微博群等网络平台为共在空间和交流空间，在主播开启直播的时段进入直播间进行互动。据笔者观察，多数主播会加入自己的粉丝社群，不定时地与粉丝互动，但主播与粉丝、粉丝与粉丝之间的互动主要发生在网络直播间。然而，与纯粹的基于在线社交关系形成的网络社群不同，网络主播的粉丝社群具有一定的商业基因。这些社群的生成和维系除源于观众对网络主播的喜爱之外，也源自网络主播直接面向观众群体获取经济利益的需要。不同于电视直播依靠广告获得收入，网络直播通过观众的礼物打赏或对于屏幕中链接商品的购买行为获得收益，这种依托用户点击屏幕行为发生商业交易的过程被称为屏幕内容货币化（monetizing screen content）[1]。

与网络主播有着共同经济利益的是直播平台，二者约定分成比例，在直

---

[1] Hou, M.（2018）. Social media celebrity and the institutionalization of YouTube. *Convergence: The International Journal of Research into New Media Technologies*, 24（1），1–20.

播市场各司其职，这使平台、主播与观众的关系变得复杂。对于平台而言，设置直播间的一系列玩法、算法，尽最大可能吸引观众并将其注意力转化为经济行为，是其重要目标；对于主播而言，一方面要能够通过才艺、言语或人格魅力吸引观众，另一方面又要熟悉直播间的规则设计，以最大化地获得直播收益；对于观众而言，他们在感兴趣的主播页面停留、互动，对主播更熟悉后加入主播的社群空间，形成以主播为纽带的趣缘社群，但他们在主播直播间的停留时间、互动数、打赏数额等，都被转化成直播间热度数据的计算代码。围绕网络主播形成的在线社群具有社交和商业双重属性，在秀场直播等直播类型中，商业属性表现得更为突出。

考察网络直播社群的原因有三。第一，直播社群是网络社交群落的新形态，它以主播个人为群落中心，社群成员的互动主要围绕主播展开，形成"一元中心、高度聚合"的传播权力结构。第二，社交关系与经济利益存在转化关系，网络主播出于获得收益目的，具有维系社群的现实需求，社群成员的经济付出成为衡量其与主播关系亲疏及其在社群中权力地位的标准之一。第三，网络直播平台设计一系列算法，将直播间的社群互动生成可视化数据进行排列展示，为网络直播社群注入商业底层逻辑，使之成为商业利益与社群交往相互融合的典型产物。在直播的规则与逻辑下，一方面网络主播致力于打造与观看者的亲密关系，通过使用"宝宝""老铁"等昵称和积极在社群中互动，营造主播与社群成员的亲近感和私密感；另一方面主播与观看者的互动行为和亲密程度被转化成数据，这种数据成为主播获取平台推荐位等商业资本的直接来源。二者持续循环、互为因果，以亲密关系的数字化勾连社交与商业的两端。当网络社交不再仅仅出于自发的信息交流分享，而是被商业力量牵引和召唤时，社群传播会呈现什么样的特征？社交亲密关系如何被商业力量建构和维系？亲密关系怎样与商业利益相互转化？直播平台、网络主播与观众在直播社群中有着怎样的角色和关系？这是本章节所关注的问题。

在网络直播的众多细分类型中，本章选取秀场直播作为研究对象，考察围绕秀场主播形成的直播社群的互动传播情况。秀场直播是以网络主播表演才艺、互动聊天等为主要内容的直播类型，选择秀场直播社群出于两方面考虑。一是秀场直播相比其他直播类型具有显著的社交属性，观众与主播、观众与观众具有较高的互动频率，社群传播的氛围最浓；二是秀场直播与游戏直播、户外直播、美食吃播等泛娱乐直播类型在型构传受关系和打赏盈利模式上具有相似性，可以将秀场直播的研究结果用于解释泛娱乐直播。

研究方法上，本章采用网络参与式观察法和深度访谈法开展研究。选择斗鱼和一直播两家平台上的秀场主播开展参与式观察研究，前者是囊括各类直播的综合性直播平台，后者是新浪微博旗下专注秀场直播的平台，二者均具有较强的市场影响力。在主播的选择方面，选取头部、腰部和人气不高的三种主播进行观察，以覆盖处于市场各个梯队的主播类型。具体选择标准参考了主播的粉丝量、直播时的热度排名、主播的播出习惯以及媒体对主播的报道等，经过在各大直播间的反复筛选，最终选取四位主播作为本章研究对象（见表4.1）。参与式观察集中于2018年10月—2019年2月，以及2022年10月—2022年12月，笔者于主播开播时进入直播间，观察直播间的互动情况并做观察笔记，平均每天观看直播2.5小时。笔者不时参与直播互动，为主播打赏，依照进群规则加入主播粉丝团和微信群参与群内互动。同时，笔者还在一直播和火星直播平台自己开直播，从主播视角体验直播各个环节，沉浸式体验直播运行特征。在深度访谈方面，采用便利抽样和滚雪球抽样方式，对20名主播进行访谈，主要围绕直播内容、粉丝互动、社群管理、经纪运营等方面进行提问（访谈人员信息见绪论的研究方法部分）。

本章将首先从受众与媒体人物的拟社会关系入手，考察网络直播的技术特征如何促使直播观众与网络主播建立拟社会关系，以及在此基础上形成的网络直播社群的交往特征；其次从直播平台的一系列制度化设计出发，分析主播与社群成员的交往关系如何被打造成数字化的亲密关系；最后基于直播社群的传播内容和交往实践，透视数字亲密关系如何与商业利益相互转化。在社群经济时代，如何平衡网络社群的社会功能与商业功能，是移动互联语境中亟须思考的问题。

表4.1　本书观察对象基本信息[①]

名称（化名）	木木	阿宣	小梨	小水
性别	男	男	女	女
平台	一直播	一直播	斗鱼	斗鱼
粉丝数	549万人	210万人	28万人	0.2万人
播出时段	21：00—次日2：00	21：00—22：00	14：30—18：30 22：30—24：30	20：00—次日2：00 后调整为：7：00—16：00
选择原因	2016一直播年度金牌主播；2017超级红人节十大主播冠军；直播时段热度经常在实时排行榜名列前十；粉丝多，社群建设成熟。	2022闪耀6周年个人盛典季军，2021直播新浪潮年度男神季军。	在颜值频道播出时段的主播热度排行榜上通常能进入前50位；粉丝数量中等，社群建设相对成熟。	刚刚起步的全职主播；个人社群处于初创阶段，能反映社群建设的动态过程；与粉丝的互动频繁。
直播风格	阳光帅哥型；经常唱歌；时而聊天；幽默时尚。	高冷帅哥型；经常唱歌；聊天较少。	可爱健谈；经常与弹幕聊天；有时跳舞、打游戏。	淑女型；会吉他弹唱；经常与弹幕聊天；时而冷场。

① 表中信息为笔者开展参与式观察时所收集的信息。对于主播木木和小水的观察研究在2018年10月—2019年2月展开，其粉丝数、播出时段等信息统计截至2019年2月。对于主播阿宣和小梨的观察研究在2022年10月—2022年12月展开，其信息统计截至2022年12月。以上主播名称皆为化名。

一、直播技术与拟社会关系塑造

网络直播社群与其他社群的核心差异在于商业力量与社群关系的交织融合，但激发观看者与网络主播互动并加入主播社群的初始动力，依然来自观看者对主播形成的拟社会关系（parasocial relationships）观念。在这种观念下，观看者对主播产生人际关系的亲密感，并在后续与主播互动中将单向的亲密感转化为双向的亲密关系，商业力量在这种转化中不断渗入，最终将亲密关系数据化、消费化，形成网络直播社群的数字亲密关系。

1. 媒体视野下的拟社会关系

拟社会关系概念由霍顿（Horton）和沃尔（Wohl）1956年提出的"拟社会交往"（parasocial interaction）一词演变而来，他们指出，受众在大众传媒接触中往往对喜爱的媒体人物或角色产生某种依恋，电视受众尤为如此，并且电视制作技术的差异能够影响受众对电视人物的人际私密感，如拍摄角度、剪辑方式发生变化等。[1]因此拟社会关系可被理解为受众在主观层面对媒体人物的移情，受众认为自己与媒体人物之间存在一种亲密关系。

亲密关系是两个独立个体建立在信任之上的社会合作，通常发生于异性之间，或是具有不同目标的个体通过妥协来实现共同目标而建立的关系。[2]安东尼·吉登斯（Anthony Giddens）在《亲密关系的变革》中指出，亲密关

---

[1]　Horton, D. & Wohl, R. R.（1956）. Mass communication and para-social interaction. *Psychiatry*, 19, 215–229.

[2]　齐海静、蔡颖：《亲密关系综述》，载《社会心理科学》2013 年第 9 期。

系本质上是情感交流的问题，在人际间平等的语境中与别人、与自己交流情感。[①]亲密关系的概念有广义和狭义之分，广义的亲密关系强调关系双方相互依赖程度，而不强调关系双方的具体身份；而狭义的亲密关系往往仅局限在恋人或夫妻之间。[②]Fu等指出传播网络中的关系可以分为四种基本的类型：亲密关系、流动关系、代表关系、语义关系。其中亲密关系描述了两个主体之间的社会关系，如朋友关系或同盟关系。[③]本书将亲密关系理解为广义的亲密关系，即强调观众对媒体人物形成的情感依恋与关系想象。

威廉·J.布朗（William J. Brown）等提出了名人影响力模型，包含四个方面：（1）接触媒体名人建立受众与名人的拟社会关系；（2）与名人的拟社会关系使受众对名人产生认同；（3）认同名人促使受众的态度和行为与名人趋同；（4）对名人的进一步认同会导致观众更多接受名人的信仰和行为。[④]建立牢固的拟社会关系是媒介人物影响受众的关键所在，只有通过虚拟的人际传播（interpersonal communication）使受众产生情感依恋，他们才能在人内传播（intra-personal communication）层面建立对媒介人物的认同以及其后的行动追随。虽然拟社会关系是比较典型的人与社会的关系，但它并非建立在直接的社会互动基础上，而是"通过替代性互动（vicarious interaction）形式实现的，如媒体消费"[⑤]。这种"替代性互动"在明星研究学者莫兰看来同样指向物质层

---

① 安东尼·吉登斯：《亲密关系的变革》，陈永国、王民安等译，社会科学文献出版社2001年版，第169页。

② 孙小博：《亲密关系成长性、依恋风格以及人格特质与婚姻质量的关系研究》，郑州大学硕士学位论文，2016年。

③ Fu, J.S.（2016）. Leveraging social network analysis for research on journalism in the information age. *Journal of Communication,* 66（2），299–313.

④ Brown, W. J., & de Matviuk, M. A. C.（2010）. Sports celebrities and public health: Diego Mradona's influence on drug use prevention. *Journal of Health Communication*, 15（4），358–373.

⑤ Perse, E. M. & Rubin, R. B.（1989）. Attribution in social and parasocial relationships. *Communication Research*, 16, 59–77.

面，"明星依赖大众的物质现实基础，大众则依赖于他们的个体想象"①。也就是说，受众通过文化产品这一物质实体与媒体人物建立关联，并在对人物的单向移情中产生拟社会关系。因此，该理论强调的"拟"，是指社会关系并未真正双向地建立起来，而是电视观众对电视人物产生的单方面的依恋和想象。

拟社会关系的生成具有一定自发性和偶然性。现有关于拟社会交往的动机研究分为两个相互矛盾的范式，缺陷范式（deficiency paradigm）和通用范式（global-use paradigm）。"缺陷范式"认为，拟社会交往是对现实面对面交往的弥补，人们通过拟社会交往补足现实交往中因心理或环境因素无法满足的交际需要；"通用范式"认为，无论人们的现实社交是否存在缺陷，拟社会交往都是所有人可以参与的更普遍的体验。②两种范式说明人们使用媒体产品具有多重动机，在这些动机下是否能与媒介人物形成拟社会关系、与谁形成拟社会关系均有较大不确定性。

如果说电视媒介是生发拟社会关系的主要载体，那么网络直播在培养用户的拟社会关系层面更进一步。电视媒体的诸多特征，例如电视人物的高频出场、人物紧盯镜头营造出的与观众目光交汇的特点、人物的生活化表达等，在网络直播中不仅被完全复刻，还进一步向世俗化方向衍进，营造出更强的与观众日常交流、对话的特征。因此网络直播更容易孕育观众对主播的拟社会关系。与传统观点不同，网络直播中的拟社会关系时而冲破其单向性，不再只是观众对媒介人物的单向依恋，网络主播可以与观众实时互动，建立双向的互动关系。但需要看到，在直播间互动中，网络主播依然占有内容和互动的控制权，难以跟观众建立完全的现实社会关系，因而这里的拟社会关系依然是观众与主播建立情感关联的首要载体。正如电视媒体上的拟社会关系

---

① 马丁·辛格勒：《明星学研究的路径图》，王翔宇译，载《电影艺术》2015年第3期。
② 方建移、葛进平、章洁：《缺陷范式抑或通用范式——准社会交往研究述评》，载《新闻与传播研究》2006年第7期。

具有不确定性，直播平台上的网络主播成千上万，观众能够对哪位主播建立拟社会关系更加不可预测。降低这种不确定性，提升用户与主播的关系黏度，是主播在网络直播中的首要追求。

2. 直播的技术特征与社群形塑

相比电视直播，网络直播在声画呈现、传播方式和播出内容等方面呈现诸多不同，因而建构出与电视媒体不同的拟社会关系形塑路径。网络直播的技术特征可以分为五个方面：

第一，面对面交流式的屏幕特征。网络直播的设备与拍摄手法具有独特的屏幕特征，网络主播多采用正面拍摄及中近景景别进行取景，使得其上半身占据画面的绝大部分，能够清晰地展现其面部表情，这样的拍摄角度给观众带来面对面人际传播的效果。同时，网络直播的拍摄设备多为手机等竖屏移动设备，其所呈现出的竖屏拍摄画面使得网络直播的面对面交流感进一步增强，网络主播能够通过人际交流般的屏幕画面与观众进行实时互动交流，为观众带来亲近感，进一步拉近同观众的距离。

第二，即时互动的双重链路。网络直播一是为主播与观众的互动搭建桥梁，二是为直播间观众的互动提供平台，从而形成即时互动的双重链路。在网络直播中，观众能够实时、有效地向网络主播传达自己的想法与态度，网络主播在看到观众的即时留言后可进行回复，甚至灵活更改自己的直播内容与形式。同时，由于实时留言的可见性，直播间的观众能够对彼此的留言进行回应，甚至如用文字群聊一般进行对话，这就使得网络直播搭建起的互动平台中不仅有网络主播与观众之间的互动，还会出现观众间的双向互动。

第三，高度流动的传受连接。网络直播间的进入门槛较低，只要受众对网络直播内容或主播感兴趣，便可以直接通过观看直播或回放、发表留言等方式参与到网络直播之中来。观众想要离开时，无须任何解释或申请，只需关闭直播间便可以成功抽离，没有人际关系或规则秩序所造成的阻碍。网络主播可以随时随地开直播，广大观众可以即来即走看直播，这种传受连接具有高度的流动性，也给直播社群的形成和维系带来不确定性。

第四，后台化的场景取向。网络直播尤其是秀场直播的场景大都植根于生活语境，比如卧室、客厅或经过装饰的非公共空间，按照欧文·戈夫曼（Erving Goffman）[①]的拟剧理论，这些空间通常是日常生活中的后台区域，较少被展示在大众面前，甚至吃饭、睡觉、上妆卸妆等通常被认为更私密的活动也会出现在直播中。这种后台化的场景取向，将主播个人的私人领地展现在观众面前，为观众传递更多的私人信息和行为习惯，减少日常生活中前台化表演的成分，从而使个人言行和与观众的互动更具真实感。这种后台化的场景取向带来的私密感、真实感、亲切感，增强了主播与观众关系的黏性。

第五，日常化的内容互动。网络直播可以被看作一种视频化的即时社交形态，其即时性、伴随性和生活化的特征，决定了直播间的互动具有强烈的日常生活色彩。对于秀场直播而言，观众在直播间发弹幕，主播阅读弹幕并有针对性地回复，是直播间常见的内容形式，由此形成日常交谈式的对话氛围。网络直播面对面式的屏幕特征，决定了主播与观众具有更为贴近的心理距离，也使直播内容具有更强的生活化取向。

网络直播的上述特征，能够更加顺畅地形塑观众与主播的亲密关系，在此基础上形成以主播为中心、观众之间共联共通的直播社群。一方面，植根于生活语境的网络直播更加具有亲密关系的亲近感，能够拉近主播与观众的距离；另一方面，观众与主播的互动，打破了传统上观众向媒体人物单向输出的拟社会关系，使这种关系的"仿拟"在一定程度上走进现实。

基于以上传播互动，网络直播社群逐步形成。虽然观众对网络直播的观看选择具有极大的自主性，然而观众一旦因主播的言行、外貌、风格等对其产生亲密感，即建立拟社会关系，便具有持续关注主播、与之互动的内生动

---

① 欧文·戈夫曼：《日常生活中的自我呈现》，冯钢译，北京大学出版社 2020 年版。

力。同时，主播有意维护自身粉丝群，设置一定标准筛选具有黏性的粉丝，邀其加入微信群、微博群、抖音群等（如观察笔记4-1）。由此，直播间和粉丝群，成为网络直播社群的两大活跃阵地。

观察笔记4-1（时间：2022年11月9日晚上　地点：小梨斗鱼直播间）

小梨今晚的直播中，除固定粉丝外，很少有新观众为她打赏。小梨有意扩充自己的粉丝群，便询问为自己多次打赏大额礼物的小r是否愿意进入自己的微信粉丝群，小r回答"愿意"后，小梨便让自己的房间管理员邀请他入群。笔者询问管理员如何进群，被告知需开通小梨直播间的"钻石粉丝"，笔者花费人民币开通后，小梨主动在直播中表达感谢，并询问笔者是否加入过她的粉丝群。笔者打字回答"没有"后，小梨说道："那让咱们的房管（房间管理员的简称）拉你进一下群吧，你直接去私信房管。"笔者通过斗鱼向房管发送私信，房管发来了自己的微信号，进入微信群，此时群中约有190人。

如果说直播间的互动以主播为核心，由其引导互动话题和方向，那么粉丝群的互动则更加亲密多元，因为群内成员皆是付出了经济成本才得以入群的成员。主播会在群中发布群公告、发红包及聊天消息，也会分享日常生活与个人心情等，但更多时候，粉丝之间的互动更为频繁。他们在微信群中分享个人观点、家庭状况、游戏等级甚至薪资情况等，整体上互动较为零散，有人回应便会继续话题，若无人回应则会终止聊天或转换话题。粉丝们也并不拘泥于只与经常出现的粉丝进行互动，而是有人发言则会尝试与之互动，彼此间所形成的互动关系是偶然且流动的。

观察笔记4-2（时间：2022年11月14日下午　地点：小梨微信粉

丝群）

　　微信粉丝群中，小光聊起了自己的家庭情况："我在给孩子弄一个科技竞赛的东西呢。"粉丝笑笑与他互动："课题是什么？"小光回复他说："科技，比如飞机那些吧。这个可以买个模型飞机自己回来改装吗？"这时候，名为小满的粉丝也加入了他们的讨论："应该不可以，要手动制作吧。"笑笑答："买吧，也别折腾了，说明书看得懂就行。你要培养小朋友的认知能力，提升兴趣爱好方向。"小光没有再回复。一个小时后，有人发送了一张自己在吃豆腐的照片，与群友分享吃饭的日常。又过了五个小时，猫猫分享了小梨直播回放的截图，与群友讨论小梨昨天直播的表现，群内的聊天话题这时又回到了主播小梨身上。

　　但如前文所言，观众对网络直播的观看具有很强的流动性，拟社会关系也具有一定的偶然性，网络直播社群该如何维系？除付费加入粉丝群外，网络主播所维系的社群关系该如何转化成商业利益？这便涉及直播平台对亲密关系的数字化打造。

二、直播社群亲密关系的制度化设计

　　从形态而言，直播平台是用户生成内容（User Generated Content，UGC）平台，在互联网企业的盈利目标下，当前全球的UGC平台普遍致力于对优质用户生成内容进行挖掘和培育，使UGC平台逐步成为半专业性的内容平台。金·吉姆（Jin Kim）通过调查YouTube网站的内容运作发现，UGC平台曾经是业余爱好者分享作品的"虚拟村庄"，但现在它已成为一个专业生成内容的平台，这些新媒体正在模仿电视媒体的角色，通过管理媒体内容分发建立内容和广告之间的联系。[①]这一过程被称为平台的制度化（institutionalization），指的是从内容产出到销售所有环节，平台通过页面设计和使用规则使用户生成内容规范化、模式化，从而达到产业化运营目的。

从网络直播平台本身来看，平台建立起自己的一套直播规则和粉丝体系，通过播出规则塑造直播活动，利用粉丝体系绑定粉丝与主播关系，这些成为直播平台塑造社群亲密关系的制度化设计。从直播平台与社会机构的合作来看，专注红人孵化的MCN机构为直播平台输送批量主播，二者通过分工合作和利益分成实现商业共赢，这些则是直播平台在社会结构中的制度化设计。本章主要探讨直播平台面向网络主播和观众等内部参与者的制度化设计。虽然这些制度规则并不直接干预用户内容生产，但它像一种生产框架潜移默化地形塑用户的内容构成和互动方式，并形塑着传受双方的关系模式。这些设计的关键逻辑在于让亲密关系更加具象和可感可知，并制造集体行动机会，让亲密关系不断得到操演和强化。

1. 可视化表征的亲密关系

网络直播平台上主播数不胜数，用户面临的选择比电视媒体上的人物大为丰富，为了促进用户与特定主播建立牢固的拟社会关系，直播平台开发一系列"粉丝成长体系"，从用户角度入手挖掘市场消费潜能，这使得用户与主播的亲密关系具有可视化表征。以下为斗鱼直播平台"粉丝体系"部分规则。[②]

---

① Jin Kim, J.（2012）. The institutionalization of YouTube: From user-generated content to professionally generated content. *Media, Culture & Society*, 34（1），53–67.

② 材料摘自斗鱼 APP 内粉丝体系介绍。

●什么是粉丝体系

粉丝体系是一个能让粉丝成长的机制，让普通用户能够成为心仪主播的粉丝，成为粉丝后你将区别于其他用户，并且会更受心仪主播的关注。

●如何成为粉丝

当天累计给心仪的主播送礼超过6鱼翅，即可成为Ta的粉丝，并拥有了Ta的粉丝徽章，一个用户最多可以拥有20名主播的粉丝徽章。

●成为粉丝有什么特权

特权一：酷炫的专属徽章样式

特权二：每日粉丝专属礼包

粉丝每日登录并进入任意所拥有徽章的房间，均可自动收到礼包，等级越高礼包越丰富，需在当日把礼包送给主播，否则将在24点清零。

特权三：粉丝专属排行榜

针对粉丝专门设置一个榜单，展示粉丝对主播的贡献，粉丝等级越高排名越靠前。

特权四：真爱粉的标志

你佩戴的徽章在其他主播直播间也可以展示，帮助心仪主播吸粉夺目。

特权五：粉丝专属弹幕

不同粉丝等级可以解锁不同颜色，等级越高，可拥有越多粉丝弹幕颜色。

●如何升级粉丝徽章

每天坚持给Ta送礼物，1鱼翅=10亲密度，增长亲密度提升粉丝等级。但是亲密度也会下降，如果连续7天忘了给主播送礼物，第8天起你和主播的亲密度就开始下降，下降到0后将会失去徽章。

"粉丝体系"并非斗鱼平台独有，几乎各大直播平台都开发了一套完整的"粉丝体系"，如一直播平台的"珍爱团"功能，粉丝进入珍爱团后每天需要做任务维持与主播的关系，完成一定任务能够获得奖励。通过设立"粉丝体系"，直播平台试图将游弋于不同直播间的受众注意力固定化。具体而言，"粉丝体系"在两个层面作用于用户对主播的拟社会关系。

第一，亲密关系的符号化。拟社会关系是受众对媒体人物的关系想象，"想象"是不可视觉化的意识活动，生发于个体的主观层面且缺少客观的、外在的约束机制，因此想象具有随机性和不稳定性。事物对个体的刺激形成想象的来源，这也意味着刺激的消失可能触发想象的不稳定性，带来想象的消失。"粉丝体系"对用户的粉丝身份进行一系列标识，而"粉丝"恰恰意味着用户与主播一定程度上的拟社会关系，因此它是对拟社会关系的标识，表现为一系列视觉符号。例如受众昵称前的粉丝牌，该粉丝牌名称由主播为自己的粉丝群特别命名，具有独一无二的身份识别意义，其他如受众弹幕颜色、进场动画、等级数字标识等。这些符号使原本仅停留于主观层面的拟社会关系客体化、视觉化，将想象中的关系以客观符号实体加以确认，被外化呈现的符号象征受众与主播关系的连接，为受众对主播的拟社会关系注入契约色彩。

第二，由关系距离向权力等级演变。粉丝分级系统，将原本难以评估、无法测量的拟社会关系纳入量化标准。等级越高，权益越多，这意味着用户的消费越多，拥有的权力越大。直播间内，高等级粉丝在个人标识、弹幕样态、进场形式等方面显著区别于其他受众，个人头像出现在直播间显著位置，并且在主播所有粉丝列表中占据前排，这些稀缺的符号资源形成高等级粉丝的身份权力。虽然主播极力营造平等对待所有粉丝的幻象，但对于消费多、等级高的粉丝，他们表现出更多的亲密，如口头欢迎或致谢粉丝、接受点歌等内容要求等，开通"贵族"的粉丝还可与主播连麦，在众多观看者中与主播进行直接对话。而亲密感正是直播间稀缺的关系资源，粉丝对亲密关系的占有形成自身在直播间的权力维度。从观众角度而言，他们通过经济支出将经济资本转化为社会资本，通过建立与主播更亲密的关系维度达成自我赋权，满足自身在直播间的身份特权和关系想象。

游走在各个网络直播的受众遵循着互联网连接的"弱关系"逻辑，而"粉丝体系"的设立，通过关系符号化和需求制度化的方式，将受众与特定主播进行关系绑定。这是一种任务化、积累式和约束式的手法，试图将双方的"弱关系"转化为"强关系"。在网络直播这个封闭场域内，受众对主播的拟社会关系成为一种商品，但其交换价值在于用户虚拟的粉丝等级和附着其上的权力体验，现实世界的消费被纳入虚拟世界的关系秩序，构成直播社群亲密关系的数字化表征。

2. 仪式化塑造的亲密关系

从社群的一般规律来看，网络直播社群属于趣缘社群，直播观众基于对主播的兴趣和喜爱聚集在一起。然而，直播平台上的主播数量庞大，观众的可选择范围甚广，拟社会关系研究中认为观众与媒介中的人物建立拟社会关系具有自发性和偶然性，如何让观众在众多主播中关注自己并维持与自己的拟社会关系，是主播要解决的核心问题。另一方面，与影视明星依靠文化产品吸引观众不同，秀场直播的播出内容通常没有专业化设计，主播以即兴聊天和才艺表演作为主要内容，加之每天长时间播出可能带来的审美疲劳，使主播在维持社群活跃度方面面临挑战。

我是没有才艺的主播，一般每天播两三个小时，都是跟粉丝聊天。基本不会提前准备内容，如果想了也是想想今天的装扮，不会去想话题，话题都是临场发挥。（受访者A-8）

我的直播一直都以音乐为主，经常弹尤克里里唱歌给粉丝听，想唱什么歌就即兴唱，大部分时间在聊天。看我直播的是一批固定的人，

每天在固定的时间能够看到我、跟我聊天，这就够了。（受访者A-3）

我刚开始直播的时候，每天用半个小时准备主题，一般聊星座、穿搭这样能够引起共鸣的话题，还让粉丝点歌。后来发现粉丝的问题很多，我很难正经地答上来，就抛给别的粉丝答，他们答得很乱，有时候他们自己聊起来了，我就得引导他们回到正题，但这样直播间的气氛就没了。然后点歌的人也很多，太麻烦就不让点了。现在我每天准备25首歌连续播放，边放边聊，放完了下播。（受访者A-1）

那么，在每天进行的、动辄数小时的直播中，网络主播纯粹依靠即兴聊天和时而穿插的才艺表演维持观众对直播间的黏性吗？观察发现，直播平台的制度化设计对直播间的互动内容和方式具有显著影响，具体表现在直播平台设置各类常态化和集中化的直播间热度排行竞赛，主播需要动员直播间的观众通过高强度实时互动和礼物打赏来提升直播间热度。一旦观众成为主播的粉丝并加入社群互动，便无形中与主播成为目标协作共同体。虽然粉丝可以随时退出这种非强制性的目标协作，但在主播的持续动员和直播间氛围感染下，粉丝群体与主播一道进行一场场热度竞赛，在集体行动中刻画集体记忆、增进亲密关系。

（1）日常仪式：亲密关系与消费行为的互嵌

在人类学研究中，"仪式"有三种广义的解释：习惯性的行为，指任何重复的行为模式，无论是否有意义；形式化的行为，如文化传统中物件的摆放方式；涉及某种价值观的行为，如我国除夕守岁意味着来年财富充实。[1]法国社会学家爱弥尔·涂尔干（Emile Durkheim）把宗教分为信仰和仪式两个方面，分别对应着宗教的观念形态和行为形态。对于仪式来说，居民在节假日

---

[1] 尼克·库尔德里：《媒介仪式：一种批判的视角》，崔玺译，中国人民大学出版社2016年版，第3页。

举行的集体仪式能够强化群体感情，起到社会整合作用。[①]沿着这一思想出发，美国学者丹尼尔·戴扬（Daniel Dayan）和伊莱休·卡茨（Elihu Katz）提出媒介事件概念（又称电视仪式），认为电视直播使大众能在同一时间观看具有重要历史文化意义的社会事件，从而强化社会共享的价值观念。[②]詹姆斯·凯瑞（James W. Carey）亦提出传播的仪式观，意在论述传播达成的意义共享作用。[③]由此，提及媒介仪式，人们通常强调媒介的传播活动对受众思想的整合作用。

　　网络直播是否可以看作媒介仪式？从网络直播的内容和影响力来看，远远不及戴扬和卡茨所谈及的电视直播的影响，然而新媒体技术的发展和社会语境的变化，已经显著挑战了戴扬和卡茨经典的媒介事件概念。英国学者尼克·库尔德里（Nick Couldry）从媒体对符号生产资源的占有层面入手，提出了全新角度的媒介仪式概念，即"围绕关键的、与媒介相关的类别和边界组织起来的形式化的行为，其表演表达了更广义的与媒介有关的价值，或暗示着与这种价值的联系"[④]。这一概念并不关注媒体传播的意义效果，而是说明媒体运用符号生产权力为受众建构信息环境，将自身打造为"社会中心"的代言者，为受众传递媒体想要表达的思想价值。这里的仪式"并不在于确认社会分享了什么，而是巧妙处理冲突和掩盖社会不平等"[⑤]。库氏的定义依然把仪式视作行为，媒体的不间断传播意味着这是一种重复的行为，库尔德里甚

①　爱弥尔·涂尔干：《宗教生活的基本形式》，渠东、汲喆译，商务印书馆 2011 年版。

②　丹尼尔·戴扬、伊莱休·卡茨：《媒介事件：历史的现场直播》，麻争旗译，北京广播学院出版社 2000 年版。

③　詹姆斯·凯瑞：《作为文化的传播："媒介与社会论文集"》，丁未译，华夏出版社 2005年版，第 7 页。

④　尼克·库尔德里：《媒介仪式：一种批判的视角》，崔玺译，中国人民大学出版社 2016年版，第 33 页。

⑤　尼克·库尔德里：《媒介仪式：一种批判的视角》，崔玺译，中国人民大学出版社 2016年版，第 5 页。

至把这种行为视作"表演"，因为媒体想要表达的思想有可能被包裹在不同的传播行为中，这些行为的表现和内含的思想实质或许完全相反。

显然，库尔德里的定义对于当下新媒体平台上的传播活动更具解释力。库氏的媒介仪式强调符号生产权力的集中化，在直播平台这一人人即可成为传播者的平台上，看似符号生产权力已经赋予至每位个体，但直播平台依然能够通过直播规则设计，主导直播间的内容生产和互动形态，这正是本书认为网络直播是库尔德里意义上的媒介仪式的原因。

依据人类学对仪式的定义，本书认为直播间的媒介仪式，首先表现为一种重复的行为，即主播争取每一次直播都登上热度排行榜的行为，这一行为建立在主播和直播间观众的集体行动之上；其次表现为一种意识形态，即直播间的社交关系、互动方式与直播间成员的消费行为直接关联。网络直播看似在主播的谈笑风生中愉快进行，实际上有着一套隐秘的竞争逻辑。小时榜，是国内几乎所有秀场类直播均已开设的一项功能，它依据平台算法实时更新正在直播的主播排名，排名越靠前，越能够被推荐到热门位置吸引观看流量。主播想要获得影响力，进入小时榜是必由之路。通常而言，平台取前100名或前200名主播显示于小时榜上。

观察笔记4-3（时间：2022年10月29日下午　地点：小梨斗鱼直播间）

小梨的直播时段设置与小时榜的更新十分契合。小梨从每天14点30分开始直播，总计播出时间2小时，为的就是连续三次登上14点至16点的"小时榜"。对于小梨这样有一定人气的主播来说，登上"小时榜"是她们的目标，登上去意味着她们的头像能出现在显著位置，吸引更多观众点击进入。14点50分我打开小梨的直播间，发现她已经进入14点人气榜的第5位。在接近15点时，小梨的直播间有粉丝给她送出了4个火箭，小梨成功在15点的人气榜冲到了第二位。

通过小时榜这一规则设定，直播间的亲密关系与粉丝的消费行为深度嵌合。依托打赏行为，粉丝与主播之间可视化的关系等级数据不断上升（例如上升为二级粉丝、三级粉丝等，数字越大，级别越高），而直播间的热度数据也随之攀升，打赏这种消费行为被转化成双重数据，成为衡量粉丝与主播关系黏性的显要表征。木木、阿宣是小时榜前五名的常客，他们很在意自己的排行位置，临近整点时，木木总会动员粉丝"最后几分钟了，把榜再往上提提，别被后面的整掉了"。默默无闻的小水还在等待能够长居小时榜前端的机会，几个铁杆粉丝曾经合力将她送到小时榜前列，但昙花一现远不是终点，小水坚持"求关注、求打赏"，为更好的打赏成绩积蓄力量。

（2）竞赛仪式：以集体记忆强化亲密关系

戴扬和卡茨认为媒介事件中的竞赛是指"让势均力敌的个体或团体相互对抗并按严格的规则进行竞争"，竞赛引人注目是因为"把来自真实但很少发生的战场的冲突，换位给一个加围的、敌手面对面展示各自差异却又服从彼此差异的竞技场"。[①]也就是说，竞赛能让人体验冲突的快感。从叙事角度来说，竞赛的实时性和悬念感如同包含着矛盾冲突和起承转合的经典叙事，直播又为竞赛注入参与感和真实性，使竞赛的文本呈现富于戏剧张力。

直播平台大体上具有两种关于竞赛的制度化设计，一种是连麦，网络主播可以选择与其他主播连麦，在规定时间内通过粉丝打赏进行人气比拼，这就使得连麦带有竞赛仪式的意味。另一种是平台推出的大规模、长时段的竞赛活动，例如如同选秀一般的年度主播评选。如果说连麦亦是一种日常化的直播形式，那么大型竞赛活动则是网络主播与粉丝的一场歇斯底里的狂欢，一场集体奋斗的记忆，一场凝聚情感的实践。

虽然各个平台情况不同，但大型竞赛活动基本遵循一致逻辑：主播在规

① 丹尼尔·戴扬、伊莱休·卡茨：《媒介事件：历史的现场直播》，麻争旗译，北京广播学院出版社 2000 年版，第 38、39 页。

定天数内动员粉丝为自己打赏，依靠获赏数额逐轮晋级，最终决出年度排名。此类竞赛的仪式意义源自其参与性和持久性，直播平台大力调动宣传资源，动员新老用户关注本年度最具人气的一批主播并为之打赏，活动本身动辄十天、多则月余的时间跨度和复杂规则，引领主播和粉丝经历一场又一场悬念和狂欢。

表4.2展现了2022年一直播平台闪耀6周年盛典竞赛规则，该竞赛一年一次，是平台最大规模的"造星运动"之一。竞赛表面上是主播实力的比拼，实际上则是用户打赏的集中动员，主播实力表现为号召用户打赏的能力。参与竞赛的主播深谙比赛规则，利用一切策略提升直播间获赏数值。

表4.2　一直播2022年闪耀6周年盛典竞赛规则

项目	时间	计票单位	规则
入围赛	3.22-3.25	闪耀值 活动期间 闪耀值不 清零	系统随机把所有主播分至2个赛道 最终各赛道总闪耀值排名前40名主播晋级
淘汰赛	3.26-3.28		按每日24点闪耀值排名 最终各赛道10名主播进入决赛 各赛道淘汰未晋级的30名主播进入复活赛
复活赛	3.29		按各赛道复活当日闪耀值排名进行复活 各赛道复活2名
单项决赛	3.30		各组闪耀值TOP3分获"周年单项冠亚季"奖项
闪耀决赛	3.31 0：00—24：00		按主播累计闪耀值排名产生"周年闪耀冠亚季"

观察笔记4-4（时间：2018年12月13日晚上　地点：木木一直播直播间）

木木在比赛中是很有策略的主播，他平时不会在几个小时的直播中一直吼叫拉票，而是在大部分时间正常聊天。到了每小时最后时段，他放出一张限时5分钟的加倍卡使所获星光值加倍，把音乐换成强节奏、重鼓点，以鼓舞加命令的语气开始拉票："12点就要结束了，咱们有票的只管往上上！人多力量大，咱们现在就差人了！节奏给我带起来，咱们能拉多少票拉多少票！"此时大小礼物飘满屏幕，弹幕快速更迭却鲜少出现实质内容，上面充斥铁杆粉丝对打赏者的点名感谢。单项决赛当晚，木木在最后三分钟被连续赶超，痛失单项名次机会。他平静地安慰粉丝和表达谢意，而在弹幕里，"木家最棒""我们很牛""宝宝们已经赢了"等充满集体认同的字眼不断涌现，虽有遗憾，但这将近20天的拉票与打赏仪式，显然给主播和粉丝留下了一段共同回忆。

在观察笔记4-4中，木木虽然最后没有取得理想结果，但近20天的粉丝动员、集体打赏，以及为了支持木木比赛，粉丝每天固定守候在直播间、想方设法为其打赏的自觉行为，无疑是一种不可多得的集体行动和集体记忆。如果说电视上的媒介事件是通过直播社会仪式活动对受众精神进行整合，那么直播平台的媒介仪式则通过连续时间的共同在场和实时参与，使主播和受众共同成为仪式的缔造者和参与者。仪式理论研究者罗伊·拉巴波特（Roy Rappaport）认为，仪式是"对具有某种固定顺序的形式化行为和话语的表演，这种表演并非完全由表演者制定"，[1]显示出仪式的实质是行为而非观念，且表演者的行为规则不由自身完全掌控。直播平台闪耀周年竞赛正是由平台制定规则、主播充当表演者的仪式活动，粉丝在主播的表演策略下参与其中，最终构建起二者在竞赛仪式中的集体记忆。此过程切合了大卫·钱尼（David Chaney）口中仪式的本质——"使某种集体性得以主张或确认"[2]，同时呼应了涂尔干意义上的精神整合。由此，主播与粉丝、粉丝与粉丝之间的社群关系

---

[1] Rappaport, R.（1999）. *Ritual and Religion in the Making of Humanity*. Cambridge: Cambridge University Press, p.24.

[2] Chaney, D.（1983）. A symbolic mirror of ourselves: Civic ritual in mass society. *Media, Culture and Society*, 5（2）, 119–136.

得以强化。

当社会因宗教的衰落而信仰缺失，或因地缘、血缘、业缘等构成社会共同体的因素在现代化进程中趋于解体时，大众生活将"被其他的、更刻意的共识形式所组织，这种组织是通过消费和市场的力量实现的"①。直播平台从生活仪式到竞赛仪式的设计，将直播观众的使用习惯和互动方式规整到高度结构化的模态中。秀场直播看似一种视频化的社交方式，但粉丝与主播之间的在线社交关系具有显著的数字化逻辑，它既表现在可量化的关系等级上，也体现于直播间追求的即时热度数据中，消费意识形态成为型构主播与观众社交关系的桥梁。

三、直播社群中的名气生产

网络社群具有共享的价值观点和行动目标，社群成员围绕共同目标展开传播互动。在直播平台的制度化设计下，直播社群围绕提升主播的直播热度进行传播实践，这种实践过程可视为网络主播的名气生产，即打造有名气的主播。在当前人人皆可传播的时代，每个个体均有可能通过自媒体传播获得名气，从普通人成为媒体名人。自媒体实践中的名气获取与围绕媒体内容形成的网络社群密不可分，考察名气获取的过程，能为解释自媒体时代以关键用户为中心展开的社群的生成与传播提供注脚。秀场直播的媒体内容即是网络主播及其言行本身，本节考察直播社群如何为网络主播生产名气。

研究发现，在以自我呈现为媒介内容的秀场直播中，网络主播的人格魅力成为其竞争资本，他们利用独特的人格特质与擅长的话语策略维系与社群成员的关系。同时，关系黏性强的粉丝成为网络主播名气生产的重要成员，

---

① Bell, K.（1992）. *Ritual Theory, Ritual Practice*. New York: Oxford University Press, p.98.

他们不仅通过打赏提升主播数据，还会参与主播提升人气的策略规划与具体实施，督促主播朝着更有影响力的方向迈进。

1. 人格的商品化

秀场直播虽生发于普通的生活语境中，但主播可以通过展现独一无二的人格魅力，吸引更多观众驻足观看并为其打赏。人格（personality）一词源于拉丁语"persona"，指古罗马演员在演希腊戏剧史时所戴的面具，强调扮演一种角色或用来给别人看的一种装扮的外观。现在对人格的理解是个体所具有的一系列动态的、有组织的特征，这些特征独特地影响了个体在不同情境中的认知、动机和行为。[①]人格具有心理结构和行为方式两个方面，但具体表现为个体的气质、性格、个性特征、价值观念和思维方式等。[②]在人格与媒体的关系上，詹姆斯·兰格（James Langer）认为，电影构建的是明星体系，电视建立的则是人格体系，因为电影演员塑造着想象中的、遥不可及的、高于生活的（larger than life）故事而与观众保持距离，电视新闻、谈话、纪录片等则是生活的一部分（part of life），人物体系直接构建和突出朋友关系。[③]可见，媒体上呈现人格的基础在于媒介人物的非虚构性，人格因生发于现实生活世界而真实可信。不过，正是这种可信性，使得人格可能被媒体打造成消费的刺激因素，利用经过精心策划的"非虚构"文本，人格被转化为一种个性符号和文化商品。

网络主播的直播文本植根于生活语境，例如卧室、客厅等日常空间，生活语境凸显其个体的普通人特质，并成为网络主播与同样普通的观众建立观

---

① Ryckman, R. M.：《人格理论（第八版）》，高峰强等译，陕西师范大学出版社 2005 年版，第 3 页。

② 杨秀莲：《文化与人格关系研究的若干问题》，载《教育研究》2006 年第 12 期。

③ Langer, & John.（1981）. Television's 'personality system'. *Media ,Culture and Society*, 3（4），351–365.

看关系的心理桥梁。网络主播将自我展示与受众互动深度结合，呈现类似在场互动的交流机制，再度祛除电视等大众媒体的单向传播对媒介人物的"加冕"色彩，使直播文本更加贴近现实生活。也正是由于这种普通性，个体"进入媒介并广为人知的"门槛持续降低，网络主播得以成名的原因多元扩展。获得名气不再需要以独特成就为基础，出众的外表、幽默的言行、甜美的歌声等均可使一个自我呈现者成为网络主播，甚至吃饭、聊天、打游戏都能吸引众多网友观看。源于生活语境的内容生产强化了网络主播普通大众的特质，但在数量不断增加的主播大潮中，有个人特色才能被记住，因而网络主播需要在"普通"的语境中呈现"不普通"的人格。

木木是位"高冷"又幽默的主播，他并不会连续不断地与弹幕聊天，而是操控着面前的电脑，时不时扭头看看电脑旁边的手机直播屏幕，与弹幕有一句没一句地搭话。木木颜值不错，属于阳光帅哥型，他的"高冷"风格倒是使他在私密化的直播中与受众保持一些距离。在名人研究中，"距离是成名的前提条件"[①]，适当的距离能在激发受众与木木交流的欲望中帮助木木维持人气。不过，插科打诨也是木木的强项，他喜欢评论受众的字幕，说完之后加上刻意又独特的笑声，这笑声成为木木的个性标签。

小梨的人格特征更为明显。她可爱健谈，一开直播立马进入状态，在撒娇卖萌、畅聊近况、欢迎观众和感谢礼物等谈话中切换自如。小梨与粉丝之间的互动最为引人注目，她会以"陪伴你的知心朋友"的方式与粉丝开展对话，对粉丝的留言给予可爱又不失实质内容的回应，并且还会询问粉丝们自己关心的问题，与粉丝进行讨论。小梨自己对粉丝说："你们没有女朋友就来看我的直播吧。""体贴可爱的网络女友"成为小梨塑造的最为鲜明的人格特征。

此外，网络直播不断冲击想象与现实的边界，网络直播将传受双方的生

---

① 克里斯·罗杰克：《名流：一个关于名人现象的文化研究》，李立玮译，新世界出版社2002年版，第9页。

活世界直接并联，在消除双方时空距离的同时拉近心理距离，提供给社群"走进主播私密生活"的深度社交感，这种感觉在强化社群成员对主播的感情卷入程度中强化了社群成员的拟社会交往心理，也使主播的媒介人格更具感染力。

2. 网络主播的亲密话语惯习

惯习是场域参与者在与场域互动中形成的思维和行为特点，它既被环境塑造又能影响环境。惯习是场域参与者实现自身资本转化的主要途径，也是重塑或维护场域内权力结构的动力来源。网络主播依据直播场域的运行特点塑造自身竞争资本，其目的在于将竞争资本转化为经济资本、社会资本等，以从网络直播中获取影响力。英国BBC电视台曾推出一部反映我国网络主播的纪录片，名为*China's Chat Girls*，意为"中国聊天女孩"。影片中女主角翘翘拥有百万粉丝，她除不时表演唱歌、跳舞以外，大部分时间都在和受众聊天互动。这种播出状态是我国秀场直播常态，语言互动构成直播间的主要内容，因此网络主播的场域惯习主要依赖语言进行呈现。

布尔迪厄认为，人类最理想的沟通关系是语言之间的交换活动，语言交换构成了传播主体象征性的权力关系。[1]换言之，语言沟通并不是传受双方的简单对话，而是对各自占有的资本、知识、地位、社会关系等权力因素的交换活动。虽然直播内容随着受众互动充满变数，但网络主播依然对内容具有主导作用，他们在聊天中加入一定的话语策略，强化受众与自身的互动关系。这里的话语策略核心即是打造亲密关系话语。

亲密关系是两个独立个体建立在信任之上的社会合作，通常发生于异性之间，或是具有不同目标的个体通过妥协来实现共同目标而建立的关系。[2]吉

---

① Bourdieu, P.（1991）. *Language and Symbolic Power*. Cambridge: Polity Press, p.37.

② 齐海静、蔡颖：《亲密关系综述》，载《社会心理科学》2013年第9期。

登斯在《亲密关系的变革》中指出，亲密关系本质上是情感交流的问题，在人际间平等的语境中与别人、与自己交流情感。[①]吉登斯同时指出，"亲密关系限定了实际活动日程的一系列特权和责任"，[②]尤其针对合作建立起的亲密关系，其背后通常伴随权力流动，双方力量的不对等使关系成为一种个体化的工具，服务于共同目标以外的个体目标。因此，亲密关系在一定条件下是以情感卷入为表现方式的行动工具，通过制造亲密关系掩盖个体真实意图和实质上的权力不对等，用人际关系替代制度规约、以社会交换诱导市场交换。

在关系的打造上，卫维恩娜·泽利泽（Viviana A. Zelizer）将之分为明示出关系、为关系赋予特殊称谓和意义、划定关系边界、选取适当的交换媒介四个方面，并指出人们可以通过建立"关系包"促进各类经济行为。[③]虽然网络直播内容毫无定法，但主播在与观众的互动上有一套明显的亲密话语体系，试图将观众变为粉丝，从而实现更多资本的转化。

表4.3　网络主播构建亲密关系的话语过程（以小梨直播间为例）

关系建构过程	主播话语示例	关键词	意义
明示关系	欢迎新来的宝宝们	宝宝	借用现实关系中的亲昵词汇为虚拟关系注入亲昵感
划定边界	麻烦亲人们开通珍爱团	珍爱团	建立亲密关系边界，与其他社会关系划清界限
特殊称谓	谢谢梨凰们	梨凰	以特殊称谓专指亲密关系
交换媒介	兄弟们，守守塔（需充值打赏）	兄弟，守塔	彼此维护亲密关系

语言符号层面，主播对亲昵词汇和粉丝团专属称谓的使用，使观众在主

---

① 安东尼·吉登斯：《亲密关系的变革》，陈永国、王民安等译，社会科学文献出版社2001年版，第169页。

② 安东尼·吉登斯：《亲密关系的变革》，陈永国、王民安等译，社会科学文献出版社2001年版，第244页。

③ Zelizer, V.A.（2012）. How I became a relational economic sociologist and what does that mean. *Politics and Society*, 40（2），145-174.

观情感上与主播生发亲密感；文字符号层面，粉丝标签在观众昵称上的自动生成，为受众提供客观而可视化的亲密符号，强化受众对亲密关系的认知卷入。由此，主播和平台共同完成着与受众亲密关系的明示、边界的划定和称谓的意义注入。

然而，直播间的亲密关系并不是一套双方对等的、互利的关系。从表4.3的"交换媒介"可以看出，在维系亲密关系方面，主播动动嘴皮即可，受众则需要付出金钱。这一过程中主播不仅获取了经济资本，也使自身在与粉丝的权力关系中获得主动。"亲密关系中，个体除了拥有自身的目标以外，还将关系的维持作为一个重要目标，从而使得亲密关系中的权力具有特殊性。"[1]主播通过亲密关系话语进行的权力形塑，集中表现为"刻意的亲密"和"实质的消费"之间强烈的碰撞。

　　观察笔记4-5（时间：2022年10月28日晚上　地点：阿宣直播间）

　　阿宣正在唱歌，一位叫"小新"的网友为阿宣送上了礼物，阿宣停下演唱并说道："感谢小新。最近我新学了一首歌，以咱俩的默契，咱俩这么亲密的关系，都不用你点，我感觉你肯定爱听。"随后他便终止了正在播放的伴奏，为小新唱起了一首新的歌曲。在歌曲演唱完毕后，阿宣对刚刚为自己打赏的珍爱团粉丝羽毛说："羽毛你要是有什么想听的你就直接点啊，咱们这个关系没问题。"但羽毛此时已经下线，见到直播间暂时无人点歌送礼，阿宣便说道："爱你们啊，咱们直播间里的都是亲人！家人们想点什么歌就直接留言，我为大家唱。"

网络直播间的亲密关系并不可与现实中的亲密关系同日而语，亲密话语充当了网络主播实现资本转化的一种工具。从本质上说，亲密关系的前提是

---

① 　王浩、俞国良：《亲密关系中的权力认知》，载《心理科学进展》2017年第4期。

双方具有共同目的，显然网络主播获取资本的目的与受众的观看目的并不具有本质上的一致性，亲密话语成为黏合这两种差异的中介，也成为主播维护直播社群的日常策略。

3. 主播与社群的名气共生

网络主播建立社群的目的在于维护其人气、提高其名气，进而将名气转化为经济利益。虽然大多数社群粉丝深知网络主播的直接目标是获取名利，但他们出于对主播的喜爱，自愿为其付出时间和打赏礼物，甚至将提升主播的影响力内化为自身行动目标。在直播间里，除了进进出出的新观众，就是一群准时出现在主播开播时段的高黏度粉丝，他们是直播社群的核心成员，也是直播间互动的主力。主播与社群的名气共生，体现在社群成员对直播间的秩序管理和为主播制造名气两个方面。

（1）秩序管理：他的一群小秘书

在国内各大直播平台上，普遍存在一种重要的直播间角色——场控，有些平台称为"房管"。场控由主播与自己的铁杆粉丝商议确定，他们以弹幕形式帮助主播维持受众发言秩序、强调重要信息、满足主播的其他实时需求等，直播过程中需要全程在场。

> 场控都是我的铁粉，每次直播都在。他们的作用就是，有人刚进我直播间会问我主播哪里人、星座是什么等这些基本问题，场控就可以帮我回答，有的粉丝刷礼物刷快了我没看到，他们会帮我说谢谢！
> （受访者A–5）

主播单次直播通常为1—6个小时不等，场控需要付出同样的时间成本并且无偿劳动，因此一个直播间可以设置多个场控。网络直播看似只是主播的个人展演，实际上场控默默发挥着作用。

观察笔记4-6（时间：2018年12月2日—5日　地点：木木直播间）

木木直播间每次都有3个以上场控在场，他们昵称最前面有个红底黄字的"控"字显示身份。场控像是木木的"复读机"：木木看到认识的粉丝进来会说"欢迎"，场控就把此人"@"出来用弹幕欢迎；木木看到有人给自己送礼物会说"谢谢××的礼物"，场控就把此人"@"出来表示感谢。遇到平台做活动时，直播间送礼物的人很多，个别只送很小价值礼物的人常被木木忽视，这时场控总能第一时间把他们"@"出来说感谢，我屡试不爽。有一次我给木木送了99个"嗨咖"（价值人民币14元），他兴奋地念起我的昵称并喊道："给我看看这是个大哥还是大姐？"也就是两秒钟的时间，三个场控分别发弹幕回复"男的/大哥"。类似木木与场控的密切配合已是直播间的日常景象。

除了帮助主播进行信息补充和强调，场控在维护直播间内容秩序上还有多重作用。例如带动直播间气氛，促进受众与主播互动；利用手中的"踢人"权利，将说脏话或散布不良言论的人"踢"出去；与新打赏的受众建立关系，帮助主播吸引新粉丝。场控积极的发言和气氛营造，能够增进观众对直播间这个虚拟社群的意义感知，带动新观众向主播粉丝转化。

场控和铁杆粉丝为主播建构了稳定的直播秩序，一定程度上辅助主播开展内容生产，使原本个人化的网络直播具有工业化、协作式的生产色彩。直播间既是主播的内容生产场所，也是粉丝社群的集散地。粉丝社群作为粉丝消费者和生产者同在的"阐释性社群"，既需要满足粉丝作为消费者在告知、推测和批评等方面的功能需求，也需要满足粉丝作为生产者在创作、组织和参与等方面的功能需求。[1]但与传统粉丝社群自发组织和行动不同，网络直播

---

[1]　王艺璇：《网络时代粉丝社群的形成机制研究——以鹿晗粉丝群体"鹿饭"为例》，载《学术界》2017年第3期。

间将粉丝与主播的生产行为同时聚合，形成协作分工式的文化生产，使直播间的互动井然有序。

（2）名气生产：她的靠谱参谋官

如果说木木和小梨因为名气大而使粉丝自发为其管理直播间秩序，那么缺乏人气的"小主播"似乎很难拥有这种优待。不过观察发现，虽然知名度低、粉丝数量有限，但"小主播"依然能从粉丝当中获得大量实用资源。这一方面源于粉丝经验和打赏给主播的实质帮助，另一方面在于平台对主播热度的算法设置，使粉丝脱离简单的观看者角色而上升到主播名气的生产者层面。相对"大主播"粉丝在主播权威地位面前展开的配合性、协作式的数字劳动，"小主播"粉丝对播出内容有更深度的介入，某种情况下甚至发挥引领作用。

小水两年前有过短暂的直播经历，现在来到全新的斗鱼平台，以前的经验并没有太多帮助。她需要熟悉斗鱼平台的规则细节，并重新学习如何吸引粉丝。从直播风格看，小水较少主动说话，有弹幕时与粉丝聊天，人少时弹吉他唱歌，歌路温婉舒缓，再加上声音细腻、妆容自然，与她连线的主播都称她十分清爽。从追求人气和礼物的角度看，这样的主播并不讨喜。但小水依然网罗了几位铁杆男粉丝，他们是斗鱼平台的老用户，大量阅览各类直播，对如何吸引粉丝和人气有充分见解，同时具备一定经济实力。当直播经验不足的小水遇到问题时，这些粉丝成为小水的"参谋官"。

观察笔记4-7（时间：2018年11月17日晚上　地点：小水斗鱼直播间）

"杰仔，我升到30级是不是名字就变黄色""这边有个口令抽奖抽不抽呀""开通公爵①还能隐身吗"……小水一边在直播屏幕上点来点

————————

① 直播用户充值开通的一种身份级别，享有普通用户不具备的特权。

去，一边问自己的粉丝。这些问题的业余程度丝毫不像出自一个全职主播之口，但小水的粉丝已经习惯了她这样提问并为她做出解答。晚上11点半，"花皇"在小水直播间发起送"鱼丸"活动，引得一大批观众进来哄抢。面对忽然造访的流量，小水赶紧问她最熟悉的粉丝"夏天"是否要做个抽奖活动，"夏天"回复不开，于是小水抱起吉他开始认真唱歌，试图用才艺留住观众。过了5分钟，"花皇"忍不住质问："弹什么弹？抽奖啊！白帮你搞热度了。""夏天"解释"抢完就走了，没人发弹幕，留不住人"。小水也识相地附和"因为我不好玩，没什么好看的，别人不会留下来"，"夏天"紧接着回道"你现在能一星期吸一个粉就不错了"。似乎小水的粉丝对她有些"哀其不争"。

不难看出，小水的粉丝一方面用自身经验为小水提供知识支持，另一方面用经济实力直接为小水制造人气。直播平台在呈现主播人气方面有复杂的算法，粉丝赠送的礼物价值权重远远高于直播间的观众数量权重，"小主播"若想获得人气，粉丝的经济支持必不可少。为了让小水早日出名，她的粉丝们没少费心思。

观察笔记4-8（时间：2018年11月17日晚上　地点：小水斗鱼直播间）

看到"花皇"为小水做热度却效果不佳，"夏天"愤愤不平。"咱们要不哪天打个11点小时榜①，我出5000元。""夏天"的弹幕惊到了主播："你认真的吗？不不不我的实力不允许，不能这么吹牛。"如果进入榜单前三，小水的头像将出现在平台醒目位置，能够吸引大量用户

---

① 斗鱼每个小时均设置主播热度实时排行榜，排名靠前的主播头像显示在平台醒目位置，更易吸引用户观看。每个小时热度值清零重计。

点进观看。过了一会儿"夏天"回复说"小时榜前三需要2—3万，我出8000到10000元"，似乎他刚刚到别的直播间考察了一番。小水想起她刚开播不久时几个粉丝曾为她打过一次榜，于是问她的老粉丝"杰仔"上次花了多少钱。杰仔回复某某粉丝出了15000元，其他记不得了，但总数比30000元要高。这时几个有经济实力的粉丝并不在直播间，"夏天"的提议没有得到响应，他决定改日再议。

如果仅从消费的角度看，"夏天"愿意为主播一次性打赏近万元也无可厚非，这是粉丝出于对主播喜爱下的个人消费。然而由粉丝自发组织打榜，并以超出常规消费水平的方式为主播谋取名气，意味着粉丝生产劳动与经济资本的双重卷入。某种程度上，粉丝的这种参与已经越过了传统上文化产品与粉丝产品之间的界限，即粉丝的生产活动不再是对文化产品进行筛选和重组，而是直接介入产品生产过程。直播间以主播为产品形式，以主播名气为产品优劣指标，粉丝打榜无异于直接进行产品升级打造，消费者与生产者的身份发生翻转。在这个意义上，粉丝被平台召唤为提供再生产动力的生产资源。当主播被粉丝自发集资的打赏活动送上热门排行时，无疑将会直接吸引更多用户注意力资源，如此循环往复，网络直播成为具有自主动力的商业闭环，而这也是直播平台打造数字亲密关系的根本价值所在。

四、小结

本章以秀场直播为例，对秀场直播社群的形成与维系进行考察。研究发现直播社群以网络主播为聚合中枢，社群的形成不仅依靠观众对主播的心理认同和情感认同，亦被一条隐秘而有力的资本线索牵引。在直播平台的制度化设计之下，主播与其粉丝的关系距离被表征为可测量、可识别的数据等级，粉丝对网络主播建立的拟社会关系被外化为数字亲密关系。这种关系的维系来自两方面动力，一方面是频繁的直播、社群的互动强化社群成员的交流交往，另一方面是平台推出的一系列竞赛仪式，为主播及其粉丝社群开展一场场集体行动（参与竞赛）提供机会，直播社群的实践经历和集体记忆由此生发。

需要看到的是，无论是数字亲密关系，还是参与竞赛仪式，都需要依靠粉丝的消费来实现。这里形成消费介入网络社群后的一种迷思，即粉丝因为喜爱主播而消费，还是因为消费而对主播更加喜爱。前者遵循着从拟社会关系到数字亲密关系的逻辑，后者则从一开始致力于塑造数字亲密关系，以视觉化的关系符号培养粉丝对主播的关系认知和情感依恋，将数字亲密关系内化为心理层面的亲密关系。或许观众对某位主播的喜爱，依然是其停驻直播间、为主播打赏、加入主播粉丝群的原生动力，但不容忽视的是，直播平台上的在线社交和社群传播，越来越被消费意识形态形塑，社群的形成和维系在直播平台的一系列规则之下展开，从一开始就为直播社群注入不一样的基底。

秀场直播社群与其说是裹挟着消费行为的在线社交形态，不如说是资本转化的场域。网络主播将自身特质或才艺等身体资本，转化成直播观众的注意力资本，进而通过鼓动观众消费，将注意力资本转化为商业资本。直播社群表面上是因观众共同喜欢主播而形成的趣缘社群，实际上是网络主播的社会资本池，社群成员的陪伴、打赏、对直播间秩序的维护，甚至合力为主播打造人气"出圈"策略，都是网络主播社会资本向商业资本转化的现实表征。

不可否认，秀场直播是移动互联时代参与式文化的新形式，为网络主播和观众提供了自我呈现、娱乐消遣和在线社交的新平台。主播开播时段，新老粉丝在直播间的热闹互动，成为直播社群成员的一种生活仪式。秀场直播形塑了不同以往的社交形态，基于实时在线的影像互动让拟社会关系看起来愈加向真实社会关系靠近，但实际上消费意识形态又使社会关系向另一维度的"仿拟"无限趋同，即诉诸视觉标准的数据化、符号化亲密关系，而非真正的亲密关系。在万物皆可数据化的时代，人们对事实的认知和判断正在受到数据本身的影响，这既帮助人们更好把握事物的本质和规律，但也带来了唯数据论的价值风险。移动互联传播塑造了社群经济的显要地位，但作为社会构成单元的社群天然具有社会功能，当互联网大大丰富了人们的社会生活和经济生活，如何平衡社群商业功能和社会功能的关系，成为一个愈加重要的时代命题。

第五章

网络粉丝社群的数据化情感劳动

2021年5月，央视新闻评某选秀综艺节目"倒奶事件"，指出："粉丝为给偶像刷票，扫瓶盖内二维码，只要瓶盖不要奶、成箱成箱地倒奶……这种荒诞的追星方式，背后是商家和平台的诱导。"[①]同年7月，中央网信办启动"清朗·暑期未成年人网络环境治理"专项行动，目的之一是治理网络"饭圈"乱象问题；一个月后，中央网信办发布《关于进一步加强"饭圈"乱象治理的通知》，进一步明确了治理"饭圈"问题的十项措施。

近年来，粉丝群体依托互联网平台，掀起一浪高过一浪的"追星"潮流。在商业资本的刺激下，粉丝社群爆发出空前的行动力，他们游移于各大数据榜、排行榜，穿梭在各类线上线下应援活动中，将参与式文化发挥到极致。同时，粉丝群体以年轻人为主，血气方刚、易受鼓动，在资本刺激和畸形价值的影响下，容易出现群体极化和偏激行为，导致社会问题的产生。

如果以"集体行动力"[②]作为网络社群区别于其他网络共同体的特点，那么粉丝社群无疑是网络世界里最具有行动力的群体之一，这来源于粉丝社群的两个特点。一是粉丝的参与性，他们通过互动参与寻求价值认同；二是粉丝善用新技术，他们是新技术早期和热情的采用者，用以扩大相互的动员和参与。[③]互联网为粉丝的连接、组织和行动提供了便捷渠道，移动互联技术加持下，粉丝的跨平台行动、跨地域行动、跨线上线下行动更加畅通无阻。因此，粉丝社群在网络社群研究的诸多对象中，具有一定的实验性和前沿性，研究者不仅能以此窥探网络社群的参与和互动，更能够透视网络群体从组织到制度再到行动的一整套逻辑，从中寻得网络世界权力、动员与规训的可能

① 央视新闻：《央视批商家平台在倒奶事件中难辞其咎》。https://share.api.weibo.cn/share/291478539,4633564911503534.html?weibo_id=4633564911503534。

② 彭兰：《"液态""半液态""气态"：网络共同体的"三态"》，载《国际新闻界》2020年第10期，第31-47页。

③ 胡岑岑：《网络社区、狂热消费与免费劳动——近期粉丝文化研究的趋势》，载《中国青年研究》2018年第6期，第5-12+77页。

性解释。

　　国家的一系列治理措施催动粉丝重回理性，然而不变的是，粉丝群体依然依托互联网进行社群的传播与参与。"倒奶事件"已成往事，其背后却还有值得反思并在今天的粉丝网络参与中引以为鉴的问题需要追问：何种原因促使粉丝群体为支持选秀而置公共价值于不顾？粉丝社群如何进行组织与动员，引发群体内部与群体之间强劲的行动力？网络、资本、社群等因素在粉丝行动中发挥什么作用？粉丝个人在集体行动中是什么感受？回答这些问题，对于厘清移动互联时代粉丝的跨平台、跨地域行动能够提供解释机制，尤其通过探索粉丝群体在内部和外部多重因素作用下进行集体行动的原因、过程和结果，能够为人们更全面了解网络粉丝社群的特征，以及相关组织机构进行引导、管理提供参考。

　　本章通过网络田野调察和深度访谈开展研究（研究方法详见第一章）。本章认为，粉丝社群源源不断的应援、打投①等行为本质上是一种劳动，这些行为已经超越能动性的、参与式的文化边界，成为一种被多重因素控制的"必须的劳动"。当演艺场域发起一场场以"数据"为核心的竞赛时，被偶像所吸引的粉丝，成为生产数据的劳动者。本章旨在探讨粉丝社群持续进行应援、打投的行动机制是什么，具体而言，社群外部因素如何激发粉丝劳动？社群内部环境如何动员粉丝劳动？粉丝个人在劳动中的感受是什么？具有文化创造性的粉丝群体如何在社群传播中被异化为数据劳动者？

　　在理论支撑方面，本章选择以情感劳动（affective labor）切入研究，原因有二。一是从学理角度出发，情感劳动本质上是一种免费劳动，聚焦于情感的创造与控制，粉丝群体在对偶像的爱恋中开展各类生产性行动，这些行动既为行动对象（偶像、经纪公司、文化制作单位等）带来快乐、愉悦的感受，又被行动对象从中提取商业价值，从而使积极的行动变成免费的劳动。二是

———————
① 打投，指粉丝为自己喜欢的偶像自发组织打榜和投票的行为。

从现实层面出发，粉丝在行动中总是伴随着多样性的情感，如亨利·詹金斯所言，粉丝对喜欢的媒体文化产品的典型反应不局限于喜爱和沉迷，还包括不满和反感，这正负两方面的情感反应促使他们不断与媒体互动。[①]网络打投竞争激烈，粉丝为数据的胜出而雀跃，为一时的失利而懊恼，其间夹杂着对偶像的喜爱、同情、祝福等，这一系列情感因素是粉丝行动的内驱动力，也是外部因素动员粉丝持续劳动的重要着力点。

本章首先考察粉丝参与式文化与情感劳动的区别，探讨移动互联网环境下粉丝情感劳动为何由文化制品向网络数据转变。其次从社群中的个体、社群的外部生态、社群的内部组织三个层面，探索粉丝社群情感劳动的动力机制。最后基于上述讨论，分析粉丝的能动参与如何被驯化为机械的数据劳动，从而为粉丝社群的非理性行为寻求解释机制，对人们了解Z世代的粉丝社群、引导粉丝群体理性参与提供参照。

一、从粉丝参与式文化到情感劳动

粉丝社群是一种高活跃度、高参与性、高行动力的网络趣缘社群，他们以共同喜爱的产品或人物为纽带相互聚合，趣缘对象的精确性使粉丝社群天然具有更高的黏性。在传播学领域，粉丝研究是受众研究的一种，它遵循的是积极受众观，认为粉丝能对文化产品做出能动的解释、消费和创造。随着互联网的普及，媒体受众向媒体用户转型，后者在网络平台上的文本生产和传播，被视为免费的劳动。粉丝是互联网世界中文化创造最富有活力的群体之一，但当资本力量将演艺人员的流量数据而非粉丝文化制品作为衡量其市

---

① 亨利·詹金斯：《文本盗猎者：电视粉丝与参与式文化》，郑熙青译，北京大学出版社2016年版，第22页。

场影响力的重要指标时，出于对具体演艺人员的喜爱和维护，粉丝开始或主动或被动地进行以数据为产品形式的情感劳动。

1. 能动的粉丝与劳动的粉丝

（1）能动的粉丝

关于粉丝和粉丝文化的研究，通常被认为产生于20世纪80年代末的西方，米歇尔·德·塞托（Michel de Certeau）、约翰·菲斯克（John Fiske）、亨利·詹金斯（Henry Jenkins）等学者就"粉都"（fandom）现象、"迷"（fan）现象开展研究。粉都是fandom的音译词，有的语境中指粉丝的集合，取"粉丝群"之意，有的语境中则指粉丝的态度，可理解为"喜好"。菲斯克在《粉都的文化经济》一文中为粉都提供了一个描述性定义，指出粉都是大众文化的产物，他们从大众文化中挑选出某些人物、商品甚至是文本，以喜好来改变自身的行为或达成人群的集聚。同时，菲斯克指出粉丝具有很强的生产力，他从符号生产力（semiotic）、声明生产力（enunciative）和文本生产力（textual productivity）三个方面对粉丝的生产力类型进行区分，并指出粉丝的生产行为并不局限于某一种类型，可能横跨多个领域。[①]

20世纪80年代末，西方有关粉丝文化的研究渐成规模。德·塞托从受众研究的角度，以"前进和撤退，玩弄文本的战术和游戏"的说法，肯定了粉丝（受众）的能动性和创造性，掀起了一股有关粉丝能动性研究的热潮。随后，菲斯克将粉丝解释为"参与性文化生产者"，高度肯定了粉丝生产力，否定了粉丝"文化傀儡"的被动地位。詹金斯吸收了德·塞托和菲斯克对粉丝能动性的肯定，于1992年出版的《文本盗猎者》中创造性地提出粉丝不仅消费故事，还在文化工业生产的故事上创造出属于自己的故事和产品的观点，再次肯定了粉丝的能动性。在不同学者的努力下，粉丝文化研究在此阶段基

[①]　陶东风：《粉丝文化读本》，北京大学出版社2009年版，第3页。

本确立了"积极受众"观的主要理论导向。其后，科奈尔·桑德沃斯在《粉丝：消费之镜》一书中为粉丝个体的身份构建及认同提供了思路，使研究从粉丝群体拓展到粉丝个体，并在书中指出粉丝对于偶像情感投射的心理动机，肯定了粉丝作为个体而非群体的主观能动性。

随着西方粉丝文化研究的理论体系逐渐完善，其理论成果逐渐传入国内，给国内进行粉丝文化研究的学者提供了借鉴。综观国内粉丝能动性文化研究成果，国内多数学者从经济学、社会学、心理学、新闻传播学的角度对粉丝能动性予以了肯定的评价，并结合本土语境对粉丝能动性做出了本土化阐释。例如，学者陶东风在《粉丝文化研究》一文中说道："粉丝文化研究本质上是受众（消费者）研究的一种，粉丝文化研究的核心旨趣就是要突破简单化的白痴观众理论，解释粉丝消费行为的复杂性。"[1]台湾学者张嫱则在《粉丝力量大》一书中探讨了粉丝文化所具有的经济效应。总之，不同国别的学者们从不同角度出发，解释了粉丝行为的复杂性，肯定了粉丝作为积极受众的能动性。

（2）劳动的粉丝

2000年，蒂兹纳·特拉诺瓦（Tiziana Terranova）提出"自由劳动"（free labor）概念，意指互联网用户自由地使用网络实际上是一种免费劳动，其中所产生的个人信息被售卖与剥削。[2]特拉诺瓦把创立网站、建立网络社区和更新软件包等行为纳入自由劳动的范畴。克里斯蒂纳·富克斯（Christina Fuchs）进一步解释自由劳动的剥削方式，认为强迫性（人们的生活已离不开互联网）、异化（互联网公司而非用户占有平台并获得利润）、produser（producer+user的合成词，生产者与用户的合体）的双重商品化（使用者是一

---

① 陶东风：《粉丝文化研究：阅读—接受理论的新拓展》，载《社会科学战线》2009 年第 7 期，第 165 页。

② Tiziana, Terranova.（2000）. Free Labor: Producing Culture for the Digital Economy. *Social Text,* 63（18），33–58.

种商品，其生产的信息也是一种商品）是自由劳工被剥削的主要方式。①自由劳动也被其他学者用近似的概念形容，例如数字劳动（digital labor）、非物质劳动（immaterial labor）等。

在网络平台，粉丝所进行的活动大多是无偿的，并且为媒体制作商、分销商和营销商创造了相应的价值，因此粉都正是特拉诺瓦所称的免费劳动的一种形式。②粉丝群体文化创造力的效用在于：一是为电影、电视剧等文化产品制作周边内容，助力文化产品的市场推广；二是为文化产品制作方提供反馈，帮助制作方调整市场策略；三是用源源不断的内容生产创造性重现文化产品，维持产品在市场中的可见性，例如《甄嬛传》的粉丝不断在B站等平台制作二创视频。粉丝的劳动无形中成为媒体制作方和销售方市场策略的延伸，而粉丝亦能在其中享受参与式文化的乐趣，这是粉丝社群乐此不疲进行自由劳动的动力所在。

然而劳动总是存在控制与规训的风险，正如传播政治经济学研究提出数字劳动概念的目的之一，即是揭示互联网产业如何以流动的、隐性的、全面的方式渗入人们日常生活，从而将其纳入数字资本拓展与累积的过程。③互联网平台通过界面安排和制定规则，使得用户生成内容按照平台逻辑发展，从而达到产业化运营目的，这里的前提是所有用户生成内容都是被共同拥有网站（corporately owned websites）而非生产者本身拥有（hosted），用户的自由

①　Fuchs, Christian（2012）Dallas Smythe today: the audience commodity, the digital labour debate, Marxist political economy and critical theory. Prolegomena to a digital labour theory of value. *Triple C: Open Access Journal for a Global Sustainable Information Society,* 10（2），692–740.

②　胡岑岑：《网络社区、狂热消费与免费劳动——近期粉丝文化研究的趋势》，载《中国青年研究》2018 年第 6 期，第 5–12+77 页。

③　吴鼎铭、石义彬：《"大数据"的传播政治经济学解读——以"数字劳工"理论为研究视角》，载《广告大观（理论版）》2014 年第 12 期，第 70–76 页。

劳动和个人信息被商业规则利用。[1]互联网已深度涉入人类生产生活，产品生产方和销售方等利益主体与网络平台建立合作进行资本增殖。粉丝劳动背后是兴趣与愉悦感的支撑，但当资本主体将粉丝劳动及其产品纳入严苛的资本秩序，尤其是将粉丝的劳动与其喜爱的产品或人物利益直接挂钩时，粉丝劳动便面临机械的、无休止的、过度的劳动等异化风险。

2. 粉丝情感劳动的数据化转向

（1）粉丝的情感劳动

迈克尔·哈特（Michael Hardt）与安东尼奥·奈格里（Antonio Negri）在其著作《帝国：全球化的政治新秩序》一书中，提出了情感劳动（affective labor）一词。他们将此概念作为非物质劳动的类型之一进行介绍，指出情感劳动是"聚焦于情感创造与控制，生产出的产品无法触摸，能产生出一种轻松、满足、幸福、激动的感觉"的劳动过程，并指出情感劳动的特点是"情感创造与控制、生产无法触摸的产品、产生出轻松与幸福的感觉"。[2]情感劳动与数字劳动、自由劳动等概念一样，认为在信息化经济时代，劳动的结果不再单纯指向物质性的产品，信息和知识的流通服务成为新的经济增长动力，其中，情感劳动更加强调以让人舒服、愉快的情感服务为产品形式。

关于情感劳动的研究不只局限于互联网，性别研究学者将此视为批判工具，探索家庭女性和女性社会工作者的劳动情况，总体认为女性承担情感劳

---

[1] Shepherd, T.（2013）. Young Canadians' apprenticeship labour in user-generated content. *Canadian Journal of Communication,* 38（1），35–55.

[2] 迈克尔·哈特、安东尼奥·奈格里：《帝国：全球化的政治新秩序》，杨建国等译，江苏人民出版社 2003 年版，第 108 页。

动是不平等权力关系的结果①②。当用情感劳动的视角考察粉丝的劳动行为时，需要厘清粉丝情感劳动的形态和结果问题。不同于线下人际传播中的情感交流，粉丝群体在网络空间的情感劳动以符号文本为表征，他们在各类互联网平台直抒胸臆表达对偶像或文化产品的喜爱，或者制作各类文化衍生品进行推介，这些网络表达以文字和影像等手段呈现。而粉丝情感劳动的直接对象，是演艺人员/文化产品及其制作方、销售方等，粉丝用热烈真挚的情感为这些利益相关方进行信息和数据劳动，这实际上是一种免费服务。也有学者认为，偶像与粉丝之间存在双向情感劳动，由此构建一个情感共同体。③粉丝情感劳动的叠加结果，是吸引一般大众关注特定演艺人员和文化产品，粉丝不断向"路人"推荐自己喜爱的演艺人员及其作品，培养"路人缘"，期待"路人转粉丝"的发生。

在互联网文化与互联网经济的交叉领域，情感因素日益重要。亨利·詹金斯提出"情感经济"（affective economics）④概念，指出消费者所表现出来的情感倾向会影响消费决策制定过程。某种程度上，媒体经济就是情感经济，消费者对媒体人物和文化产品的喜爱能够促使其持续做出消费决策，粉丝强劲的消费表现正源于此。更进一步地，粉丝在消费基础上的情感劳动，向互联网世界不断输出对于偶像和文化产品的喜爱，试图影响非粉丝群体的消费决策。这些情感劳动具有竞争性，不同粉丝群体围绕各自喜爱的对象产出差异化网络文本，竞争心理进一步刺激情感劳动的演进。

① 马冬玲：《情感劳动——研究劳动性别分工的新视角》，载《妇女研究论丛》2010 年第 5 期。

② 戴雪红：《哈特与内格里"情感劳动"概念的女性主义解读》，载《马克思主义与现实》2020 年第 3 期。

③ 林品：《偶像—粉丝社群的情感劳动及其政治转化——从"鹿晗公布恋情"事件谈起》，载《文化研究》2018 年第 12 期，第 99–107 页。

④ 亨利·詹金斯：《融合文化：新媒体和旧媒体的冲突地带》，杜永明译，商务印书馆2012 年版。

（2）粉丝情感劳动的数据化

如前文所述，粉丝情感劳动一定程度上是文化制作机构、销售机构市场策略的延伸，当互联网将人类社会向数据化的纵深牵引时，制作机构、销售机构和粉丝群体开始将各类数据作为市场影响力指标，由此掀起一场场数据纷争。粉丝情感劳动的重点不再是创作文化制品，而是围绕刷点击量、评论量、礼物量等与数学大小意义上的数据展开行动，这些数据被称为"流量"。流量改变了粉丝行为和社群规范，成为主宰饭圈文化和粉丝经济的法则，粉丝的情感亦被数据量化。[①]

粉丝情感劳动以数据为表征和结果，这一转向既与移动互联技术的演进有关，也与大数据时代生产和消费的变革深度勾连。在技术层面，随时随地做数据、多终端切换做数据、网友联动做数据已变得稀松平常，移动支付又为做数据需要的经济消费提供支撑，而大数据本身的算法、呈现技术日趋成熟，这都为移动互联时代粉丝社群纷纷扬扬的数据生产和情感劳动提供技术基础。在社会层面，由大数据驱动的社会生产、数字经济、虚体经济等大范围兴起，这正是信息时代社会发展转型的典型表征。

以粉丝数、粉丝活跃度、产品销量等数据衡量偶像或媒体产品的影响力本无可厚非，一如传统媒体时代报刊的发行量、电视的收视率、广播的收听率是量化评价标准一样，但二者存在两个方面逻辑的不同。一方面，发行量、收视率等指标依赖专业机构测量获得，受众消费也需要通过购买实体报纸、打开电视机收看节目等物质性、历时性活动实现，而网络数据通常缺乏第三方机构把关，用户能通过多个账号"刷数据"获得可观的结果。另一方面，发行量、收视率等市场数据遵循"二次售卖"原则，受众不需要向媒体内容付费，而是以阅听媒体内容的方式将自身"注意力"交与媒体，由媒体将之

---

① 童祁：《饭圈女孩的流量战争：数据劳动、情感消费与新自由主义》，载《广州大学学报（社会科学版）》2020 年第 5 期，第 72—79 页。

卖给广告商。但在网络语境下，一些流量数据通过粉丝的打赏、投票获得，打赏的礼物、投出的选票需要向组织方或平台方付费获取，这实际上是粉丝直接向媒体付费购买数据。对比之下，以自身"注意力"形成数据和以自身"购买力"形成数据，显然不可同日而语，后者遵循的是商业逻辑而非公共逻辑。由此，流量数据能否代表媒体文化的真正影响力便存疑问，但粉丝出于对媒体人物或文化产品的喜爱而自愿生产数据却是不争的事实。

学者对粉丝情感劳动的数据化转向通常持批判态度。虽然粉丝做数据起源于他们对偶像的喜爱，但研究者认为，数据也塑造了粉丝与偶像之间的情感纽带，其实质是文化工业中的资本裹挟，其中的情感动员策略起着关键性作用。[①]粉丝为了购买网络选票，会发起集资行为，学者认为粉丝集体活动所展示出的集体认同是围绕对于商品的消费和明星的营销产生的，其中离不开娱乐公司及其代理人的操控，这些过程伴随着对粉丝情感的规训与收编。[②]

总之，粉丝的情感劳动先后出现了推广文化产品、制作文化周边和打造网络数据等不同呈现形态，商业逻辑在其中的烙印日益加深。现有研究敏锐捕捉到数据化的情感劳动背后是资本权力对粉丝群体隐秘的影响，随之而来的问题是，作为创造性参与的粉丝，与被控制被规训的粉丝之间，仅仅是"刷数据"带来的改变吗？粉丝个人如何看待"刷数据"行为？他们为何愿意持续参与"刷数据"活动？粉丝社群在其中发挥怎样的作用？这些问题需要更多实证研究加以解决。

---

① 庄曦、董珊:《情感劳动中的共识制造与劳动剥削——基于微博明星粉丝数据组的分析》，载《南京大学学报（哲学·人文科学·社会科学）》2019 年第 6 期，第 32–42 页。

② 陈璐:《情感劳动与收编——关于百度贴吧 K-pop 粉丝集资应援的研究》，载《文化研究》2018 年第 3 期，第 123–134 页。

二、粉丝社群情感劳动的运作机理

移动传播让社群的即时聚合与迁移成为现实，粉丝个体穿梭在微博、微信、QQ、豆瓣等社交平台，极易因共同喜爱某位演艺人员而结社成群。粉丝善于利用网络技术为偶像做数据，甚至为偶像做数据成为粉丝社交的一种方式。以数据为导向的情感劳动是粉丝情感、传媒资本体系与粉丝社群动员的综合结果，形成个体、外部、内部三种因素相互影响的运作机理。

本章试图以局外人和局内人相结合的角度考察粉丝的情感劳动。局外人的视角以非参与式观察法实现，主要观察特定粉丝组织的数据生产实践，以及数据的缘起、使用与结果等；局内人的视角则以亲身参与和粉丝访谈实现，加入粉丝社群参与数据劳动，并通过与粉丝的深度访谈了解其数据实践经历、心路历程、对打投的看法等，注重以粉丝个体与社群集体的互动视角探索情感劳动的运作机理。

1. 个体：因情而生的劳动责任

> 他和我很像，小时候家里很穷，日子蛮苦的。他也是这样，他真的是在渔船上长大的，所以身上有很重的烟火气，我会觉得他很像我的弟弟。（受访者B-5）

在大众媒体时代，名人通过调节其在大众媒体上的出现次数和内容呈现，与社会大众保有一定距离。粉丝对名人的情感，通常表现为对名人专业能力的仰慕、对名人个性魅力的喜爱或对其事业发展的追捧。但在社交媒体时代，无论名人在社交媒体上与粉丝的各种互动，还是粉丝在网络平台对名人个人信息的挖掘，都在快速消解名人与粉丝间的距离。粉丝对名人的情感除了表现在对其专业、个性和事业的赏识，也衍生出陪伴、守护、成长等拟社会关系式的移情，这样粉丝对名人具有更加复杂的情感羁绊，在追随名人、爱护名人的方式上也具有更多元的动力。

如上述受访者B-5的叙述，她将偶像的生平经历与自身成长轨迹相结合，从二者的共同性中生发对偶像的共情，产生类似亲属关系的情感投射。在社交媒体和社群传播日渐普及的今天，偶像的个人信息和生活行动越来越多地被粉丝获知，也即欧文·戈夫曼所说的"后台"①愈加暴露于公众面前。基于对偶像"后台生活"的关注，粉丝在更多情境和更多层面对偶像产生移情，比如心疼偶像工作劳累、不满偶像行程安排、气愤偶像受到不公待遇等。

就是他们（偶像）之前被黑的时候，还有那种坐红眼航班的时候，会觉得很心疼他们。（受访者B-2）

偶像的影响力通过数据直观呈现，出于对偶像的情感，做数据不仅被粉丝视为提高偶像影响力的方式，也被看作助推偶像事业发展的一种劳动责任。

我做数据，可能是觉得自己有一份责任感吧，因为这个事情其实我觉得也许没有那么地有意义，但是大家都在做，然后大家都在努力。特别是最近，他（偶像A）的粉丝越来越少了，我就觉得这本来努力的人都少了，那再少我一个的话，就真的不好了。（受访者B-4）

---

① 欧文·戈夫曼在著作《日常生活中的自我呈现》一书中提出前台和后台两个相对的概念，人们在前台通常有规律地扮演着一定程度的理想化自我，用以保持自身在社会公众面前的形象。后台通常是非公开或非正式的场合，破除了条条框框的限制，人们更多开展私密的、个体化的行为实践。

从受访者B-4可知，虽然粉丝能够意识到做数据"没有那么地有意义"，但面对偶像粉丝减少的事实，每一个做数据的人都显得"缺一不可"，粉丝将做数据视为责任感的体现。这里的责任感来源于两个方面，一是粉丝对偶像的情感投射，这种情感在某种程度上相当于粉丝数据劳动的生产资料，为数据生产提供动力；二是粉丝之间的从众心理，做数据被视为一种"努力"，是粉丝表达对偶像喜爱之情的直接体现，行动不努力，显得对偶像情感不够深刻。这种责任感意味着粉丝从自我表达转向自我约束，通过生产一定的数据体量获得情感表达的满足。

> 我刚开始其实还是很积极的，每天都热情满满，给自己设定一个目标的那种感觉，就觉得我要给他抢到520（条数据），要给他弄到1000条、10000条。（受访者B-4）

责任感意味着目标管理，当个体的数据实践无法满足更高的目标追求时，粉丝之间便开始自发建立网络社群，形成一个个目的一致、目标明确的行动小组，在其中分享数据实践经验，发布每日自己所做的数据量进行打卡。

> 在那个群里边，大家每天都会发自己抢到了多少条，就是有点想和别人攀比的那种感觉。我抢得特别多，纯手动抢可能是5000多条还是多少条。（受访者B-4）

在共同的行动目标中，粉丝社群如雨后春笋。相比以趣缘为纽带的网络粉丝社群，以做数据为任务目标的社群具有更强的行动色彩，共享着更高程度的社群规范、社群意识和社群团结。情感不仅是粉丝个体数据劳动的原初动力，也是凝结社群行动的根本动因。粉丝在个体数据实践中树立的责任感，在社群中演化为共同的行动宗旨，由此激励粉丝进行源源不断的数据生产。

如受访者B-6所言，对偶像的喜爱催生着对偶像的支持，这种支持久而久之变成一种情怀。

> 就是非常地爱他们（偶像团体），一起努力，一起从不温不火到巨星顶流，我觉得这个过程中应该很多人和我一样，把他们当小孩儿，跟自己小孩儿似的，会一直喜欢他们、支持他们，为他们做很多，已经是一种情怀了。（受访者B-6）

2. 外部："数据—偶像"因果逻辑下的劳动竞争

在万物皆可量化的数字时代，名人与数据的相互关系变得日益复杂。传统上，"名人—数据"是一条顺理成章的逻辑理路，因为"大众崇拜明星是因为他们创造着/演绎着人类所能达到的美好程度，被崇拜的人是作为目的性存在而被肯定的"[①]。歌手演绎着人类发声系统所能达到的动听极致，这是普通人难以达到的能力水平，好歌手因被人崇拜而获得高关注度，他们的唱片也能够获得好销量，"名人—数据"的因果关系由此建立。但在当前的演艺生态中，片面追求偶像流量数据成为部分演艺单位和平台机构的惯性行为，偶像本身的才艺水准不再被视为最重要的因素，反倒是因为自身具有流量数据，部分演艺人员才得到作为偶像出道或演艺的机会。这一现象与"名人—数据"的逻辑完全相反，形成"以数据打造偶像"的逻辑进路。

在王婷针对名流的研究中，援引本雅明在分析艺术品时的观点，认为大众媒体时代名流的价值正在从崇拜价值向展示价值转变，"被看到"是人们获得名气的必需途径。[②]当前各类演艺机构打造数量庞大、层出不穷的偶像团体，

---

① 王晓华：《明星崇拜现象与信仰的一种转向》，载《文艺理论研究》2002 年第 5 期，第 52-57 页。

② 王婷：《名流：一个文化研究的视角》，复旦大学出版社 2016 年版，第 50-52 页。

正是对名流展演价值的现实挖掘。当演艺新人不断被输入商业市场时，新人的亮相与展演层出不穷，谁的展演更具有吸引力，或者说谁能够吸引更多的数据流量，便具有更多演艺机会和媒体资源。

将数据与艺人的影响力绑定，一定程度上是大数据时代工具理性的结果，即把大数据作为衡量艺人价值的直接标准，对其他非量化的、人文和审美维度的标准顾及不足。大数据用直观的、结构性的数字系统将事物关系状态呈现于众，能够显示事物之间的相对位置和发展趋势，培养了大众以数据衡量结果的认知惯性：数据越高，预示着事物的影响力越强。在社交媒体上，"电子专辑发售超过1亿""电影播放量突破10亿""微博转发量突破100万"等消息屡见不鲜。演艺人员的社交媒体粉丝关注人数、博文的互动量、代言商品的销售量等，都成为评判艺人实力的参考标准。

在消费社会中，具有存在价值的一切都可以成为消费的对象。粉丝夜以继日做数据还来源于演艺市场资本主体的新玩法，即把演艺资源这一本来应由演艺单位和演艺人员自行争取的内容交由粉丝争取，争取的方式即是做数据。例如，资本主体提供户外大屏宣传、公共交通露出等曝光资源，但需要由粉丝按照规则打赏、投票，艺人所得数据高者获得相应资源。这一规则设计将"有数据才能当偶像"的"数据—偶像"因果逻辑发挥到极致。

为了帮助支持的偶像获得好名次，粉丝不仅需要花费时间投票，还需要花费金钱换取更多选票。劳动是意识过程和身体实践的结合，通过具有竞争性的数据劳动，粉丝被更深层次地纳入资本逻辑之中。

> 经常熬夜打榜，经常就是两三点。有一个周六我打到四点，然后我一看群里还有人在坚持，还在那里说"完了完了要被超过了……"，然后我又被激励了，我继续打，也不知道什么时候睡了，真的就是废寝忘食。（受访者B-12）

> 我觉得这两个艺人之间的打榜就有点像是归国流量跟原生流量的

一种对比，其实就是看看谁更红。我喜欢的人，他就应该赢，他从各
方面我都觉得更值得，其实说白了就是觉得输了不值。（受访者B-7）

在激烈竞争之下，粉丝对于偶像更多的情感反应被激发出来。尤其当粉
丝做数据的努力程度直接跟偶像的事业发展挂钩时，粉丝的情感反应与数据
实践相互催化，推动粉丝在复杂的情绪体验中生产数据。

他练习已经好几年了，从很小就开始了，这次（参加选秀节目）
算是他的一次机会。其实能发现他这次选秀表现很不一样，要抓住来
之不易的翻盘的机会。当他想要做出改变又有这样的机会的时候，我
们有什么理由不帮他一把呢？（受访者B-12）

如果说对偶像的喜爱是粉丝自愿做数据的起点，那么一系列数据竞赛规
则，则为粉丝的数据实践施加了强大的外部动力。虽然粉丝经常被认为富有
创造性和能动性，但粉丝的文化实践通常是主动的和自愿的，当竞赛规则将
偶像的发展资源与粉丝的数据实践加以绑定时，粉丝便不得不加入一场场数
据竞争。求胜心切的粉丝为了获得胜利在规则内外游走，甚至向"黄牛"直
接购买选票，引发留下奶瓶盖兑换选票而抛弃牛奶的"倒奶事件"。

3. 内部：组织严密的劳动分工

数据竞争使粉丝处于不断的竞赛压力中，因为个体的投票行为无法满足
数据快速增长的需求，粉丝便利用移动互联网广建社群，迅速进行集体动员、
培训和行动。网络社群是粉丝数据实践的"根据地"，依据需要，粉丝群体组
建各类规模、各种层级的网络社群，服务于集体数据实践的需要。这一过程
中，随时建群、即刻互动、图文并茂、移动消费等技术手段成为粉丝行动的
互联网基础设施，移动互联科技为此起彼伏的数据竞赛提供技术土壤。

对于有一定事业积累的演艺人员，通常会拥有自己的官方后援会等成建制、成系统的粉丝组织。官方后援会被视为粉丝社群中最为核心的团体，负责人能够与演艺人员经纪公司直接沟通，了解艺人更多信息，便于组织后援会粉丝的相关活动。粉丝官方后援会组织结构复杂、社群规则精细，后援会建立严密的细分工作系统，开展与数据生产相关的社群实践。

（1）扁平化的劳动分工

粉丝的数据劳动可分为日常劳动和竞赛劳动两种。前者是在日常生活中维护偶像的网络数据，提升偶像的网络热度，例如评论、转发、点赞偶像的微博博文，在偶像参与创作的歌曲、影视剧等页面留言评论等。后者是发生在不同粉丝群体间的竞争性数据生产行为，数据结果涉及偶像在演艺市场中的相关排名或资源占有情况。为了应对两种情况下的数据需求，粉丝后援会细分为更多小组开展工作，这些组织的名称包括宣传组、数据组、美工组等，大致劳动内容如表5.1所示。

表5.1　粉丝社群的劳动分工

序号	劳动形式	访谈典型素材
1	数据创造	热度分为好几项，包括发博数量、点赞量、评论量、互动量，还有送鲜花送了多少都和热度相关，所以我们会去做这些数据。（受访者B-1）
2	宣传工作	平时大部分就是转发一些官方微博，比如说传达一些事情，或者有活动的时候发预告，算是信息传递。（受访者B-5）
3	美工制作	我主要是做图，主要发布在微博超话和一些其他平台，有时候自己画着玩，有时候会帮后援会做一些活动图。（受访者B-13）
4	专业咨询	后援会有一次需要发一份声明，我会参与进去提一些意见。因为我和组织的人认识，他知道我学的是这个（法律）方向，有时候急嘛，就可能需要我去出一份力。（受访者B-18）

在各小组当中，还会进一步明确分工，对于数据组尤其如此。例如A偶像的数据组分为微博组、投票组、物料组、机动组等细分单位，加入数据组的粉丝需要严格遵守群规，完成每日固定任务。其中机动组为临时小分队，不

设硬性目标，由有空闲的粉丝或网友加入。群内有专人统计每位成员的工作量，定期劝退不能完成任务的成员，吸纳新成员。总体而言，粉丝后援会设置多个扁平工作小组，由小组负责人统筹组间任务协作与资源调度，最大限度发挥粉丝社群的行动力。

（2）流程式的数据生产

在严密的组织分工下，粉丝有条理、有秩序地生产数据。但真正能检验粉丝社群的自组织能力、显示粉丝数据生产能力的时刻，通常在竞赛形式的数据劳动中。市场机构发起形式不一、限定时长的数据竞赛，粉丝为了赢取竞赛给偶像获取榜单奖励，需要迅速行动、高效组织。后援会或数据组建立了流程式数据竞赛方式，通过筹备、生产与纪念三个环节完成一场场临时性数据竞赛。

环节一：筹备阶段。确定参加数据竞赛后，后援会挑选出打榜负责人开启筹备。负责人通常是后援会的管理人员或投票经验非常丰富的铁杆粉丝，筹备工作主要是做数据人员的招募和投票策略的制定。人员招募渠道有三：第一，将日常设立的数据组直接转化为竞赛组，他们是数据竞赛的核心生产力量；第二，在各类已有粉丝群中进行招募，这些粉丝群分布在微博、QQ、微信等各类社交平台，以交流信息和兴趣爱好为目的，不像数据组那样有明确的调度指令和工作指标，这些群组的粉丝具有协作生产数据的可能性；第三，在微博等用户数量庞大的社交媒体发布信息，招募游离于群组之外的粉丝加入打投，这些粉丝被称为"散粉"。关于投票策略，主要根据主办方设置的规则而定，投票的时机、每个投票者的任务设定等都在策略制定之内，例如引导"散粉"先投票，引出竞争对手追赶，后期再由数据组集体打投拉开差距。

环节二：生产阶段。数据竞赛的核心逻辑，是付诸尽可能多的人力、物力和时间，以创作出更多的数值。在竞赛开始前夕，数据组往往会摸索出最优投票机制，如何绑定投票账号、如何快速产出数据、如何避免无效投票等，都会被制作成"打榜攻略"供投票群体参照使用。同时，打榜负责人安排特定人员进行数据分析工作，以判定本数据组所在的排行位置，在数据落后时向全员发出警戒，并监督竞争对手是否出现数据涨幅异常情况。当然，打榜总是处于激烈竞争中，社群内的激励、鼓舞是常态，以此强化打榜粉丝的团体意识和争先精神。

> 当时那个榜单，总是面临着被M（某偶像）家超过的风险，大家有时候也会有点情绪低落，但是都不放弃，就觉得有种精神吧，永不言败。其实也会预感结果不尽如人意，但还是一定要走下去，我觉得真的像运动精神一样，特别特别感动。（受访者B-13）

环节三：纪念阶段。打榜结束，无论结果好坏，临时打榜群内都会出现类似于纪念的仪式性活动。若获得胜利，打榜负责人在社群中发出应援口号，打榜粉丝们接龙刷屏进行庆祝，并纷纷回顾战况，诉说打榜以来遇到的困难和趣事。这时粉丝们的交流往往是直接而坦率的，一方面是处于胜利的喜悦中，情感被推至高处，另一方面网络匿名性的保护机制，使粉丝们畅所欲言。临时打榜群内聚集了老粉丝和新粉丝，多数情况下成员间并不熟识，但共同的行动目标使粉丝个体入群即明确任务角色，形成个体陌生但集体团结的行动共同体。若在竞赛中落败，打榜负责人将应援口号换作鼓励之词，依然引导群内成员各叙感想。这种总结仪式并非简单的社群交流，而是在集体行动告一段落后对集体记忆的梳理和存储，集体记忆是形塑社群团结的重要来源，粉丝之间的黏性和协作关系在其中得以强化。

综上所述，粉丝以生产数据为表征的情感劳动，是其表达对演艺人员喜爱之情的一种数字化手段，具有自发性和参与性。但当文化制作单位、经纪公司、企业机构等资本主体推出各类排行榜，将网络数据与演艺人员的事业发展进行绑定，便对粉丝情感劳动施以强劲的外部动力，一场场数据竞赛由此诞生。善用新媒介技术的粉丝群体利用互联网络，迅速建立会聚了老粉丝和新粉丝的网络打投群，开展高效打榜活动，用严密的分工和持续的生产将资本主体施加的外部规则完全内化，形成来自社群内部的劳动推力。

三、粉丝社群情感劳动的异化表征

　　每一个榜我都竭尽全力去打，5月那次打榜，当时我在外面实习，实习很累，从早站到晚，离家也很远。上班的时候有间隙我就躲到厕所去打榜，下班回到家马上躺到沙发上开始打榜。上下班坐公交车，我一上车就去抢位子，因为我想坐着打榜，一点点时间都不会浪费。（受访者B-14）

　　我当时真的晚上睡不好，因为很害怕，做梦都梦到被超过了。每天早上醒来第一件事就是拿手机看有没有被超过，但是每天一起来就发现被超过了，就又抓紧做数据超回去。（受访者B-4）

当产出数据成为一种任务时，当数据实践与粉丝的情感、偶像的事业紧密相连时，做数据便转变为粉丝裹挟着胜负情绪与竞争策略的集体行动。求胜心切的粉丝社群不断将资本主体制定的数据规则内化为行动策略，将粉丝个体带入规制性的劳动秩序中。表面上看，粉丝出于自愿加入数据实践，但粉丝在规则约束下付出时间和金钱的结果，是服务于演艺市场的资本扩展。这一过程中，无论出于喜爱偶像、获取胜利的主观目的，还是群体压力、竞争压力等客观目的，粉丝的数据实践脱离参与式文化的惯常路径，成为异化的数据劳动，从而引发社会问题。粉丝数据实践的异化有哪些表现？它们是怎么发生的？社群传播在其中发挥了什么作用？这是本节探索的问题。

1. 基于社群行动的观念极化

美国学者詹姆斯·斯托纳（James A. F. Stoner, 1968）在有关群体的实验中提出了"冒险转移"（risky shift）这一观点，认为如果群体中大部分人倾向于谨慎，那么经过讨论之后达成的意见会更为谨慎，如果群体中大部分人倾向于冒险，则讨论后的意见更趋于冒险。[①]凯斯·桑斯坦（Keith Sunstein）则在《网络共和国——网络社会中的民主问题》一书中全面阐述了群体极化（group polarization）概念，认为团体成员一开始即有某些偏向，在商议后，人们朝偏向的方向继续移动，最终形成极端的观点。[②]

粉丝群体相较于其他网络群体更容易产生群体极化现象。第一，粉丝群体的集结并非因为临时性社会事件，而是出于对演艺人员或文化产品共同的喜好，这种喜好使社群一开始即带有某种一致性偏向。第二，不同于一般的兴趣爱好类社群，粉丝群体的爱好建立在对演艺人员或文化产品的积极评价上，对其他评价的容纳空间较小，持不同意见的粉丝容易因群体压力选择沉默或服从。第三，粉丝社群具有一定的排他性，不同文化产品的粉丝建立不同圈群，视自身所喜爱的文化产品为核心价值。"专注自家"是常被粉丝们提及的一个词组，也是粉丝群体意识的典型体现。

> 我觉得"专注自家"这个概念非常重要，就是不需要打扰别人，在自己能够承受的范围之内，自己为偶像做一些事情。（受访者B-5）

在以上特点基础上，粉丝社群通常人数众多，一方面使得意见领袖在社

---

① Stoner, James Arthur Finch.（1968）. Risky and Cautious Shifts in Group Decisions: The Influence of Widely Held Values [J]. *Journal of Experimental Social Psychology*，1968（4），442–459.

② 凯斯·桑斯坦：《网络共和国——网络社会中的民主问题》，黄维明译，上海人民出版社2003年版。

群传播中的作用更为显著，另一方面社群成员在接收信息过程中存在时间差，导致部分人在不知前因后果中加入社群行动，成为机械化的行动者。

> 后援会的微博每天都会发一些与签到、打卡相关的信息，我每天都会去打开做一下，再看看有什么新消息。其实更多是看那些大粉（粉丝中的意见领袖，笔者注），很多小道消息都是从他们那里听来的。（受访者B-14）
>
> 其实就是你跟着做，不太会想这个榜它是为了什么，或者它划不划算，就是跟着大家来。还有像吵架，也不会关心这个争吵是怎么开始的，只是知道有人骂他（偶像），那肯定要骂回去的。（受访者B-17）

访谈中可知，粉丝中的意见领袖在发起活动和引导社群舆论方面具有核心作用，社群成员在维护偶像的群体价值观基础上，遵从由意见领袖传导的行动观念，例如全力打榜、每日签到、反驳他人，等等。

> 当时打榜领队的姐姐很有那种领导力，一些数据组中的人都是很牛的人，这是真话。（受访者B-9）
>
> 数据组的人发出来要我们打榜我们就打，我们不会质疑他们，那时候每个人都是数据组的跟随者。（受访者B-1）

在陶东风主编的《粉丝文化读本》中，朱莉·詹森通过《作为病态的粉都——定性的后果》一文指出，个体不稳定的、脆弱的身份认同需要粉丝群体的补偿，从而塑造了一种"伪社会关系"。这一观点显然从现代性发展所造成的原子化社会后果出发进行分析，粉丝社群之所以能够补偿"不稳定的""脆弱的"身份认同，正来源于社群成员的一致性狂热，即一种强劲的、单向的、共同的观念。

> 打榜的时候大家的兴致都特别高，然后（我）就被影响到了。其实是知道赢不了的，但我觉得我也要努力，就在我的能力范围内打榜。我记得当时还有很多流传的话，比如说他（偶像）自己很想要这个奖。（受访者B-7）
>
> 当时数据组指哪儿打哪儿，管理得好，指挥有度，就是很能激励大家，把粉丝都调动起来去打榜那种感觉。（受访者B-17）

从上述访谈可知，对社群的归属感，使粉丝个体对社群中的意见领袖产生天然的信任，意见领袖传递的观念从而成为共享的观念，社群在此观念下开展集体行动。当粉丝社群遇上打榜活动时，无论出于对偶像的全力维护，还是想要在数据竞赛中拔得头筹，"全力做数据"成为社群中的极化观念。极化特征表现在三个方面：一是去意义化，社群成员较少去思考做数据的意义，或者即便认为打榜没有太大意义，但仍然坚持去做；二是效率至上，为了做数据尽可能付出时间和金钱，甚至利用规则漏洞倒买倒卖数据、选票等；三是相互监视，粉丝群体之间因竞争关系密切关注对方行动，容易产生对立情绪，引起相互间的指责和冲突。

粉丝社群容易产生极化反应的特点，本应加以重视和引导，但当这一特征与资本主体制定的游戏规则相遇时，粉丝群体便通过一场场肾上腺素飙升的集体活动，被纳入资本再生产的秩序当中。

2. 从自主的身体到工具化身体

劳动主体性是指人（身体）作为劳动主体具有自觉劳动的主观能动性，身体以劳动主体的身份在感性活动中不断确证人类自身的本质特征，把自身当作普遍的因而也是自由的存在物，并不断生成、建构和完善自身。身体的感性活动（劳动）也由此成为人自我确证"身之本质"（人之本质）的途径，成为人本质存在的根本方式，并呈现出生命生生不息的动态性特征。[1]总之，人掌握世界的主动性、能动性、选择性、创造性、普遍性，都表现了人在处理自己同外部世界关系的对象性活动中所具有的主体地位和主体性。[2]

在打榜的起点，是粉丝自愿报名参与，而打榜一旦开始，粉丝的身体便被绑定到电子终端面前，成为一种劳动工具。打榜需要在规定时间内投出足够多的票数，但大多数打榜并非直接投票，而是需要先兑换选票（或相应替代物），再将选票投送出去。无论兑换选票，还是时间安排，主办方都设置了一系列规则，粉丝不得不按照规则行事，成为一个个机械化劳动者。

> 我们打的榜分了四个周期，到周末就会截止，我们只有在一个礼拜里拼命打拼命打，才能确保进入下一轮。还有一个榜，那个网站打得我想吐，它要你在限定的时间内达到一个固定值，然后每天都要打开软件，按照它的要求去做任务。每天都要挂着直播，到了时间点去领取应援棒。打得很累，就是打得想吐。（受访者B-1）

某种情况下，每个账号每天投出的选票有限，因此需要更多粉丝加入以扩大账号总量，这样才能在规定时间内投出更多选票，这也导致饭圈养号、买号的盛行。移动时代的网络社群更容易从线上走向线下，粉丝不仅在网络终端前各自为战，也相约在现实会面中共同打榜。

> 那次和啵啵（数据组的朋友）见面，她要我把某人的信带过去，

---

[1] 韩升、赵雪：《新时代劳动教育的价值意蕴与实践路向——以马克思身体思想为基点的考察》，载《吉首大学学报（社会科学版）》2020 年第 5 期，第 13-20 页。

[2] 张立波：《身体在实践话语中的位置》，载《天津社会科学》2004 年第 4 期，第 14-19 页。

> 然后我们俩就说一起打榜，反正一个人也是打，两个人还能一起玩。
> 然后就约在观音桥，就是真的早上约到那里，就在那一圈待着，找个
> 地方坐着打，然后两个人搀扶着前进还能边走路边打榜。（受访者O）

"相约打榜""边走路边打榜"，更能体现做数据对于个体休闲时间的侵占。劳动与休闲是人类生活的基本方式，人们一方面遵从劳动时间中的劳动规约，另一方面自由支配休闲时间。打榜让粉丝的两种时间出现混淆，使粉丝的大量休闲时间处于被占据、被规约的状态，形成一种"类劳动时间"。做数据对于粉丝而言，除了获得集体行动的主观情感体验，几乎不为粉丝带来其他价值，但粉丝投入的时间、金钱和数据体量，不仅是对文化产品的消费，也是对文化产品的一种营销传播，对资本主体而言具有重要价值。

从做数据的行为特点看，做数据是统一行为模式的大量简单重复，粉丝在其中一再进行着"序列化动作"。连续活动的序列化，使得权力可以控制时间，在每一时刻有规律地干预，进行区分、矫正、惩罚或消除。[1]为了在打榜中获得佳绩，粉丝必须执行这一系列的简单重复动作，而"对动作、姿态、速度的要求，达成了对控制活动和支配实践中的一种时间性、单一性、连续性的和积累性的向度配合"。[2]在这个意义上，粉丝的数据实践是一种被支配的行动，他们的身体被局限于特定的时间甚至空间秩序中，成为为资本创造价值的工具化身体。

3. 明暗交错的劳动控制

以做数据为导向的粉丝社群是分工严密、制度完善的社群，虽然它是粉

---

[1] 米歇尔·福柯：《规训与惩罚：监狱的诞生》，刘北城等译，生活·读书·新知三联书店 2003 年版，第 10 页。

[2] 赵朝晖、孙忠福：《福柯规训思想与学校规训教育——以〈规训与惩罚：监狱的诞生〉为底本》，载《齐鲁师范学院学报》2014 年第 6 期，第 79–85 页。

丝自发组建、自愿参与的群组，但在效率至上和结果导向的数据竞赛中，社群建立了或硬性或软性的行动规范，使粉丝处于高度紧绷的数据劳动中。米歇尔·福柯将权力规训的手段分为三种：层级监视（hierarchical observation）、规范化裁决（normalizing judgment）和检查（examination）[①]。这三种手段在粉丝社群全然存在。

一是硬性的监督手段。上文中提到，数据组针对社群成员的打投结果设有监督机制，要求成员将每日的打投结果发至特定人员备查，以此监视和检查社群成员的劳动情况。数据组会为每一位做数据的粉丝指派任务，并提出考核要求，例如要求某些成员发布一定数量的微博评论，这个数量通常在百条以上，倘若发现社交媒体上出现成规模的自家偶像负面言论，则需要向数据组汇报，由数据组派出"出征队伍"大量发布正面评论，扭转局面。

而对于数据组这一中枢部门，则具有严格的进入门槛。数据组根据需要发布招募信息，写明招募条件。报名者通过招新审核后，会进入一个短期考察群中，每天必须完成既定的考核目标，管理者在此过程中与报名者交谈、互动，了解对方情况。通过以上考察期，报名者才能正式进入数据组中。当然，对于在做数据中表现良好的粉丝，数据组也会主动抛出橄榄枝，待粉丝接受邀请后，也需通过考察群考察后才能正式进组。

二是软性的奖励手段。奖励是福柯所说的规范化裁决的一种，在标出差距或划分等级后，依据规范化手段对优异者进行奖励，用以激励先行者，鼓舞后来者。粉丝官方后援会等权威组织能够获得偶像演出和活动的门票，以及偶像的签名、周边礼盒等物品，在官方门票供不应求甚至是不开票的情况下，粉丝会寄希望于借助官方组织获得门票，以得到近距离接触偶像的机会。这时，做数据的总量，成为粉丝向后援会申请门票的重要砝码。

---

① 米歇尔·福柯：《规训与惩罚：监狱的诞生》，刘北城等译，生活·读书·新知三联书店 2003 年版。

第三次公演后各家后援会都有得到下一次公演的票，这个票我们（后援会）会用来回馈一些贡献比较大或陪伴比较久的粉丝。大家能去公演现场的先自行报名，附上自己的各项贡献情况，后援会再进行筛选。（受访者B-13）

后援会可以拿到他（偶像）生日会的门票，这个票本身就少，要大家去申请，要把你一年里做的数据、应援，还有购买的代言产品记录什么的一起发到后援组织的邮箱，然后他们再去一个一个排名，数据的前几名就会有门票。（受访者B-14）

三是通行的社群道德。道德能够形成一种规训，依靠群体的自知自觉进行自我约束，只是强制力较弱。[1]相较于制度规训和技术规训，道德机制是隐性的和流动的，通过触发人们的羞耻感使人们在道德约束之内。当数据已经成为遍在的衡量演艺人员影响力的基础指标时，为偶像做些数据就成为粉丝社群的一种群体道德。在某些情况下，这种道德感不仅要求粉丝做数据，还要尽可能多地做数据，因为数据组会记录每个人的打榜情况，贡献太少又会触发个体的羞耻感，即便做数据已经给个体带来困扰。

我们打了很多很多个榜，而且都是把自己所有的身心都投入进去那种，因为每天都会记录你做了多少数据，也不好意思交一个很低的数据上去。但同时你还要发很多微博，还要来回切换账号，费时间、费心力，真的很恼火。（受访者B-20）

---

[1] 胡键：《大数据技术条件下的城市治理：数据规训及其反思》，载《华东师范大学学报（哲学社会科学版）》2019年第5期。

由以上内容可知，粉丝社群通过或明或暗的方式，将粉丝置于数据劳动的逻辑之下。正如本节开头受访者B-4和B-14所言，做数据重新规置了个人的生活节奏，也给某些粉丝带来强大的精神压力。不可否认的是，富有激情的粉丝社群只是将数据竞赛的外在规则内化为自身行动策略，而归根结底，是文化娱乐市场的资本主体巧妙运用粉丝对偶像的情感和其强劲行动力，通过数据游戏激发粉丝消费潜能，最终达成商业目的。只是置身数字时代中，数据实践已成为每位网民的日常，当因数据实践过于普遍而使人们忽略了思考其价值时，那么在资本主体和社群规约的共同作用下，为偶像做数据有可能演化为粉丝的一种集体无意识，一种确认相互身份的方式，一种生活的日常。

（问：你为什么会参与打榜？）

我觉得问题就是，没有龙女（粉丝群体称呼）不参加打榜的。（受访者B-1）

四、小结

对偶像的喜爱之情，是粉丝开展创造性文化实践的基本动机，但在数字时代，运用各种数字符号和数据代码进行表达，成为粉丝表露情感的新方式。文娱市场的资本主体利用数据生产规律，将粉丝的时间、金钱和注意力纳入数据生产秩序中，从而将粉丝的情感表达转化成数字劳动。

移动互联技术的便利性，使粉丝网络社群在数字劳动中发挥强大的组织、动员和规制作用。移动通联、实时交互、移动支付等技术手段，成为粉丝社群数据劳动的技术中介。以Z世代为主体的青年粉丝在数字环境中长大，他们更习惯在网络虚拟世界与人交往，更容易对社群意见领袖产生信任，也更容易在网络社群行动中摆好自己的位置，从而使社群发挥强大的自组织作用。

从粉丝自主的数据实践，到集体化的数据劳动，粉丝自身的情感、粉丝社群的组织和资本主体的调动共同发挥着作用。在此过程中，被称为官方后援会或各类官方组织的粉丝社群，其官方身份是粉丝中的意见领袖与偶像经纪公司等市场主体达成的一致默契，当粉丝意见领袖与经纪公司等机构在信息和实物上实现互联互通，意见领袖对于粉丝社群行动的组织便具有了资本意志，粉丝群体从而在某种程度上被直接纳入资本主体的控制秩序中。

虽然Z世代青年具有更强的自我意识，但粉丝社群天然具有更强的群体极化可能性，在"专注自家"的社群道德下，Z世代粉丝对群体行为的盲从依然大量存在。传播技术与圈层化社会的互构作用，在粉丝群体当中表现相当明显。各个社群维持着强边界感，一旦粉丝认为"别家"冒犯了"自家"，便会导致激烈的网络攻讦，从而进一步强化粉丝社群的圈层特征。

本章并无意否认粉丝在社群行动中的能动性和创造性，也认为数据竞赛对于社群和个体而言具有仪式性的意义，能够强化粉丝之间的社会支持和身份认同。同时，粉丝在数据劳动中也并非被完全绑定，他们可以随时退出数据游戏，停止自己的时间消耗。但粉丝社群一再出现打榜的热潮，不断提示着粉丝对于数据劳动的狂热，这种狂热恰恰起始于粉丝对于偶像最真实、最纯粹的情感，只是这种情感被市场主体纳入资本逻辑，并将粉丝的情感转化为社群内部的自我规训，催动粉丝真情实感地、疲倦却又心怀期冀地为偶像做数据。这里再次回到那个常议常新的话题：如何引导粉丝社群正确追星？如何满足粉丝社群的精神文化需求？用更多元的文化活动鼓励粉丝参与，用更优质的文化产品引领市场价值，用更丰富的手段引导粉丝关注社会公共议题，才能将粉丝社群的强大行动力更有效地转化为向上向善的力量，实现粉丝个体价值、文娱市场价值和社会公共价值的统一。

第六章

网络疾痛社群的压力叙事与效能重塑

在移动网络平台，人们可以根据需要随时进出网络社群，在群中获取知识信息、分享日常生活、交流情感体悟等。对于需要寻求精神支持的人而言，加入具有相同生活经历的个体所组成的社群，甚至与社群成员建立社交强关系，能够帮助个体重塑精神力量与生活效能。在诸多寻求精神支持的群体中，患有严重慢性疾病的患者及其家属对精神支持的需求十分明显，长期患病给患者身体和精神带来双重冲击，病人及家属需要适当渠道帮助排解压力和建立信心，网络社群日益成为一种重要依托。

自闭症的全称是自闭症谱系障碍（Autism Spectrum Disorders，ASD），是一种多发于儿童时期的广泛性发育障碍。近些年来，自闭症经历了从罕见病到流行病的转变，我国自闭症儿童的患病率呈明显增加趋势。[①]根据2019年出版的《中国自闭症教育康复行业发展状况报告Ⅲ》的数据，我国自闭症患者的数量超过1000万，0到14岁的自闭症儿童数量超过200万，并且以每年将近20万的速度增长。[②]目前，对自闭症的治疗以行为干预为主，以家庭为主的干预方式是现在很多家庭所选择的一种治疗方式。自闭症患者在童年时期依赖家庭的照顾，成年之后独立生活也面临不同程度的难度。因此，自闭症对患者及其家庭成员均有着巨大影响。[③]

作为自闭症儿童的家长，他们往往承受着比普通家长更大的育儿压力。谭国坤、陈沃聪提出，从社会支持角度关注自闭症儿童，不仅要研究自闭症儿童本身，更要将目光投向以自闭症儿童家长为代表的自闭症儿童照顾者，

---

① 王露、冯建新：《自闭症谱系障碍儿童的概念组织特征》，载《中国特殊教育》2021年第6期。

② 北京师范大学出版社（集团）有限公司、五彩鹿儿童行为矫正中心等：《中国自闭症教育康复行业发展状况报告Ⅲ》，2019年版。

③ 陈沃聪、谭国坤：《不单救救孩子，也要帮帮母亲——香港特殊儿童母亲的亲职压力与需要》，载《浙江学刊》1995年第3期。

关注其所受到的"亲职压力"。①在现实生活中，自闭症这一疾病尚未得到足够的重视，社会对于患者及其家庭仍然存在不同程度的误解和偏见。这些困境都进一步加剧了自闭症儿童家长的压力和苦痛，不过，来自同盟者的互助支持能够让家长们感受到温暖。②

针对如何构建自闭症儿童及其家庭所需要的社会支持，以往的研究多聚焦在政府支持、机构建设、社区接纳、社工介入等方面，自闭症儿童家长诉诸网络社群的社会支持情况鲜少得到重视。③本章通过对三个自闭症儿童家长网络社群的民族志观察，以及对六位家长的深度访谈，探究自闭症儿童家长在网络社群内围绕亲职压力所开展传播活动的特征，分析社群为家长提供支持的路径，思考疾痛社群内的传播模式，进而反思网络社群对疾痛人群的意义和价值。

基于此，本章试图回答以下几个问题：

第一，网络社群内自闭症儿童家长的亲职压力叙事主要有哪些类型？

第二，网络社群内的传播互动是否帮助家长重塑了自我效能？重塑的路径是什么？

第三，如何评价自发形成的网络社群对疾痛人群的作用？

一、自闭症儿童父母的亲职压力叙事

亲职压力，是指父亲或母亲在承担亲职角色时所感受到的压力。1976年，

---

① 班永飞、孙霁：《自闭症儿童父母的社会支持与亲职压力：身份、收入的效应分析》，载《中国特殊教育》2017年第1期。

② 宫贺：《对话何以成为可能：社交媒体情境下中国健康传播研究的路径与挑战》，载《国际新闻界》2019年第6期。

③ 苏春艳、吴玥：《"网络化病人"：互联网对患病行为的影响研究》，载《国际新闻界》2019年第7期。

临床心理学家Abidin提出"亲职压力"（Parenting Stress）一词，将其定义为一种特殊的压力，意指父母在扮演养育角色及亲子互动的历程中，受到其个人的人格特质、亲子互动关系不良、子女特质及家庭情境因素的影响而感受到的压力。①

刚得知孩子确诊自闭症时，父母面临自责、怀疑、不知所措的心理压力；当逐渐接受孩子患有自闭症的现实后，又面临着长时间照顾孩子、自己职业发展受阻、对孩子未来生活的担忧等多方面压力。抚养孩子过程中，自闭症儿童家长所承担的亲职压力通常不是暂时的、固定的，而是很可能伴随孩子和家长自身的整个生命历程，这种压力随着外界环境的变化也会出现异变。

笔者所在的微信群里，新家长进入微信群的初衷，往往是想要寻求来自"同命人"的信息支持和情感支持。通过对三个微信群的网络田野观察，发现自闭症儿童的父母围绕亲职压力叙事主要有两个类型：一是社会关系遭遇"分离"；二是人生进程面临"脱序"。

1. "分离"的社会交往

法国学者居伊·德波（Guy Debord）在分析景观社会时，认为"非劳动时间的分离"是景观发生的现实社会基础之一。其中的"分离"，是指"人们与感性的具体劳动相关联的经验，已经被劳动时间以外的被动性闲暇生活的认同所取代"②。换言之，劳动之外的时间与真正的现实相分离，因为劳动外的时间充斥着景观给人们预设的生活方式，人们不自觉地按照景观中的生活方式度过非劳动时间，却忽视了真正的现实和自己的内心。

分离强调了不可阻挡的外力对人们生活秩序和真正生活认同的改变，使

---

① Abidin, R.R.（1995）."Parenting Stress: Index-professional manual". *Psychological Assessment Resource,* 3（2），21.

② 张一兵：《代译序：德波和他的〈景观社会〉》，载居伊·德波：《景观社会》，张新木译，南京大学出版社 2016 年版，代译序第 36–37 页。

得人们被动偏离了内化着主体性的生活实践及其衍生意义，将人从蕴含着身份认同的实践场域中悬置出来。虽然自闭症儿童家长面临的生活境况与德波所讲的"分离"并不相同，但"分离"这一概念所包含的人从主体性意义场域中被悬置而出，并被异轨到另一种生活方式中的内涵，与自闭症儿童家长在社群中所表述的与社会关系脱节具有相似逻辑。

自闭症儿童的家长，在现实生活中甚至不被最亲近的家人理解，处于孤立无援的境地。随着陪伴自闭症儿童过程中不断面临新问题，家长会选择从既有的社交圈中逃离。在自闭症儿童家长眼里"孩子的巨大进步"，于健康儿童家长看来不过是很平常的一件小事。

> 其他孩子的家长已经在朋友圈秀孩子会弹钢琴了，但同龄的自闭症孩子的状态可能是，孩子终于不打人了、刻板行为轻一些了。（受访者C-3）

对于自闭症儿童家长，他们很难和健康孩子的家长聊到一起，也很难被正常孩子的家长所理解。有时候，自闭症儿童家长在群中表示难以接受自己的孩子和别人家的孩子的差距。

> 去游乐园是"扎心之旅"，就是自己的孩子和别的孩子比较，真的就像"傻子"一样。这话可能听上去糙，但确实是这样。（受访者C-1）

在Neely Barnes等进行的一项公众对于自闭症儿童父母的看法研究中，父母经常觉得自己被公众视为不称职的父母。[①]社会中不少人对有缺陷的人抱有

---

① Susan L. Neely-Barnes, Heather R. Hall, Ruth J. Roberts & J. Carolyn Graff.（2011）. Parenting a Child With an Autism Spectrum Disorder: Public Perceptions and Parental Conceptualizations. *Journal of Family Social Work*, 3（5）, 60–65.

偏见和回避态度。在《不同的音调：自闭症的故事》这本书中，作者梳理了自闭症的发展历史，在谈到早期年代时写道："一旦被贴上自闭症的标签，患儿及其家人就必须面对世人的无知与偏见。他们被公立学校拒之门外，精神病院是他们唯一的归宿，许多人往往在那里终老一生。"①

如今社会对于这一群体仍存误解和偏见。某家长曾在群里转发过一篇文章，并说：

家长们抗争了这么多年，但为什么这类文（章）仍然多年能在育儿文中常（被）看到？我觉得原因是，找母亲这个出口，这个理由是多么通俗，多么容易被大众追捧。然后，书就有不少人推崇购买了。自闭症母亲太不容易了。（微信2群）

1948年，有人曾提出"冰箱母亲"的理论，当时社会受弗洛伊德精神分析的影响，普遍认为一个人得自闭症主要是由幼儿时期母亲的教养不当造成的。一直到20年后，才有人对这一错误理论提出质疑，"冰箱母亲"理论才被推翻。②

相比他人对自闭症的不了解，拥有相似抚养经验的自闭症儿童家长们，更能明白彼此的心路历程。在微信群中，每当有家长分享孩子的一些"反常"行为时，经常会有其他家长回复："我能懂"，或者"我家孩子也是这样"。如受访者C-1所说："自闭症儿童家长是理解自闭症儿童家长的。"

自闭症儿童家长一方面面临着内心深处的病耻感，另一方面承受着随时可能发生的社会歧视，两种原因促使家长与社会交往发生"分离"。社会对于

---

① 约翰·唐文、凯文·祖克：《不同的音调：自闭症的故事》，高天放、诸葛雯译，四川人民出版社2019年版，第15页。

② 约翰·唐文、凯文·祖克：《不同的音调：自闭症的故事》，高天放、诸葛雯译，四川人民出版社2019年版，第131页。

自闭症群体缺乏理解和关注，成为家长们帮助孩子融入社会的一大障碍，这也是家长们在群中进行亲职压力叙事的重要组成部分。

2. "脱序"的生命历程

"脱序"，是指生活失去秩序、产生混乱，主要体现在自闭症儿童家长在得知孩子确诊后，家长自己的规划、对孩子的规划以及原本稳固的家庭关系都会被打乱。

（1）父母职业规划的休克与调整

"人生进程"是迈克尔·伯里在考察慢性病时提出的一个核心概念。他认为，犹如战争这样的重大事件会破坏既定的社会机构，慢性病也会破坏一个人的人生进程，他破坏了日常生活的机构以及作为其基础的知识形式。[①]自闭症和慢性病有着一定的相似性，"对于人生进程的破坏"这一特点在自闭症儿童的家长身上体现得尤为明显，主要表现为破坏其职业规划和原本的日常生活。

美国精神疾病协会于2013年公布的《精神疾病诊断与统计手册》（第五版）介绍，自闭症患者的特征之一是"不寻常行为"，包括刻板行为、问重复的问题、发出奇怪的声音、无法控制脾气等，这些行为实际上是他们对外界环境的反应或绝望的交流尝试。[②]这也意味着，自闭症患者很难独立生活，特别是幼儿时期的自闭症患者，需要有看护人随时在身边。

由于需要照顾自闭症孩子，家长个人的人生进程常常会受到破坏，既往的个人规划遭遇中断。为了帮助儿童更好地康复和成长，很多家长会选择父母至少一方全职带儿童，特别是儿童确诊初期。

---

① 郇建立：《慢性病与人生进程的破坏——评迈克尔·伯里的一个核心概念》，载《社会学研究》2009 年第 5 期。

② 胡伟斌、赵斌：《关于 DSM-V 中自闭症谱系障碍诊断标准的思考》，载《现代特殊教育》2015 年第 12 期。

　　　　我们家两口子全天带他两年，因为我一个人带不了，现在好带了，才让我老公去上班的。（微信1群）

　　　　一个人弄儿童真的会崩溃。（微信1群）

　　Gray研究发现，随着自闭症儿童照料需求的日益增加，父母的职业威胁也在增大。[1]自闭症的特殊性，要求家庭里必须有人全职陪护自闭症孩子。从得知孩子确诊的那一刻起，便意味着家长必须无时无刻跟随孩子，不得不失去大量工作时间和社会交往时间。

　　　　因为孩子的病症，导致家长像个无时无刻跟随他的笼子一样，他被圈住了，和自己的孩子圈在一起，没有办法走出去。（受访者C-2）

　　家长们常常形容"这是一个漫长的过程"，它"剥夺"了家长们的正常生活。对于自闭症孩子来说，越早对他进行康复干预，效果会越好。因此，面对现实，家长们又不得不说服自己尽快接受孩子自闭症的事实，并尽快投入对孩子的治疗中。

　　（2）治疗不确定性对家庭关系的影响

　　Olshansk曾提出，自闭症孩子的母亲常常产生"疾病不确定感"，引发慢性悲伤和无限伤痛两种情感反应。[2]慢性悲伤渗透在家长陪伴自闭症孩子日常的生活中，无限伤痛则意味着家长的担忧持续存在在孩子的整个生命历程或者家长的整个生命历程中。两种伤痛情感的交织，增加了家长们的亲职压力。

---

[1]　陈瑜、张宁：《孤独症患儿父母复原力的研究现状（综述）》，载《中国心理卫生杂志》2007年第5期。

[2]　蒋榴、叶存春：《我国孤独症谱系障碍儿童母亲的焦虑研究进展——基于CNKI文献的可视化分析》，载《心理月刊》2020年第19期。

在社群叙事中，家长经常表露育儿过程中压抑的心理状态，比如孩子进步不大而引发的担忧情绪、对孩子未来的绝望心情等。

　　我是听了别人的音频才好起来的，要不然我都想跳楼了。（微信1群）

　　孩子没得病前，我是出了名的好脾气、有耐心，可是孩子病了以后独自带他康复三年，我的情绪只能用神经病来形容。（微信1群）

每个孩子的特点千差万别，孩子的能力能否提升、孩子可以康复到什么程度、未来孩子是否具备独立生活的能力等，都是萦绕在家长们心中的难题。

　　边陪伴边等待孩子发育，但未来是个未知数。（微信2群）

从孩子确诊为自闭症的那一刻起，会给整个家庭带来巨大影响，甚至夫妻感情有时会直接取决于孩子的康复程度。

　　那两年我俩也是被他闹得心情很不好，经常吵架。那两年过的日子我简直都不敢回忆，儿童最严重的时候真的很影响夫妻感情，感情再好的也经不起这个。现在儿童慢慢好转了，我俩也不吵架了，感情也好多了。（微信1群）

除了夫妻关系，家长与其长辈之间的关系也会受到影响。家长的父亲或母亲无法接受孙辈的诊断，有些老一辈人会坚持"贵人语迟"的传统说法，但这可能会使孩子错过最佳的干预期。有位自闭症儿童的家长曾对笔者说，现在国内对自闭症主流的干预方式仍然是行为干预，在她准备尝试对孩子使用食物干预的疗法时，不被家里的长辈理解，甚至给她扣上了"虐待儿童"的帽子，说她剥夺了孩子享受美食的权利。

> 你不单要面对一个特殊儿童，也要面对你家人的眼光吧，他们会觉得说你就是照顾不好，你也不会教孩子。这种压力是无形的，需要自己去调节。（受访者C-2）

由此，自闭症儿童父母在社群中的亲职压力叙事涉及疾病对社会关系、职业发展、家庭关系、父母心理等多个方面的影响。当孩子刚被确诊为自闭症时，家长往往承受着难以接受孩子患病的"急性压力"；在陪伴孩子继续成长的过程中，亲职压力成为一种"慢性压力"。由于要承担起终生照料孩子的责任，亲职压力渗透在父母的日常生活中。

二、社群互动中的自我效能重塑

美国心理学家阿尔伯特·班杜拉（Albert Bandura）把被知觉到的效能期望称为自我效能。他认为，即使个体已经了解了经过一些行为而能产生的某种结果（结果期望），但是如果自己怀疑自己是否能够采取某些行动的话（效能期望），这种结果（结果期望）就不会影响到个体的行为。因此，被知觉到的期望决定着做何种程度的努力，即被感知到的期望越大，就会越努力。[1]自我效能是个体对自己是否有能力去达成某种结果所持的信念，以及在信念驱使下能否努力采取行为的能力。[2]

---

[1] 王昌平：《关于自我效能的研究及其存在的问题》，载《川北教育学院学报》1994年第1期。

[2] 高建江：《班杜拉论自我效能的形成与发展》，载《心理科学》1992年第6期。

高度的育儿自我效能对于自闭症儿童家长对抗亲职压力具有重要作用。育儿自我效能又称父母效能，Jones等指出，父母自我效能是个体对其作为父母角色的能力的评价。[①]父母自我效能意味着，个体对于自己能否成为成功的父母的一种信念、评价和能力。在自闭症儿童家长群中，家长们通过互动分享和集体行动构建亲职角色能力，重塑自身的育儿自我效能。

1. 从可知到可见的疾痛共同体

自闭症家庭面临社会的误解与排斥，患儿父母容易与社会关系或职业连接产生隔阂，因此患儿家庭大多数情况下独自承受疾痛压力，患儿父母在心理层面因面临孤独而压力倍增。当人们可以便利地建群、入群时，自闭症儿童父母能够看到更多"同命相连"的家庭，在与其他儿童的父母交流交往中降低孤独感，在对疾痛共同体的可知可见中消解压力、重塑效能。

网络社群成员拥有着相似的经历和心理状态，彼此更容易理解和认同，再加上网络社群的匿名性，成员愿意在群里袒露心扉，分享个人的真实经历。基于相同的处境，自闭症孩子家长们建构了共同身份，他们常常在微信群里表示"我能懂"。特别是在笔者进入的"1群"和"2群"中，由于非营利性的建群目的，家长们彼此之间有着更强的信任感和更高黏度的情感维系。获取和提供情绪价值，已经成为这两个群家长们的互动常态。

> 孩子的自闭症，我其实是没办法在现实中和别人说的，和别人说的话其实很难得到大家的理解，自闭症儿童家长是理解自闭症儿童家长的。（受访者C-2）
> 和别的家长聊一聊，感觉自己不那么孤单了。毕竟还有那么多跟

---

① Jones TL & Prinz RJ.（2005）. Potential roles of parental self-efficacy in parent and child adjustment: A review. *Clin Psychol Rev*, 25（3），341–363.

我一样的，为了孩子正在不懈努力的爸爸妈妈。（受访者C-4）

孩子刚被确诊的阶段，家长的心态和情绪往往是最崩溃的。当有新的家长进群时，经常会收到来自其他家长的鼓励，如"我也是这样过来的，我们要有信心"，或者分享自己养育自闭症孩子的亲身经历。虽然网络社群是匿名的，但群内成员具备足够的社群认同后，愿意主动分享孩子的照片或视频等隐私信息。

我见你发你二宝的照片，嘴不紧闭这个跟我家孩子很像，和他一个人笑时的状态也很像。（微信1群）

原本分散的、处于社会孤立状态的自闭症儿童家长个体，基于共同处境，借助移动互联网形成紧密联系的共同体。在群中，自闭症儿童家长通过分享个人育儿经历和感受，互相鼓励和安慰，向其他家长提供情感支持，扮演了帮助者的角色，其个人价值也得到了肯定，从而能够逐渐重建养育孩子的信心。

我们连这种困难都克服了，还有什么能难倒我们？（微信2群）

共同体的可知可见，不仅体现在微信群内数字化身的集合，也体现在家长从线上走向线下，将社交关系延伸至现实世界中。在2群，群主每周都会发布自闭症儿童家长线下活动，包括经验分享、读书朗诵会、专家讲坛等，号召群内成员走向线下的现实交往。家长们在线下相识后，他们的生活交集不局限于与孩子相关的活动，而是拓展到了日常生活中，相互间建立起亲密的朋友关系。

我现在最好的朋友就是"圈内"的朋友，都是之前在家长群里认识的。有在一个城市的，我们周末会经常约着出来逛街。不在一个城市的，也是因为之前有其他家长想带孩子来我们这儿的医院给孩子看病，后来我们也是经常联系。（受访者C-1）

2. 在生活叙述中召唤亲职效能感

亲职效能离不开父母对自我身份的认同，也就是认同自己是具有育儿主体性或能动性的家长。自闭症儿童父母需要花大量时间与孩子共处，亲职身份通常是他们各类身份中最重要的一种，对亲职身份的认同是建立自我效能感的必要方式，而这种认同需要父母对自身育儿主体性或能动性的协调与肯定。

对自闭症儿童父母来说，在社群中进行生活层面的自我叙述是建构亲职认同的一种方式，原因有二。一是再现自身能动性的发挥过程，唤起自身对历时性实践行为的审视与反思。自我叙述，意味着对过去已发生事实的回顾与再现。自闭症儿童家长需要花费大量时间开展育儿实践，在网络社群进行自我叙述时，能够对育儿实践过程进行反思和评价，提炼育儿经验与实践价值，对自身能动性进行分析和确认。二是在社群中形成呼应与支持，在相互认可中确认自我认同。如果说悲观的家长在自我叙述时多是消极性陈述，那么社群中的鼓励与呼应则是帮助家长梳理和提炼其能动性实践，进而建立其亲职认同的过程。

当应对外界对自闭症孩子的看法，尤其对于"自闭症孩子未来暗淡无光，难以恢复正常"的看法时，自闭症孩子的家长不断进行自我调适，并采取积极的行动。虚拟社区中，家长们经常分享自闭症孩子的进步，在家长们看来，这是"孩子给我们的惊喜"，以此肯定自己作为自闭症儿童家长所取得的成果。

　　我一度觉得，我就要这么养他一辈子了，我走的时候就带他走。但现在孩子已经基本正常了，他不想做的事，也基本都能商量，没事的时候跟我们聊天，很有趣呢，就是话题有点天马行空。所以，我们还是要有信心。（微信1群）

　　为孩子的进步感到自豪，是家长们在网络社群中交流的话题之一。分享孩子日常进步既是对家长身份角色的肯定，也能有效激励其他自闭症孩子的家长。例如，家长会用"不可思议""梦寐以求""福音"这样的词语来表达，显露出从别的家长的分享中所获得的激励。

　　××妈妈，有空跟我们分享一下您的经验，我觉得还挺不可思议的，按照您的描述，有这些好的改善那是我们梦寐以求的呀。（微信1群）
　　感谢您的分享，我又重新燃起了希望，我抽个时间去××医院咨询一下，问问我们是不是可以做，这真是我们孩子的福音呀。（微信1群）

　　由于相似的家庭情况，家长看到别人家的孩子进步，对其自己也是一种激励，相信自己的孩子也会取得进步，由此缓解育儿过程中的亲职压力。

　　我家跟自己比，进步挺大，还谈不上棒。过来人，希望能帮到宝贝，加油。（微信1群）
　　我家啥时候能赶上你家，我也笑了，再也不发愁了。（微信1群）

　　分享孩子进步，对虚拟社区内的家长来说是互惠性的。分享者既向其他家长提供了有益经验，又收到了来自其他家长的正向肯定；而看到有关其他孩子进步的相关信息的家长，也能够得到鼓舞。随着此类信息的增多，家长们的育儿成就也逐渐增强，亲职压力随之减弱。

3. 个体经验与公共议题的转化

养育一个自闭症儿童，给家长带来的挑战是多方面的。除了进行日常看护，家长还需学习如何治疗、如何教育、如何引导等问题。大到康复方案，小到日常饮食，都要求家长尽可能了解针对自闭症儿童的相关知识。然而，如何获取知识，怎样鉴别知识的真伪，怎样判断知识对自家孩子的适用性等，无一不是对家长巨大的考验。

> 你很着急，想很快康复，但这是一个家长自我学习的过程，什么都得学点。你越着急越容易遇到骗子，骗钱不说，关键是孩子还有可能倒退。（微信1群）

当对知识的刚需遇到知识来源的不确定性时，家长的个体经验便成为替代性知识。微信群中的家长普遍具有育儿和治疗知识需求，这是群内的公共性议题。相比于医生给出的理论性意见，家长们的直接经验显得更为生动、可信，因为这是可见可知的实践案例。再加上群内家长之间没有商业利益关系，因此家长们的分享能够引起彼此的情绪反应与共鸣。

> 医生的建议还不如广大家长实践出来的。实践出真知啊。（微信1群）
>
> 没错，全凭自己摸索，然后又看到群里有些家长传受这方面的经验。（微信1群）

在家长对个体经验的传播中，个体经验与公共议题相互转化，支撑家长弥补相关知识的空白。微信群内，直接转发专业类知识文章的链接相对较少，更多时候，家长们针对抚养孩子过程中的具体情境进行相互交流，从相似的育儿经验中去体会。尤其是有经验的家长以"过来人"的身份向其他家长传递有用信息，展现出群友互动的能动性。

> 大家可以买个打印机，去一个好玩的地方，拍照，并打印出来，问他一些相关的问题。真的很有用，我家半年时间能表达完整了。时间、地点、人物、干什么等。（微信1群）
>
> 这还真是个方法，学到了。（微信1群）

此外，家长们也会围绕一些疗法或机构展开讨论，甄别虚假宣传。在自闭症干预行业，有些个人或机构打着不同旗号，或是声称可以治愈自闭症，治病心切的家长很容易上当受骗，不仅会白白花费大量金钱，而且会导致孩子错过最佳的干预期。在网络社群中，类似"这些骗骗新家长""新家长很容易上当"的表达十分常见。

> 这个不靠谱。我也去听过他们的讲座，就是来推销课程的。当时我和我老公一起去听的。（微信2群）
>
> 本想登记，随便听了几分钟，貌似有理，但总觉得哪里不对劲，所以问一下。你好厉害。赞！（微信2群）

在家长微信群的讨论中，既有育儿话题，也有专业知识分享的治疗话题，家长们既扮演着父母的角色，又扮演着"康复师""心理师""陪读老师"等多个角色。虚拟社区中家长们的互相分享、共同学习，不断赋能着个体的育儿能力，家长们更有信心面对孩子的康复和未来的生活，逐渐生发自我效能。

通过本节分析可以看出，网络社群对家长来说是一个相对自由的空间，他们往往抱着相似的目的入群，逐渐成为"抱团取暖"的共同体。与其他网络社群相同，自闭症儿童父母会在群中寻求情感支持，这些支持来源于压力发泄中所获得的理解、共情与安慰，使得自闭症儿童父母在现实生活中遭遇的社会关系"分离"，能够在网络世界得以暂时"黏合"，从中缓解亲职压力带来的自我效能缺失问题。

网络社群中的信息分享对于自闭症儿童家长重获自我效能也至关重要。不同于医生专家提出的理论性建议，来自家长们一手经验的同伴建议对他们来说有着特殊意义。经验分享者以"过来人"的身份分享有用信息，他们更明白成为一个自闭症儿童家长意味着应该承担怎样的亲职角色；社区内的求助者从他人那里获取有价值的信息，不断适应和学习亲职角色，同时也给予其他分享者以鼓励性或赞美性话语。家长们的交流互动是一个互利互惠的过程，在分享交流中进一步增强了群体意识。

三、网络疾痛社群"双向螺旋"的传播特征

在自闭症儿童家长微信群内，存在一种明显的螺旋式传播进路，即"支持的螺旋"。一位家长抛出育儿问题，不同家长介绍经验、参与交流，使之成为一个逐渐扩大的互动话题。同理，当有家长发泄压力、书写感想时，其他家长们相互安慰、支持、鼓励，形成情感层面不断扩大的共情话语。无论思想方面、生活方面还是经验方面，社群成员相互鼓励、相互分享，帮助彼此重塑自我效能。这种过程由某位具体家长发起，随着更多家长加入讨论而呈现螺旋扩散的特点。即便是鲜少参与互动的家长，他们面对的社群氛围是积极的、向上的，这无疑也能帮助其逐渐激发积极的心理暗示。因此，家长围绕心理调节、育儿知识和经验交流等方面的互动过程，可将其归纳为"支持的螺旋"过程。

但另一方面，社群中也存在与之相反的螺旋，这是自闭症儿童父母群独有的特点，或者说是疾痛社群中表现更为明显的特点。这种反向螺旋表现为家长对消极信息和情绪的排斥与回避。疾痛社群内，并非所有的传播内容都是积极正向的，家长抒发负面情绪、介绍孩子的消极情况等，会对其他家长造成影响。加之自闭症儿童父母面临亲职压力、生活压力和事业压力等，不免一部分家长内心敏感，负面内容对其影响更大。

> 我后来退群了，因为我自己已经度过了开始时的最痛苦的阶段，我怕群里的一些消息会干扰我，再次给我带来不好的情绪反应。（受访者C-6）

笔者所处的三个社群中，群内氛围整体上较为积极向上。当有人发表过于消极的言论时，会有人反驳，如"你怎么能说出这种话？"其他家长也把话题引到积极的方向，如"各位战友，我们需要相互理解。咱们还是讨论一下怎么让孩子进步吧"。

另外，自闭症孩子"退化"的消息，很少出现在笔者加入的三个社群中。"退化"指的是自闭症儿童已经学过的技能突然或逐渐消失，比如语言能力或行动能力出现倒退等。自闭症儿童在成长过程中，如果缺少同伴支持和有效干预，或是遇到其他不利情景，会存在"退化"风险。有研究指出，倒退型自闭症在自闭症中的发生率为32.1%。[①]笔者所在的社群中，家长们很少谈及孩子"退化"的内容，即便谈到这类话题，也会有人将交流引至积极方向。自闭症孩子"退化"意味着之前的努力未能取得成效，这将直接降低家长的自我效能感。

---

① 成慧、董献文、李立国、赵鹏举、寿记新、赵永红、李恩耀：《自闭症儿童技能倒退现象研究进展》，载《现代医药卫生》2021年第12期。

　　病耻感是家长排斥敏感内容的一种来源。受访者C–2告诉笔者，她曾加入某个家长群，群内成员大部分处于孩子被确诊之后的不相信、痛苦和迷茫的被动接受阶段，在这个群内"自闭症"三个字成为全员禁忌。

　　　　我觉得那个群很神奇，大家都避而不谈"自闭症"。可是明明大家都是因为相同的原因进来的，但不可以提这几个字，我觉得就很搞笑，他们不能直面这个问题。（受访者C–2）

　　另外，家长对孩子未来的积极设想、对生活的积极期待等心理因素，也引导着家长在群内回避消极信息。1群群主在谈论群内家长时，说"还留在群里的家长，都是对孩子有积极期待的。他很关注这些信息，是因为他有期待。有期待才会去做出努力，才会去主动搜索这些信息和资源"。

　　可以看出，自闭症儿童父母社群内存在"回避的螺旋"。当个别家长发布过于消极的内容时，其他家长会进行阻止并转换话题，使消极信息从互动中消失。在社群氛围上，自闭症儿童父母营造积极氛围，压缩消极信息的生存空间。因此，"回避的螺旋"发生概率更小、过程更短，螺旋过程是逐渐萎缩直至消失的过程。与"支持的螺旋"相比，"回避的螺旋"是社群内并不多见的传播表征，这与家长进群寻求支持、纾解压力的动机有极大关联。"回避的螺旋"也是家长内心深处的一种映射，即回避对于孩子和未来的负面想象，这一内心图示直接体现在了家长的线上交流中。

　　综上所述，通过对自闭症儿童家长微信群的分析，发现网络疾痛社群存在"双向螺旋"的传播特征，分别是"支持的螺旋"和"回避的螺旋"。两种螺旋的方向相反，规模不一，共同构成了疾痛社群的传播图景。从双向的螺旋也能看出，虽然网络社群能给疾痛群体提供支持，但这种支持具有一定脆弱性。某种程度上，家长能在社群中获得的支持程度与其本身面对疾痛的态度有关，对孩子的病症及未来愿意持乐观态度的家长，在群中能够更多参与交流，而态度更为悲观、敏感的社群成员，对社群本身也会产生回避，以免受到负面消息影响。从这个意义上讲，自闭症是需要社会各个环节要素共同应对的人类疾病难题，网络社群只有与其他相关社会要素形成合力，才能更好帮助自闭症家庭应对疾病及其衍生问题。

四、小结

本章以自闭症儿童父母网络社群为例，考察网络疾痛社群中的传播特征及其对社群成员的影响。慢性疾病是患病者及其家庭必须长期面对的问题，患病家庭往往面临着沉重的生活负担和心理负担，并对疾病护理和治疗有着强烈的知识需求。在群落化生存的当下，加入网络社群，是患病家庭成员对抗疾病和生活变故的一种方式，也是互联网改变人类生活的具体表征。

自闭症儿童父母面临的压力是多元的，主要表现为与既有社会关系分离，以及自身生命进程被迫改变。大众对自闭症了解不多、担心被歧视的病耻心理以及难以预料的未来生活，给自闭症儿童父母带来巨大心理压力。加入网络社群，一方面使儿童父母能够清晰感知同类人群的存在，从心理上弥合在现实社会关系中的分离感，另一方面通过交流互动，父母之间能够相互鼓励，并能以彼此间的个体经验弥补自身对疾病专业知识的欠缺，形成从情感到信息的双重支持。但自闭症儿童父母社群中也存在刻意回避负面信息的倾向，这与相互间的鼓励支持形成呼应，使社群交流中呈现"支持的螺旋"和"回避的螺旋"两种截然相反的信息传播特征，这一定程度上反映出网络社群对成员自我效能塑造的脆弱性。但无论如何，网络社群为现实中彼此分隔的自闭症儿童父母提供了汇聚平台，呈现了分享生活、缓解压力和建立信心的一种可能性，儿童父母依据需要自由进出，在与共同体共同面对慢性疾病方面保有一份选择。

第七章

移动网络社群的新型生成逻辑

现代社会劳动分工瓦解了地缘、血缘等社区形成的传统因素，而由互联网连接起的松散的、流动的社会形态对共同体研究提出了新的课题。与有线互联网时代人们主要基于兴趣爱好、信息分享而形成的网络社群不同，移动互联网深度连接了线上、线下两种世界，使得人们在使用网络社群的动机和方式上发生深刻变化。当移动网络愈加深入社会生产生活时，网络社群不再只是网络用户个人的使用选择，而是成为技术发展、用户需求和社会结构性力量相互交织与影响之下的网络社会形态。通过第三章至第六章的分析，可以看出移动互联时代个人与网络社群的互动关系大大拓展，本章在前述分析的基础上，提炼移动互联时代网络社群的新型生成逻辑。这些逻辑融合了技术变革对人类交往结构和生活方式的影响，呈现出技术影响人类生活的时代表征。

一、本土逻辑：地方性的回归与微部落化

互联网应用于社会生活之后，网络社区成为与在地社区并置的一大社区类型，但不论是工具论视角[1]还是文化论视角[2]对网络社区的定义，都关注其"突破地域限制""虚拟""线上"的特点。从此，网络社区似乎与地方性因素不再具有实质性关系。人本主义地理学将经过技术中介化的人类经验视作"不正宗"，对大众传媒感到忧心忡忡："广播、报纸等让人们减少面对面交流的欲望，让社会丧失地方特点。"他们也担心，现代传媒对大众的迎合会扭曲

---

[1] 邹勇文、赖晨：《现实社区与虚拟社区》，载《贵州社会科学》2006年第1期，第71-72页。

[2] 郑杭生：《社会学概论新修（第三版）》，中国人民大学出版社2008年版，第291页。

人们的真实经验，损害人的地方感，创造出一种"没有地方的世界"①。克·奥吉则以人类学家的身份在《非场所：超现代人类学入门》中指出当下社会已进入一种叫"超现代"（supermodernity）的社会形态，结果便是大量"非场所"（non-place）的诞生。如果说前现代的空间充满了地点标记和社会实践，仅凭社会实践就可以辨别，那么在现代，地点标记不见了，取而代之的是大大扩展的虚化空间。②

然而，当下的技术现实则进一步表明媒介的出现并非对真实的地理世界造成全然的颠覆与解构，而是具备与其交叉融合的可能性。随着移动定位媒介技术的兴起，媒介与地理的互嵌不断加深，重新将个体和地域空间连接，将地域因素作为网络社群形成的动因加以利用，令媒介使用者深刻地嵌入到媒介搭建的虚拟与现实的混合空间之中。

1. 重返在地社群

当下移动技术和地理识别技术的结合，极大地重塑了全球化时代社会、政治、经济系统的工作方式。作为基于地理位置提供社交服务的一种应用，LBSN（Location Based Service Network）将人们的地理位置信息与真实事件中的空间实践纳入线上传播，给虚拟社群增加了现实维度。LBSN实现基于位置的"附近用户社交"，使具有共同需求、爱好且位置相近的用户发展社交关系成为可能，并能够延伸出从线上到线下、具有松散片区特征的新型城市共同体。这种新型城市共同体以地缘为纽带，也为社群成员信任的产生提供了更多土壤。

Humphreys曾指出，LBSN的一个功能是使城市环境（看起来）不那么冰

---

① 袁艳：《当地理学家谈论媒介与传播时，他们谈论什么？——兼评保罗·亚当斯的〈媒介与传播地理学〉》，载《国际新闻界》2019 年第 7 期，第 157–176 页。

② 胡泳：《在场和缺场》，载《中国计算机用户》2008 年第 18 期，第 60–61 页。

冷和匿名，通过基于区位的、社交式创造、分享和交换信息，用户在公共空间中感受到在一个朋友群中的共同性（commonality），这个过程被Humphreys称为堂区化（parochialization）。[1]堂区化体现出人们在精神层面对共同特征的感知，这一过程为塑造安德森"想象的共同体"提供可能。

如果说堂区化是基于地理位置的社交技术给用户带来的一种共同性想象，那么基于位置形成的社群，则让社群的概念重新与地方性概念产生联结，在本土区域内形成一个个大大小小的在地社群。这些社群规模不一，可将之视为本土范围内的一个个微型部落。这种社群在形成机制上较为松散，而形成后的维护则更加依赖社区活动的开展及成员归属感的持续培养。

社群成员交际关系的发展离不开信任的建立。在本书第三章关于G跑团的研究中，线下集体活动在将跑友虚拟关系发展成现实关系中发挥关键作用，得益于以跑团名义开展的跑步活动具有以制度为基础的信任产生机制。针对专业机构和机制产生的信任是以制度为基础的信任，这种信任可以降低社会中每个人建立或再建立信任关系的成本，保证了制度中的客体所具有的最低可信赖值。[2]虽然跑团并非专业严谨的组织机构，但作为一种团体具有来自契约精神的制度力量，线下活动使跑团从虚拟社区走向实体化，其中的参与者作为跑团成员也具有了普遍性的可信赖值。

在信任的基础上，成员们于微信群和现实空间展开多种社交实践，地理接近性往往成为连接实践的纽带。跑团每天都有人跑步，有人出发前两三个小时在群里喊上几句，便会吸引若干附近跑友一起在约定地点跑步。周末闲来无事，有人提议外出聚餐，群内陆续应答，有时干脆大伙买好食材到某位跑友家一起下厨。虽然跑友会互问实名和工作，并在微信群以"实名+咕咚

---

①　Humphreys, L.（2010）. Mobile social networks and urban public space. *New Media & Society*, 12（5）, 763–778.

②　周树华、闫岩：《媒体公信理论与研究综述》，载魏然、周树华、罗文辉：《媒介效果与社会变迁》，中国人民大学出版社 2016 年版，第 189 页。

名"标注昵称，但大家仍以咕咚名称呼彼此。这不仅是以虚拟平台为起点衍生的现实社交关系的特殊表征，亦是趣缘身份或共同的文化圈子对社区成员社交发挥持久影响的结果。

由此可见，在定位技术加持下，处于共同地理区位的网络用户，以多元化的网络服务或社交需求为立足点，形成一个个相互聚集的在地微部落。部落成员在地理位置邻近的基础上，以共享的情感或符号为联系基础，凭借地理位置临近性走向线下。从这个意义上说，一个个独立的微部落也是一个个具有人情味的社交空间，在这个空间中具有相同爱好与目标的人聚集在一起，形成了兼具地理接近性和心理接近性的社会共同体。这类共同体对于网络时代重建在地社群及其社会功能无疑具有重要意义。

2. 微部落化的形成逻辑

由费舍尔等提出的"社区解放论"反对将地域作为建构社区的唯一基础，因为居民会在住所附近以外的地理区域，根据自己的兴趣、利益、价值观等（此处统称关系源）建立自己的关系圈而形成社区，应将"地域—关系源—社区"的社区理解模式转变为"关系源—社区"。然而，基于地理位置提供服务的社交软件，首先通过服务内容将具有共同爱好或价值观的人筛出，再引导这类人群基于地理接近性建立关系圈，形成了"关系源—地域—社区"的社区构成进路。这里的地域并不局限于个体的住所附近，亦没有清晰的边界，因此这种社区在形成机制上较为松散，但并不影响社区带给成员归属感和身份认同的功能。进一步分析，从基于地理位置的网络社群在串联混合空间的社交关系中存在两种模式。

第一，线上—线下—线上的递进关系模式。咕咚用户进入G跑团的咕咚群，在群内看到跑团集体活动通知并报名，实际参加线下跑步后与跑团管理员交熟，并被允许加入更为活跃、成员归属感更强的跑团微信群。相比人数众多但较为冷清，且成员间连接状态大于交往状态的咕咚群，微信群成员大多参加过集体活动且坚持跑步打卡，相互间熟识程度高，进入此群意味着虚拟社交关系更加牢固，并成为后续真实社交关系发展的起点。除了咕咚，此类线上—线下—线上的社交关系在当下的新媒体环境中并不罕见。以凭借社群起家的小红书为例，在该平台上地理信息通过IP属地和用户个人选择性呈现的定位信息露出。用户开启小红书获取定位信息的权限后可在其"附近"的板块浏览地理位置接近用户的信息，与此同时小红书的平台算法也会基于地理信息向用户推送附近的人。而除了点对点的"身边人社交"，小红书也开启了群聊功能供用户进行线上社群的互动交流。和咕咚社群常在线下组织跑步活动类似的是，以年轻人占主力军的小红书线上社群内常会开展线下的交友活动，同在一个城市或地理范围内的用户可以在线下的真实社交中进一步建立联系。可以发现，在精确瞄准用户社交目的而开发的APP中，线上—线下—线上的关系递进模式有了更自然的生发可能——社交需求是催化剂，地理位置信息则发挥着黏合的作用，使得社交关系有了更多推进的现实可能。在双重因素影响下，既不同于团结体特征明显的传统社群，也不同于早期论坛式的网络虚拟社群的微部落随之生成。

第二，线下—线上—线下的平移关系模式。已在微信群的成员向管理员推荐自己现实中的朋友入群，新入群者逐渐融入群体，并在后续参加线下活动中与更多人建立社交关系。这种模式由线下人际关系进入线上群体关系，并为后续线下关系的建立打下基础，实现由点到面的关系拓展。第二种关系模式可与第一种模式产生存续关系，即两位跑友在其他跑团通过第一种关系模式相识，其中一位进入G跑团后介绍另一位加入。笔者即是在另一跑团结识了一些跑友，其中一位介绍笔者加入了G跑团微信群。此外，当跑团举行线下活动时，经常在此地跑步的零散跑友看到后会主动要求加入，并被管理员允许入群，成为以线下为起点建立社交关系的另一表征。

在基于地理位置的社交社群中，成员都与某一地理位置产生联系，虽然在网络空间进行线上社交在一定程度上突破了地理环境的限制，但促使LBSN

用户相遇的关键因素就是地理位置，在网络趣缘社群的维系中起着决定性作用的兴趣则退居其后，更强的地缘纽带发挥着黏合LBSN的重要功能。LBSN用户在虚拟社群中社交性地分享位置，把个体当前所处地理位置信息及在此之中的实践活动，通过媒介文本分享于社交网络，以此文本为起点与网络好友展开交流互动或结识新朋友。

通过LBSN平台，人们基于兴趣发展出现实中的社交圈子，这实际上是对当代原子化社会中重建社区共同体的一种尝试。而此类基于地域纽带的社区有更强的可感知性和可参与性，在此过程中，附近的人们建构和嵌入社区共同体，独属于传统时代亲密、切近的地缘关系在一个个微部落中涌现。身处其中的网民在杂糅了趣缘、地缘和网络的混合空间社区里参与、互动，创造着各不相同的社区文化与精神，也完成了空间功能的集体改写。

而当下的微部落有遍在化的趋势，凭借无限下沉的地理定位技术，不仅是网络健身平台，视频平台、游戏平台、网购平台、社交平台等都提供了基于地理位置寻找"附近用户"的入口。基于此，无数消费型社群、同好型社群、学习型社群等也在真实地理区域内破土而出，与互联网上生发的线上社交相互促进，为分散于各个社会角落的个体提供了独特的栖息场所。

二、资本逻辑：形塑消费性社群的外在力量

消费者与商家总是在双向奔赴。消费者购买商品，不只是为了获得商品使用价值，还在于通过消费检验自己与社会之间的关系。商家寻找消费者，也不只是为了取得利润，而是增强自身在社会中的影响力。某种意义上，消费者与商家总是在寻找对方的过程中，在相互适配的商业链条中确立彼此的价值。当移动互联网日益深入大众生活时，这种寻找的方式理所当然离不开社群的连接。

但是，消费社会的表征总是处于变化之中。在当前物质与信息、商品与服务高度充盈的时代，消费的对象和内涵发生扩展，这来自信息、消费和网络连接相交相融所产生的作用。在商品消费之外，人们的消费行为日益从"买什么"向"做什么"延伸，从消费的对象向消费的场景延伸，从产品的获得向感官的体验延伸。这一方面带来体验型消费的崛起，它通过驱使消费者"在什么场景之下做些什么"而直接为其带来精神价值，另一方面强调商品与服务对消费者的个性化适配，以消费行为的独特性为消费者建立思想层面的愉悦感。无论构成消费的行为还是场景，都预示着人与人的联结在消费过程中变得更加重要，这就使得商业力量所代表的资本逻辑，成为形塑移动网络社群的有生力量。

需要指出的是，为消费者建群，是今天很多商家留住消费者的策略。通过建立消费者微信群/QQ群，商家能够在其中发布优惠信息、订购信息等，帮助自身获取更多利润。这种建群方式在本质上属于商业逻辑对网络社群的建构，但它更多是将网络社群作为促销的一种策略，且群中的消费者缺乏共同的社群意识，因此本节不对此种情况进行讨论，而是将视角聚焦于网络平台运营逻辑对社群的建构作用。

1. 网络平台内容、关系与消费的集成

当下提供在线服务的网络平台，无不重视用户社群的建设。尤其是用户生成内容（User Generated Content，UGC）平台，对用户的分类聚集是其重要商业策略。某种程度上，网络社群具有UGC的天然基因，早期的百度贴吧是网友意见表达的载体，后来的博客、微博等进一步增强用户生成内容的结构性和便利性，今天的短视频平台、直播平台等则以吸引优质的用户生成内容为己任。从表面看，UGC平台为用户提供了自由表达思想和创作内容的空间，但在消费社会当中，UGC平台也在潜移默化地进行商业转型。我们在第四章提到了"平台的制度化"概念，意指UGC平台通过以内容管理为中心建立与

商业资本的联系，从而达到产业化运营目的。塔尔顿·吉莱斯皮（Tarleton Gillespie）认为，制度化使以YouTube为代表的UGC平台将其业务构建为一个便利但中立的平台，在用户、广告商、专业内容创造者和立法监管机构之间进行战略定位。[①] UGC并不是完全意义的绝对自我生产，而是需要借助于规范性媒介结构来实现。[②]这里的"规范性媒介结构"，也即UGC平台的制度化建设。

制度化转向的后果是，平台积极地将业余的内容生产商转化为专业的或者半职业化的内容制作方，吸引各类内容制作人才与平台合作，这将不再是传统意义上的UGC，而是专业化或精品化后的UGC。[③]也就是说，除了通过巧妙地设置算法和界面来影响终端用户，平台还可以与领先的内容生产商建立直接的合作关系，通过生产商的示范为其他用户树立内容榜样。[④]由此看来，以用户交流为立足基准的UGC平台，已经转化为用户内容生产权力和分发权力高度不均衡的平台。如果说理想中的UGC是以用户自发交流形成公共话题，那么制度化的UGC则潜藏着资本逻辑，通过内容筛选和扶持为用户引导话题，建立从用户（消费者）到各个合作主体（企业方）的商业链路。

UGC平台是网络社群的汇聚平台，一方面因为UGC平台聚集着大量的用户资源，具有一定的社交关系属性；另一方面用户能够基于共同的话题、观点或情感相互聚拢，或者基于对相同内容生产者的喜爱而建立网络社群。通

①　Gillespie, T.（2010）. The politics of "platforms". *New Media & Society*, 12（3），347–364.

②　Lobato, R., Thomas, J. & Hunter, D.（2011）. Histories of User-Generated Content: Between Formal and Informal Media Economies. *Social Science Electronic Publishing*, 5（5），899–914.

③　胡泳、张月朦：《互联网内容走向何方？——从UGC、PGC到业余的专业化》，载《新闻记者》2016年第8期，第21–25页。

④　Rein, K. & Venturini, T.（2018）. Ploughing digital landscapes: how Facebook influences the evolution of live video streaming. *New Media & Society*, 20（9），3359–3380.

过制度化设计，UGC平台能够引导用户观看什么内容、讨论什么话题、开展什么互动。同时，UGC频道页面的搭建、互动功能的设计、屏幕链接的设置等，为用户提供具体的使用场景。由此，平台能够推动用户围绕使用行为和使用内容相互聚集，发挥资本因素在网络社群形成中的牵引作用。当前众多信息分享平台、短视频生产平台、网络直播平台当中，汇集着大量关键意见领袖或者网络红人，围绕他们本人或其内容形成了大大小小的粉丝社群。这些人群无疑也是我们第二章提到的信息策展人，只不过他们的信息策展背后有一条或明或暗的商业逻辑。当具备了足够的粉丝规模时，这些信息策展人通过广告植入或直播带货的方式进行社群资源的商业转化。从内容到关系再到消费的进路，折射出移动互联时代资本逻辑对网络社群的需求、型构与运用。

2. 从"买什么"到"做什么"的消费控制

信息化时代，"消费"的内涵是广泛的，不仅包括购买商品和服务，也包含通过物质消费获得情感满足的过程。如果从受众商品论角度而言，用户对媒介内容持续深入地观看/使用，也可被视为一种消费过程。消费之所以让人着迷，是因为它一方面满足了人们对于消费对象的征服欲望，另一方面消费品内含的品位、阶层等意义想象为人们带来精神满足。在今天移动支付、信息流动和网络服务融合发展的语境中，消费愈加从物的消费向信息消费、服务消费、体验消费拓展，消费对于意义的建构作用被前所未有地凸显，虽然这种意义并不一定是消费者本真需要的意义，而是商业力量为迎合消费者所建构的意义。

消费对象从实体商品向非物质内容的延伸，实际上是从"买什么"到"做什么"的扩展。"做"意味着行动，相比静态的物质商品，以"做什么"为消费对象，更能够为消费者带来亲身体验的快感以及由行为生发的意义。这里，"做"的过程就是析出意义的过程。比如在网络直播社群中，观众以物质消费换取虚拟礼物，将礼物送给主播的过程就是"做"的过程，即行动的过程。这一过程具有历时性，随着礼物前前后后被送出，观众能够体会到与主播关系逐步拉近，其中伴随着亲密感、愉悦感等具身体验，这便是消费的意义。同样，粉丝也不再将消费停留于购买文化产品上，而是集群结社为偶像做数据，这一过程通常伴随时间和金钱的双重付出，但这一集体行动本身对于粉丝社群具有独特意义。这就是消费由"买什么"到"做什么"转变的直接体现。

消费力量对于社群的形塑，是基于视觉时代万物皆可商品化这一前提运作的。大数据与传播技术的汇流使得视觉化表征不再局限于图像文本，数据文本也成为视觉表达的一种方式，并且能够将抽象的、模糊的内容具体化、形象化。比如人与人的网络社交关系，能够通过账号之间的关联等级加以确认。再如网络直播中观众对主播打赏后主播热度数据的提升，以及观众付费后能够与主播建立的亲密关系视觉符号等，能够将主播的名气、观众与主播的关系这类抽象的指标视觉化。更进一步地，流行偶像微博的评论数、转发数，各类偶像影响力排行榜等，都用直观数据呈现偶像形象，而这正成为粉丝社群孜孜不倦开展数据劳动的原因。当万物皆可被量化时，当数据成为一种视觉景观时，那么对数量的追求便成为个人和群体的行动目标。而当数量的打造与消费嵌合在一起时，消费便轻松实现了对人的控制和对群体的控制，这就是资本力量能够轻易掀起粉丝社群狂热数据生产的底层逻辑。

"做什么"本身可以成为自我解放的一种方式，但当"做什么"是由资本力量发起而非个体的能动追求时，个体的行为实践就被置于资本的秩序中。对人与人社交关系的发掘是网络时代资本主体的一致所向，由此"做什么"通常不是个体的孤立行为，而是在资本潜移默化的助推中成为社群的集体行为。同时，消费与自我认同并非总是对立的，社群成员基于"做什么"的消费实践确立彼此关系、形成相互参照、培养共同情感，在对社群的集体认同中生发自我认同。由此，资本逻辑日常化地参与到网络社群的建构之中。

需要指出的是，虽然资本因素越来越多地作为一种外部力量促进网络社群的生成与传播，但它并不意味着个体在资本或明或暗的策略中迷失自我。资本的介入是移动网络时代关系、服务与消费深度融合的必然结果，人与人基于共同的消费目的结社成群，亦是消费社会与信息社会汇流的必然之势。在看到人们通过共同的消费实践获得满足感和认同感的同时，警惕资本力量过度介入而对社群产生的追求片面消费快感的负面效果，是我们在消费社会中审视平台、资本与社群相互之间关系的应有之态。

三、生活逻辑：网络社群作为社会资本中介

移动互联网对大众生活的深度渗透，意味着网络社群正在成为日常生活的一种组织方式。与纯粹的在线社群主要发挥信息和文化作用不同，移动网络社群串联虚拟与现实空间的能力，使其成为社群用户生活实践中的有力工具。

"日常生活"是20世纪西方现代哲学的一个重要概念，哈贝马斯、列斐伏尔、德·塞托等知名思想家先后对这一概念进行阐述，将之作为个体反抗现代性压迫的方式。如德·塞托将个体的"日常生活"定义为一种"个体抵抗'现代性'（规范化、一律化、理性化）的场所"，并尝试从"被忽视的与习惯化的日常生活行为中寻找反抗僵化机械的现代理性压迫的力量"[1]。也有学者从时空的角度出发探讨，认为日常生活是由时空构型并连接时空的存在状态，"是多种空间、多种时间和多种关系网络的共同存在，从而将地方性的场所、主题和碎片与经济、社会以及文化变迁所造就的全球化网络联系起来"。[2]

---

① 陶东风：《文化研究：西方与中国》，北京师范大学出版社 2002 年版，第 73 页。

② Amin, A. & Graham, S.（1997）. The Ordinary City. *Transactions of The Institute of British Geographers*, 22（4），411–429.

因此，日常生活是个体与结构性权力因素相互作用并与个人主体性相关联的场所，它既是个人行为实践的载体，也是个人与现代性权力因素争夺意义的空间。当移动互联网进入大众日常生活时，运用网络社群开展生活政治，是激发移动网络社群生成的又一逻辑。

1. 作为生活政治实践的网络社群

人的主体性问题是社会科学探讨的永恒话题，这也是透过网络社群关照个人生存状态和生活方式的必要性所在。主体性用于对抗现代社会对人的束缚和压迫。吉登斯在思考现代性的种种问题后，提出了"生活政治"概念，认为生活政治"关涉的是来自于后传统背景下，在自我实现过程中所引发的政治问题，在那里全球化的影响深深地侵入到自我的反思性投射中，反过来自我实现的过程又会影响到全球化的策略"。① 虽然此概念相对抽象，但吉登斯所指的生活政治实质上是生活方式或生活决策的政治，即个人如何组织自己的生活。吉登斯将解放政治与生活政治进行对比，认为前者是生活机会的政治，所关心的是权力与资源的差异性分配，目的是把人从被压迫和被奴役的状态下解放出来；而生活政治强调"我们怎样生活"这一问题，是"在高度现代性条件下重建人类自由和有道德的生活的政治"②。因此，如果说解放政治的内涵相对宏观，那么生活政治则关注更为具体的、微观的生活组织方式，将那些容易被忽视的身体、自我、认同等道德问题和生存问题提上日程。

个体生活在高速运转的时代洪流中，追求速率、景观和数据的信息化浪潮，对关注自我发展和自我反思的个人主体性形成冲击。如果没有网络社群，原子化社会趋势显然将向纵深发展，然而，内化了新传播技术的移动互联网

---

① 安东尼·吉登斯：《现代性与自我认同》，生活·读书·新知三联书店 1998 年版，第 252 页。

② 胡颖峰：《论吉登斯的生活政治观》，载《社会科学辑刊》2009 年第 4 期，第 10–13 页。

络，扩展了人们基于在线传播的生活行动链条，使得移动网络社群作为生活政治的一种策略融入社会大众。总体来看，移动网络社群之所以作为生活政治策略而出现，是因为它能从三个方面满足个人对生活方式的组织与重构。

第一，黏合个体被分离的社会状态。在第六章的分析中，我们清晰地看到自闭症儿童父母在现实生活中所面临的"分离"状态，他们不仅要承担社会对自闭症的误解与歧视，也面临自身与社会交往关系的分离问题。保护家庭隐私是他们不得不选择的生活策略，但这带来的儿童父母社会交往弱化的问题，加剧了父母独自承担病痛与孤独感的心理压力。进入自闭症儿童父母网络社群，能够对父母被分离的社会关系形成某种程度的填补，这种实时连接、实时在线的状态，为社群成员提供与他人紧密的关系、情感和信息互动，是自闭症儿童父母重构社会关系和生活方式的来源。移动互联时代，因为种种原因或特殊身份而与主流社会产生分离的人，都可以依托移动网络社群形成对社会关系的再嵌入。虽然这种嵌入更多意味着与小范围内的身份一致者进行互动，并没有全方位重构用户现实交际关系，但这种去压力化的交流之场，能够对社群成员的生产生活带来有力支持。

第二，提供生活政治的参考路径。生活政治是如何开展日常生活实践的政治，当信息技术使现代社会时间与空间的分离日益显著时，人们则一方面面临着行为实践的模糊性，另一方面能够接触更多来自不同时空的生活政治范例。我们在第二章详细讨论了信息策展人的问题，信息策展不只是对新近发生的事实信息的策展，它更强调对信息进行整合加工之后的观点策展或行为方式策展。换言之，信息高度流动的社会充斥海量的立场、观点和价值，信息策展人正是为人们提供一种思考和解决现实问题的方案，吸引具有相近观念或想要从相近逻辑出发进行思考和实践的人聚集于此。在开放的网络社交平台，例如小红书，用户图文并茂地分享生活经历、生活态度和生活方式，本质上是关于生活政治的策展，为他人生活政治实践提供参考。而在具有清晰边界的网络社群中，例如第三章所谈及的跑步社群，跑步者在群中分享跑步经验、规划和价值观，实际上是对彼此生活组织方式的交流与互鉴，在这种互鉴中达成反思性成就，帮助人们在此过程中建立身份认同。

第三，促成多样化的生活实践。移动传播使人们从线上走进线下，社群实践的范畴不再局限于线上传播，而是扩展到现实世界的集体行动。移动网络社群成为人们生活政治的一种工具，或者说一种中介。线下集体实践得益于定位技术和同城社群的泛化，例如具有特定兴趣爱好的个人在网络上组建社群，吸引同城具有相似爱好的个人加入，并相约在特定时间和地点线下约见，共同开展实践活动。无论是喜欢声乐的个人以网络为中介加入同城公益合唱团，还是跑步爱好者在线上聚集后发起集体约跑活动，都是个人通过社群进行生活的组织与安排。由此，网络社群不再只是虚拟世界思想文化交流的空间，而是在"见人见事见生活"中与个体行为实践深度嵌合。网络社群改变了人们与现实世界的连接状态，赋予人们生活政治实践更加丰富的能动性和想象力。

2. 移动网络社群中的社会资本扩展

获取社会资本是个人生活政治实践的目的之一，也是生活政治发挥其之于个体意义的重要依托。如果说早期在线社群主要为人们提供情感寄托和身份寄托，那么今天的移动网络社群能够为人们提供更多元的社会支持。

在布迪厄看来，社会资本是"对现实的或潜在的资源的整合，这些资源与一个相互熟识的关系多少得到制度化的持久性网络相联系，也就是说资源与网络成员有关，并通过集体享有的资本向网络中的成员提供支持"。[1]换言之，社会资本是个体与交际网络的关系问题，个体从属于网络并从网络中获取资源。传统社会中，社会资本主要来源于现实中的强关系网络，人与人、

---

[1] Bourdieu, P. (1986). The forms of social capital, in Richardson, J. (ed.), *Handbook of Theory and Research for the Sociology of Education*. New York: Greenwood, pp. 241–258.

人与组织的现实社交关系为个体提供资源支持，并且这些支持来自现实中的物质能量与情感能量。无论社会资本的提供方还是接受方，都是基于其在现实社会的身份位置和资源占有程度进行支持与受助，人际网络的运转是建立在现实社会中资源分布不平衡之下的运转。来到移动互联网世界，社会资本的建立逻辑与流动逻辑发生变化，人们能够从网络社群中获得更为多样的社会资本。

首先是基于增强型弱关系的资源型资本。在线分享，是网络世界社会资本流动的主要方式，个人的经验、智慧、情感、财富都能构成社会资本。基于弱关系连接之下的社会资本交换并不是诞生在移动网络社群当中的独特现象，Web2.0建立之初，弱关系及其背后的资源流动便是学者们关注的问题。只不过，有线互联网时期，弱关系相比现实中的强关系有着明确的区分，缺少现实交往或直接利益勾连的弱关系能够提供的社会资本有限，通常停留在情感、观点和经验的交流上。移动互联语境下，人们的现实生活与线上传播发生千丝万缕的联系，基于在线社交的弱关系也因为人们现实信息披露的增加而向强关系方向迈进，成为增强型弱关系。尤其是当线上关系延伸至线下时，人们在现实中拥有的社会资源便能够相互流动。在第三章探讨的跑步社群中，当跑友因为线下约跑逐渐熟络时，他们会为彼此提供现实社会资源支持，例如跑友为跑团成员谋取马拉松参赛名额、在汽车4S店工作的跑友为他人提供优惠服务、护士跑友为排队4小时仍未就医的母亲指导护理发烧的孩子、年长者为儿子升入高三的母亲介绍高考经验等。同样，处于同一城市的自闭症儿童父母从线上走向线下，发展成为关系密切的强社交关系，相互之间提供的社会支持已超越育儿和治疗范畴。

其次是基于网络相对位置的关系型资本。社会资本不仅包括用于生产生活的要素型资源，也包括人们在社会关系中所处相对位置带来的资源。学者林南认为，人们通过等级制结构中的位置（如一个组织）控制的资源，也是社会资本的一种表现，位置资源唤起的不仅是人嵌在组织中的位置上的资源，还包括组织自身的权力、财富和声望。[①]因此，社群给成员带来的归属感甚至阶层感，能够被视为一种社会资本。[②]网络用户加入社群的顺序有先有后，在社群中的活跃度有强有弱，对社群维护的贡献有大有小，这些能够形成用户在网络社群中的相对位置。在现实社会中资源占有度平平的个体，能够在网络社群开辟新的活动场域，通过作为信息策展人或者维护社群的关键角色，获得基于身份体验和社群归属感的社会资本。虽然这种社会资本建立在个体与社群其他用户的位置关系中，是一种主观层面的感受，但它一方面能够提升个体在社群内外的主观效能，另一方面帮助个体在生活实践中建立自我认同。某种情况下，在社群中的关键身份能够转化为现实社会资本，这在粉丝社群中表现得尤为突出。通过组织粉丝线上线下活动，粉丝中的组织者在社群中获取威望，他们便能够参与决策社群内部事物、参与对接外部联络事宜，在这一过程中获得物质、权力等社会资本。

总而言之，人们利用移动互联技术结社成群，从中获取丰富多样的社会支持或完成相应的行为目标，是促使移动网络社群不断生成的重要动因。生活逻辑之下，是移动网络时代个体进行生活政治实践的显要表征，在技术改变人类生活方式的同时，人类也在积极运用新技术追求自我的解放和生动的主体价值。需要指出的是，生活逻辑并不是移动互联时代网络社群生成的全新动因，有线互联网时期，人们便通过进入在线社群交流信息、经验和情感，这亦能够被视为获取社会资本的方式。但在当前移动互联网时代，线上与线下的时空、虚拟与现实的社交、资源与关系的转化等，频繁发生在人们的网络社群实践中。社群不只是聚合资源的纽带，也是重建资源、整合资源的载体，甚至是人们生活实践的行动工具，直接促进生活目标的达成。从这个意

---

① 林南：《社会资本——关于社会结构与行动的理论》，上海人民出版社 2005 年版，第 44 页。

② 彭兰：《网络的圈子化：关系、文化、技术维度下的类聚与群分》，载《编辑之友》2019 年第 11 期，第 5–12 页。

义而言，生活逻辑在促使移动网络社群的生成上焕发出全新面貌。

四、小结

媒介技术是人类界定世界和诠释社会关系的主要工具，它推动人类社会结构从"机械组合"到"有机结合"再到"功能性、结构性整合"的转变。[1] 移动互联技术为网络社群的生成逻辑带来新的动力因素，也显著地影响着网络社群结构人类社会的方式及其功能的发挥机制，拓展了社会结构向"功能性、结构性整合"的衍进脉络。总体而言，无论定位技术在客观上重建在地社群，还是人们发挥主观能动性利用社群开展生活政治实践，抑或人们在消费性社群中进行历时性行为实践，移动网络社群总体上发生着社会资本转向。如果说有线互联网时代，网络社群更多为人们提供信息支持和情感支持，尤其是为原子化社会中的个体提供精神层面的温暖港湾，那么移动网络社群更多发挥着为个体提供社会资本的作用。当然，精神支持亦是社会资本的一种，但人们越多从网络社群中汲取生产生活资源，从线上相识延伸至线下交往，并在需要之时将网络社群作为一种行动工具，服务于实践目标的达成。从这个意义而言，网络社群赋予信息化时代的个体对于生活选择的更多可能，为再造现代性之下的人类主体性提供生发土壤。当然，移动语境中的网络社群并不全然带来积极影响，社群传播背后的风险与隐忧，将在下一章进行探讨。

---

[1] 施威、李蓓蓓：《媒介技术演进与社会构建：内在逻辑与实践机制》，载《湖南社会科学》2014 年第 1 期，第 255–258 页。

第八章

移动社群传播的隐忧与风险

毫无疑问，作为技术重塑人类生活的显要表征，移动网络社群已经成为个体生活的一种组织方式，它以行动者角色进入人类生活实践的方方面面。当社会学家不断发出原子化社会消弭人类主体性的警世箴言时，能够使个人随时随地与共同体保持连接的网络社群，给了更多人强调"技术让生活更美好"的有力证言。更何况，移动互联技术扩展了网络社群的构成逻辑，越来越多的网络社群基于共同的地理区位而形成，赋予人们从网络关系走向现实交往的通达渠道，技术成为重构地缘共同体的构造因素。

然而，正如传播学批判学派对媒介技术带来文化工业、精神麻痹、社会控制等后果的批判一样，技术进步并不总是只带来积极效果。美国当代技术哲学家安德鲁·芬伯格（Andrew Feenberg）通过"技术的定形"理论探究了技术和权力的关系，他提出："技术的战略创造了一个活动的框架、一个游戏的领域。"[1]移动互联技术的实时、交互和定位等特点，为技术的使用者提供了游戏规则，催生了群落化生存的现实。但必须看到技术的拥有者与单纯的技术使用者之间的区别，技术之所以构成权力，是因为技术的拥有者具备界定游戏规则的能力，为技术使用者提供活动的框架。技术拥有者能够将自身意图和意识形态融入框架的制定中，技术使用者只能在给定的游戏规则之下活动。当然，使用者也并非毫无对抗能力，因为"各种力量都可以完善游戏规则、自由地利用规则、发展地方性的应用技术"[2]，正如各类商业组织利用网络社群开展整合营销传播，是商业力量对社群规则的利用与补充。但无论如何，网络世界中的权力分配是高度不均衡的，而这种不均衡隐匿在"技术赋权"的表象之下，对人类社会潜移默化地施加影响。

因此，透视传播技术大众化普及背后折射的新问题，尤其是人类生活方

---

① 安德鲁·芬伯格：《技术批判理论》，韩连庆、曹观法译，北京大学出版社 2005 年版。

② 刘贵占：《网络空间的权力：技术与话语》，载《东北大学学报（社会科学版）》2015 年第 2 期，第 117–121 页。

式和行动模式改变之下隐含的风险和困境，是调整人与技术关系，推动技术改善公共生活的必要行径。纵然，个体在群落化生存的语境中保有随意进出社群的自由，但社群的构造方式、社群内部的传播环境以及社群的功能等，都伴随技术更新和社会环境的变化发生转变，促使个体有意无意卷入在线群落的传播实践中。当群落化生存已成为不可逆转的现实时，对社群传播隐忧与风险的分析显得更为紧迫。

一、社群传播的隐私管理

网络社群面临着社群团结与隐私保护的张力关系。社群中的信息互动建立在成员对共同兴趣或目标的追求上，但社群中的凝聚力和成员对社群的认同感，某种程度上来源于成员对彼此间的熟悉程度。当一群匿名用户聚集在网络社群时，适度透露隐私信息能够加强成员间的彼此信任，并提升成员对社群的附着感，强化社群团结。同时，不间断的连接状态下，人们的信息交流不免与现实生活产生交织，如在分享文字、图片、视频中所透露的生活环境、工作内容等，均与个人的隐私信息相关联。进入一个社群，意味着对该群落保有基础层面的信任，但社群的规则、交流的信息、成员的构成等，有可能与个人隐私管理形成冲突。

1. 数字时代的隐私披露

隐私披露是隐私管理的一种方式。学者桑德拉·佩特罗尼奥（Sandra Petronio）提出的传播隐私管理（Communication Boundary Management，CPM）理论认为，人们在隐私的披露和隐藏中具有自己的隐私规则（private rules），并且一旦隐私被披露，接收者便成为隐私共有者（co-owners），披露人认定共有者需遵守现有的隐私管理规则，或与之协商新的管理规则。[①]在社交媒体上，虽然人们拥有多种方式保护隐私，但适当的个人信息披露能够提升在线社交质量。早在2009年，Miriam和Rebekah两位学者就阐述了社交媒体上的隐私悖论（privacy paradox），发现用户担心使用社交媒体时隐私受到威胁，但基本未采取保护措施。[②]由于人们使用社交媒体的主要目的是连接社会，必须考虑用户想要保护隐私与想要连接社会之间的冲突。而随着网络媒介对人类生活的深度渗透，个人隐私的内涵也逐渐扩展，其中既包含如何看待个人在社群内部披露的信息、观点与隐私之间的关系，也包含如何理解用户网络使用痕迹向个人隐私的转化问题。

（1）移动互联语境下隐私内涵的扩展

2020年5月28日，第十三届全国人民代表大会第三次会议通过的《中华人民共和国民法典》，对隐私进行了如下定义：自然人的私人生活安宁和不愿为他人知晓的私密空间、私密活动、私密信息。隐私不只包含我们习以为常的个人身份特征和身份识别信息（如身份证号码、手机号码等），个人的精神体验和情感经历也属于隐私范畴，因为个人可以选择分享与否、分享的范围以及如何分享，以此确保私密信息被传播之后自身的私人生活不受影响。在没有互联网技术的传统社会中，个人对精神、情感和观点的分享多发生在面对面的现实场景中，人们能有效管理分享的范围和方式。但在当今数字社会中，人们分享主观内容的方式正在发生变化，隐私的内涵也随之扩展。

学者顾理平指出，数字化时代，公共空间与私人空间的隔阂逐渐消融，个体几乎所有的言行都能被数字化。通过收集个体在网络中的数字活动痕迹并加以整合分析，不仅能将人的生物特征和标识性信息（如身份证号码、手

---

① Petronio S.（2007）. Translational Research Endeavors and the Practices of Communication Privacy Management. *Journal of Applied Communication Research,* 35（3），218-222.

② Miriam M. & Rebekah P.（2009）. Privacy management in Facebook. *Conference Papers— National Communication Association*, p.1.

机号码等）识别出来，还能汇集出个人行踪、社交网络、价值观点、政治倾向等深度信息，其中的大量内容同样是人们不愿公开的隐私内容。顾理平把这种通过数据挖掘和分析技术得出的隐私称为整合型隐私，指出这是数字时代隐私的新类型。[①]

以上论述给人们理解数字时代的隐私提供新思路。某种程度上，数字技术驱动着人们进行隐私生产，无论个人的行踪轨迹，还是在社交网络关注的用户、收藏的信息、点赞的内容等，都是个人留下的大量隐私痕迹。这些隐私在非数字化社会中并不多见，或者说很难被展示于众，但在数字社会却是几乎无法回避的内容，因为留下隐私痕迹是个人数字空间实践的必然结果。如戈夫曼所言，个人在前台和后台中的行为方式迥然不同，以此维持自身在社会舞台上的形象。但数字网络中"舞台"与现实社会的"舞台"有本质区别，后者以物理空间为载体，除非用专门的媒介方式加以记载，否则人们在现实"舞台"中的"表演"无法被还原。但数字网络中的"舞台"本身就以数字为表现形式，人们的"舞台表演"也以数字实践方式展开，无论人们愿不愿意展示或留存，这些数字实践均被保留于数字"舞台"中，也就是说"表演"与记录同步发生。当把某一用户的数字痕迹进行整合与分析时，那么用户本不愿意面向大众透露的思想倾向、观点态度、情感状态等能够被立体呈现，这就形成了对个体隐私的侵扰。

数字时代，被扩展的隐私内涵，就是人们在使用网络数字产品过程中留下的不愿被大众广泛知晓的文本、数据或痕迹，尤其是这些内容中所呈现或折射的个体的思想、观念、情感等人格化内容。

具体到网络社群，虽然社群是由数量不一的社会个体共同组成的一种开放式交流场景，但并不意味着社群内的信息能够面向大众传播，因为传播者

---

① 顾理平：《整合型隐私：大数据时代隐私的新类型》，载《南京社会科学》2020 年第 4
　　期，第 106–111 页。

选择在社群内公开信息而非在公共网络传播这些信息，是对个人信息分享范围的管理。进入社群，意味着个体对社群成员和社群规范心怀信任，这种信任源于个体对社群所体现的与自身某种一致性的认可，或者对社群能够满足自身需求的期待。正如自闭症儿童父母选择加入网络社群，正是认可社群成员与自身具有生活经历的一致性，因此能够在社群中传播孩子的患病信息，而这些信息在现实生活中无法面向陌生人传播，它可能会使家长陷入困境。同时，与个人基础数据、生活行动相比，来自思想、性格、情感等主观层面的内容，是社群传播在隐私披露方面区别于公开网络传播的差异所在。为了管理自身形象，个体在公开表达主观内容时会采取一定策略，措辞、语态、内容、肢体等都是表达中的符号信息。但网络社群是小范围交流场景，相比面向社会敞开的场景更加接近"后台"概念，因此人们会表达出更深层次的主观内容，而这些内容并不一定适于面向公众公开传播。同时，社群传播的信息以数字文本方式被留存，具有可溯源、可整合、可被综合分析的特点，社群成员的深层隐私可被发现和提炼。这些共同为社群传播中的隐私泄露埋下风险。

（2）社群传播中个人隐私管理规则的转换

每位个体都会依据一套隐私规则（private rules）来管理隐私，这建立在个体对隐私的所有权意识之上。隐私所有权，顾名思义是个人拥有自我隐私的权力，这里并不侧重对隐私的拥有，而是强调"我"对于"我的隐私"的权力唯一性，即"我"是唯一能够决定"我的隐私"被披露还是被隐藏的人。由于隐私对个人来说是极为重要的信息，与其他信息相比，个人更倾向于保护隐私信息，对隐私的披露有严格规则。[①]

在所有个人信息中，能够向外界透露的信息和不能透露的信息之间存

---

① Petronio S.（2007）. Translational Research Endeavors and the Practices of Communication Privacy Management. *Journal of Applied Communication Research*, 35（3）, 218–222.

在一条边界，对隐私的所有权意味着对隐私边界的所有权。依据Petronio的研究，边界具有可渗透性（permeability），那些难以渗透的边界称为厚边界（thick boundary），边界内的隐私信息几乎不与他人分享，是个人最隐秘、最重要的信息。与之相反，薄边界（thin boundary）意指可以渗透的边界，个体在一定情境中会有选择地与他人分享薄边界内的隐私信息。[①]加入网络社群，个体通常会激活自己隐私管理的薄边界，选择适合在群内公开但不宜面向公众传播的信息进行分享。这种激活来自人们在管理隐私时所具有的两种标准：核心标准（core criteria）和催化标准（catalyst criteria）[②]。

核心标准是决定隐私规则的稳定参照，与个人性格有关。人们在控制隐私信息时会与自身隐私取向（privacy orientation）相一致，例如不喜欢披露信息或者拒绝八卦的人，较少披露个人隐私。[③]而催化标准则使已经固定的核心标准发生改变，例如结婚以后，夫妻双方原有的隐私规则会相互妥协与融合，各自对隐私取向做出调整以适应婚后生活状态，这里婚姻即是催化标准。不同类型的催化标准可以合并，共同影响隐私规则。实际上，个人生活面临的情境是催化标准发挥作用的重要动因，个人会根据交际情境中的人和环境管理隐私披露，因为二者构成了个人的信息传播情境。即便在同一环境中面对相同的人，但对方的身份发生变化，也意味着信息情境的变化。无论上文提到的由朋友变为夫妻，还是身边的工作同事晋升为直属领导，均会引发隐私管理规则的变化。

网络社群是一种在线信息情境，它与公开的网络传播平台不同，是有限

① Petronio, S.（2013）. Brief Status Report on Communication Privacy Management Theory. *Journal of Family Communication*, 13（1）, 6–14.

② Petronio, S.（2013）. Brief Status Report on Communication Privacy Management Theory. *Journal of Family Communication*, 13（1）, 6–14.

③ Bello, R.S., Brandau-Brown F.E. & Ragsdale J.D.（2014）. A Profile of Those Likely to Reveal Friends' Confidential Secrets. *Communication Studies*, 65（4）, 389–406.

范围内的信息情境。同时，网络社群情境会依据社群类型、成员对社群的归属感程度等发生变化，社群之间情境存在差异。隐私计算理论认为，隐私披露是互联网用户通过利用隐私换取经济或社会收益而使自身效用最大化的结果，用户在权衡隐私收益与风险后作出隐私披露行为的决策。①从本书第三章至第六章的实证研究可以看出，人们在网络社群中能够获得有效的信息支持和情感支持，并且把网络社群作为一种生活行动工具，那么，当网络社群能够成为现实生活的一种积极推动因素，披露隐私为个人带来更多获益价值，个人便会使薄边界变得更"薄"，以披露隐私获取积极收益。从这个意义而言，加入网络社群是对个人隐私管理规则的一种催化，披露隐私是从社群汲取收益的重要方式，引发人们隐私规则从核心标准向催化标准转换。

技术进步使个人对隐私信息的披露更加多样和彻底。图片、影像以及位置追踪、传感设备等技术的运用，赋予个人信息传播的便利，但也能够带来个人更深层次的信息在传播文本中的透露。某些情况下，个人并未注意到一些隐私信息蕴含于传播文本中，带来隐私信息的被动泄露。网络社群是弱关系连接社群，当没有充分的精神契约或关系连接做支撑时，个人在社群内透露的隐私存在被二次传播的可能性。

2. 隐私传播的信任风险

网络社群是典型的物理场景与信息场景的分离之地，人们不必聚集在共同的物理位置面对面交流，但共享着虚拟在场的信息场景。两种场景的分离不仅印证着梅罗维茨所说的"消失的地域"，也与吉登斯所言现代社会中的"脱域"（disembedding）机制形成强烈呼应。吉登斯认为，现代社会中时间和空间的分离以及它们在形式上的重新组合，催生了社会体系的脱域，也就

---

① 邓胜利、胡树欣、赵海平：《组态视角下社交平台动态个人信息披露行为研究》，载《情报资料工作》2020年第5期，第88—98页。

是社会关系从彼此互动的地域性关联中，从通过对不确定的时间的无限穿越而被重构的关联中"脱离出来"。[①]在现代社会的脱域机制下，信任既是社会运转的重要前提，也与传统社会的信任发生原理具有显著不同。在吉登斯看来，现代社会当中，"人与人的信任"或者说"人际信任"将逐渐被"人对系统的信任"所代替，并且被动的信任而非主动的信任充斥人类生活。[②]正如人们使用互联网的前提，是必须信任网络技术及其提供者能够带来效用且不损害自身利益，而进入网络社群，也意味着对该社群的构造及成员具有基础信任。

社会学家尼古拉斯·卢曼（Niklas Luhmann）在《信任权力》中提出，信任是一种可以超越已知信息而概括出的期望，它是人面对社会复杂性过程中出现的一种心理状态，这种状态能够弥补理想的不足和信息的缺失，从而为内心带来安全感。[③]卢曼将信任看作人减少社会复杂性的一种心理技能，而吉登斯将信任看作一种信念。吉登斯认为信任是个人对他人或系统之可依赖性所产生的信心，这种信心表达了对抽象原则之正确性的信念。[④]虽然现代社会中人对系统的信任体现在方方面面，但社交网络上人与人的在线连接，也使个人不得不建立虚拟世界人与人的信任意识。

由此看来，移动网络语境中，人们使用互联网需要建立三个层面的信任。一是对用户的信任，也就是对网络社交对象的信任，虽然人们并非对所有网络用户都能建立信任，但网络社交关系的成立依托于用户间的信任前提。二是对信息的信任，每个人能够亲身到达的物理范围有限，对于远方发生的事实，只能依靠传播媒介上的信息加以获知。三是对技术的信任，即相信技术

① 安东尼·吉登斯：《现代性的后果》，田禾译，黄平校，译林出版社 2011 年版，第 12–18 页。

② 安东尼·吉登斯：《超越左与右——激进政治的未来》，李惠斌、杨雪冬译，社会科学文献出版社 2000 年版。

③ 卢曼：《信任：一个社会复杂性的简化机制》，瞿铁鹏等译，上海人民出版社 2005 年版。

④ 安东尼·吉登斯：《现代性的后果》，田禾译，黄平校，译林出版社 2011 年版，第 30 页。

的有效性和安全性，用户通过网络技术达成目标而不受技术带来的损害。只不过，在具体的网络实践中，三种信任都面临冲击，用户的匿名性挑战人际信任，信息的失实与控制加重用户焦虑，大数据技术则在用户不知情中收集隐私信息，这些都给用户的互联网实践带来不可预知的风险。

（1）社群规范对成员隐私的析出

社群的实质在于人际互动和关系纽带的稳定化与制度化。[①]如同现实世界中组织传播具有或松或紧的管理机制，网络社群也在群主或管理者的约束下开展传播，一方面使社群具有普遍意义上健康有序的传播生态，另一方面维持社群个性化的风格特征与人群属性。社群规范既发挥强化社群边界的作用，又是激发社群成员建立社群意识的外在手段，同时也是社群成员发起集体行动的制度保障。总体而言，社群规范可以分为两种，一种是在网络平台传播功能中隐含的社群规范，可将之理解为芬伯格所言的"技术的游戏规则"，另一种是一个个微观网络社群中明示的社群规范，它由社群管理者指定和发布，约束着社群成员的传播行为。虽然这些规则本质上是由技术开发者或社群管理者建构起来的，前者具有强制性，后者具有建构性，在传播实践中，两种规范对社群成员的隐私析出作用日渐明显。

首先是网络平台的使用规范。当前，社会化媒体的功能区分和风格差异越来越细化，其总体方向是激发用户对个体化信息的深层策展。如本书第二章所言，移动互联时代是信息空前过剩的时代，人们需要在信息海洋中自主筛选、提炼对自身有价值的信息，以此为依据安排个人生产生活活动。这一过程中，信息策展人对信息的整合与呈现成为个人获取信息参考的来源。综观社会化媒体发展过程，随着网络传输速率和移动传播技术的进步，社会化媒体传播符号由文字向多媒体影像扩展，信息策展人的策展行为随之向个人

---

① 杨江华、陈玲：《网络社群的形成与发展演化机制研究：基于"帝吧"的发展史考察》，载《国际新闻界》2019 年第 3 期，第 127–150 页。

观点和私人生活等更加靠近个人"后台"的方向衍进。如果说微博平台是信息与观点的交汇平台，那么知乎应用则进一步促使用户展现个人深层认知和分析逻辑，触达个体思想深处。随着移动视频技术发展成熟，抖音、B站等视频平台成为个人信息策展的全新阵地，视频影像无疑能够展示更多个人信息。而目前受年轻人欢迎的小红书平台，则鼓励用户以多模态文本分享生活，用户对个人信息和观点披露得越多，越容易被更多人看到。至于提供特定服务的泛社会化媒体，例如各类运动健身APP，能够生成个人身体数据和运动轨迹等并鼓励用户社交分享，进一步析出个人深层信息。无疑，社会化媒体的发展趋向是用户以更多个人信息让渡达成社交传播目的，虽然用户能够明确面向大众传播个人信息的风险后果，但在社会化媒体的游戏规则日益偏向用户"后台"向"前台"转变的今天，披露个人信息逐渐成为社交传播的日常。

其次是网络社群的传播规范。移动传播时代网络社群的功能大致分为两个方面，仪式功能和工具功能。仪式功能是人们基于共同兴趣爱好、身份标签等加入网络社群，从中获得情感支持或身份认同的过程。工具功能则是人们出于共同的行动目标，利用网络社群开展行为实践的过程。两种功能的实现均伴随着对社群成员隐私信息不同程度的析出。当网络用户新进入一个网络社群时，通常能够看到社群管理者发布的"入群须知""群规群约"等，要求社群成员遵守相应社群规范，不然就面临被禁言或移出社群的可能。团结程度越高的社群，社群规范发挥的作用越明显。比如在跑步爱好者社群中，群管理员要求每位成员必须每周至少打卡一次，群成员将网络应用生成的跑步轨迹和身体数据发至社群即完成打卡，而这是向成员分享个人信息的过程。同样，在粉丝社群中，为了分工完成社群发起的应援活动或文化活动，粉丝成员发挥特长各司其职，这些特长与其个人生活或工作背景无不关联。而在将社群作为行动工具的网络群集中，个人隐私信息的披露更为直接。例如以团购、订餐、管理等为目的的社群中，通常涉及个人信息的统计。当用户认为通过隐私披露来进行自我呈现、网络维权，或从事商务交易等收益性活动时，则会主动提高隐私披露行为。[①]用户隐私留存于社群中，面临着被留存、改造、传播的风险。

（2）隐私集体边界协调的失灵

毫无疑问，网络社群成员一旦在群众披露个人信息，每个社群成员便都成为信息的拥有者和潜在传播者。Petronio认为，当个体将隐私披露给他人时，接收者便成为隐私的"授权共有者"（authorized co-owners），出于友情、亲情、信任等基础，共有者对这些隐私信息的披露和隐藏负有责任，双方围绕隐私信息建立起集体边界（collective boundary）。[②]之所以强调"授权共有者"的责任，是因为Petronio认为作为个体对隐私所有权的延伸，个体通常认为自己对自身隐私具有唯一的控制权，即便隐私已被披露，这个假设依然成立。[③]这种控制不仅包括隐私能否被披露，同时包含披露哪些信息、披露给谁、披露的情境、披露的程度等。隐私共有者从开始的受传者变为潜在的传播者，实际上参与到对隐私的维护和管理中。

与隐私所有者依据自身规则管理隐私一样，对集体边界的管理同样需要规则。披露者和共有者需达成隐私能否披露给第三方的规则共识，双方商议集体边界管理规则的过程即为边界协调。共有者可遵循披露者既有的管理规则，也可双方重新约定标准。例如甲将个人隐私透露给乙后，叮嘱乙不能告诉任何人，或者除了某某都不能告诉，便是边界协调。

但我们并未生活在一个完美的世界中，亲情、友情、信任等基础并非永久有效，当隐私违背原始披露者的意图时，越过集体边界被泄露给他人，便

---

① 李贺、余璐、许一明、解梦凡：《解释水平理论视角下的社交网络隐私悖论研究》，载《情报学报》2018年第1期，第1—13页。

② Petronio S.（2002）. *Boundaries of privacy: Dialectics of disclosure*. Albany, NY: SUNY Press.

③ Petronio, S.（2013）. Brief Status Report on Communication Privacy Management Theory. *Journal of Family Communication*, 13（1）, 6–14.

出现隐私纠纷。并且，纠纷不单单存在集体边界中，个人无意中披露隐私、被他人追问不得不透露隐私或隐私遭到恶意泄露，都会产生隐私纠纷。对隐私的管理充满不确定因素，隐私管理系统可能受到轻微破坏，也可能完全瘫痪。①隐私纠纷通常带来失信、生气、怀疑和分享隐私信息的不确定性，相关个人隐私边界和集体边界需作出再调整。

在网络社群中，传播者面向社群成员传播但不愿为社群之外大众所知的信息或观点可被视为个人隐私，在社群中的表达是传播者依据自身隐私管理原则控制披露内容与披露对象的过程。

但网络社群的特殊性在于，首先，隐私集体边界管理规则难以协调。个体在社群进行隐私披露后，所有社群成员成为隐私的授权共有者，但个体很难与全体社群成员进行隐私集体边界管理规则协调。第一，并非个体传播的所有内容都属于隐私，社群交流具有开放性、碎片化和历时性等特征，只有个体不愿意为大众所知的内容能构成隐私，对隐私的识别具有不确定性。第二，如同顾理平提出的整合型隐私，个体在社群内通过发言习惯、碎片信息、文本内容等能够被归纳出整合型隐私，而个体对归纳与整合的过程却不可见、不可知，带来隐私的被动泄露风险。第三，社群内成员人数众多，个体很难与成员一一协调集体隐私边界，即便个体在群内与全员协商边界规则，由于群信息处于不断更新中，其他成员或许会错过这一协商过程。三个方面的原因预示着社群隐私集体边界管理规则协调存在诸多制约。

其次，网络社群中的信任具有脆弱性。对于由陌生人形成的网络社群而言，社群成员的相互信任仅仅建立在共同的身份标签或需求目的上，这种信任类似于契约精神。加之社群传播的匿名性，以及数字文本易保存、易传播的特点，社群成员突破信任精神而泄露他人隐私的行为既容易发生，也很少

---

① Petronio, S.（2013）. Brief Status Report on Communication Privacy Management Theory. *Journal of Family Communication*, 13（1）, 6–14.

需要承担直接责任，社群中的互信是脆弱的。而对于工作群、好友群等现实强关系形成的网络社群来说，某种程度上，这类社群中成员隐私更容易被泄露。集体隐私边界也存在层级之分，人们在强关系社交中与不同社交对象处于不同的隐私界限内。例如对于职场，个人既会处于整个工作单位的微信群中，又会处于自己所在部门、小组的群内，如果个人与一些同事私交甚好，也可能与这些同事共处一个微信群，这个群具有职业公共空间与私密社交空间的融合特征。在这种情况下，个人在不同层次的社群中持有不同的隐私边界规则，有的规则严密，有的规则松散，这样会出现某些成员将此群信息转发彼群的情况，造成他人隐私的泄露。

2018年1月9日，真格基金创始人徐小平在内部微信群的发言截图在网上流传开来，他针对区块链技术发表了文字意见，并专门强调"上述信息，不要外传"。当天下午，徐小平在微博回应此事，面向大众解释了自己关于区块链技术的观点，并在末尾表达了查找泄露者的意愿。而后，截图转发者在群内承认是自己所为。此案例典型地反映出观点在社群内外向隐私层面的转化，群成员观点只是面向社群内部分享，一旦跨越社群边界，观点就具有了传播者隐私的特征。隐私的泄露具有不可预测甚至无从知晓的特征，以数字文本为存在的隐私在技术层面极易被他人留存和转发，而传播者通常难以知情。即便隐私所有者在社群内部进行隐私集体边界协调，这种协调也会因为弱连接关系出现协调失灵，最终导致隐私泄露。

管理隐私，不只是在外界面前保护隐私的问题，也是个人在作为社会人和作为独立个体维护尊严方面的平衡问题。[①]人们需要在透露隐私信息和隐藏隐私信息中寻找平衡，以前者社交，以后者保持人格独立。网络社群以其成

---

① Min, J.（2016）. Personal Information Concerns and Provision in Social Network Sites: Interplay Between Secure Preservation and True Presentation. *Journal of the Association for Information Science and Technology*, 67（1）, 26–42.

员隐私披露强化社群团结，但这种披露建立在基于弱关系的信任之上。个体基于对社群的信任、成员的信任和信息的信任进入网络社群，并以让渡信息隐私和观点隐私的方式维系社群本身具有的公信力。但社群中的信任通常表现为社群成员的主观自觉，一旦有人突破了信任的边界，那么社群传播便面临隐私被迫向公众泄露的风险。

二、社群消费的愉悦幻象

在网络社群的生成与维系过程中，商业因素已成为重要动因。无疑，网络社群中的团购、预定、促销等方式为人们的消费行为带来诸多便利，但在这些以提供购物便利性为目标的社群之外，还存在以情感体验为消费目的的社群构型。无论通过秀场直播建立的以主播为中心的网络社群，还是资本因素对粉丝社群的渗透，抑或以各类体验经济为名号的社群建构，都蕴含着商业资本对目标消费对象的固着与挖掘。人们在其中获得情感体验和愉悦感受，并生发对社群的集体认同。然而，遵循着"消费—体验—认同"逻辑而生成的认同或许无法构成个体真正的认同，它的起点是消费而非生产实践，背后蕴含着资本因素借助网络社群对个人的麻痹作用。

1. 资本权力的生命化逻辑

粉丝社群备受争议的非理性行为，以及秀场直播屡禁不止的问题与乱象，无不映射着资本权力对目标人群的渗透与控制。斯科特·拉什（Scott Lash）在论述后霸权时代的权力机制时提出"权力的生命化"（vitalization of power），他认为，当前的权力概念正在从认识论向本体论转化，权力不再是高高在上的和自上而下的，也不再待在它所影响的客体之外，而是进入客体本身和程序之内成为它们内在固有的部分。与"权力的生命化"同时进行的是"生命的媒介化"（mediatization of life），二者相互交织、不可分割，媒介化使社会中的"生成性规则"（generative rules）无处不在，这类规则由虚拟生出整全的真实（a whole variety of actuals），它们不仅仅向创造（invention）提供机会，还是权力运作的路径。①

拉什的论述体现着媒介化时代权力运作的特征及动因：权力主体进入权力客体成为其生命的一部分，权力在此过程中获得自下而上的生长力量，媒介对人类生活的深层介入使得媒介符号规则取代社会生活规则成为社会秩序的决定者，权力通过控制媒介生产进入到权力客体领域实现权力控制。网络是充斥虚拟符号的数字世界，以情感体验为核心的网络应用正是通过虚拟符号及其应用规则实现对用户的固着。在网络直播间，"物"的意象完全消失，人和物被建构成一套独立的符号系统。首先是人的层面，网络主播精心打扮自身，利用美颜、滤镜及动画技术进行二次加工。为营造不一样的视觉风格和心理体验，网络主播在摄像头覆盖的区域进行装饰，让自己所处的私密空间与众不同，强化网络主播的符号风格。受众不再如同观看电视直播一般"缺席在场"，而是以符号形式融入直播间，在进场特效、观众列表、弹幕互动等符号形式中实现共同在场。只不过，这种"共在"没有现实根基，直播间的在场表现为一种符号意象。其次是在物的层面，直播间围绕"礼物"建立一整套交往结构和权力结构。跑车、城堡、海滩等现实生活中的"存在物"被转化为直播间的"符号物"，同时，"我爱你""亲亲""么么哒"等动作形态、关系形态被纳入礼物范畴，网络直播的符号生产超越自然世界，将人类行为系统和认知系统转化为消费符号，这实际上是将人的交往过程和认知意义进行符号化替代，是一种反交流的世界构造。

建构符号世界的权力逻辑在于，符号的意义由建构符号的权力主体来决

---

① Lash, S.（2007）. Power after hegemony: Cultural studies in mutation? *Theory, Culture & Society*, 24（3），55–78.

定。无论直播间的符号是否有现实的物质实体，所有符号都被注入消费意义，直播用户的符号互动实质上是一系列消费互动。当消费意义进入符号秩序，意味着打赏消费成为直播间权力增殖的主要动因，拥有更高消费能力的用户，自然成为直播间的权力拥有者。例如给主播赠送高价值礼物的受众拥有一系列特权，他们的头像出现在直播间显著位置、在主播打赏排行榜上居于前列、进入直播间伴随动画特效等，这些特权让他们受到主播和其他用户的格外尊重，形成他们在直播间的权力感，当然也成为其他受众通过消费而争夺权力的对象。当主播、受众共同沉迷于这种符号互动中时，实际上已经无形中臣服于资本权力构建的符号秩序中。

追星粉丝的数字化情感劳动，大致也遵循相同的行动逻辑。粉丝社群分工明确，遇到资本主体发起的投票和打赏活动，用时间和金钱建构榜单数据。粉丝在这一过程中获得"为偶像助力"的情感体验，其结果是虚拟的网络数据成为偶像的职业资本，这与直播社群中观众为主播赠送虚拟礼物而增加主播的关注度具有异曲同工的效果。从共同特征来看，二者都遵循着受众以虚拟符号消费获得情感满足的逻辑，并能够基于情感体验对这一消费过程产生认同，其结果是，受众/粉丝通过消费赋予主播/偶像名气，这些名气能够吸引更多受众消费。这一过程中，资本主体鼓励消费者通过消费为主播/偶像赢得职业资本，消费者在某种意义上成为主播/偶像名气的生产者，正是对主播/偶像爱之深、责之切，粉丝群体建立牢固的责任意识，以实质上的消费行为为主播/偶像进行表面上的名气生产。

布迪厄将场域参与者竭力追求的特殊利益称为"幻象"，它是场域参与者最普遍的行为目的。由于场域处于动态的权力博弈中，幻象是场域参与者互动的结果，参与者的能动作用和理性选择改变幻象的内涵。在网络直播社群和青年粉丝社群，资本主体一方面建构了打赏物和排行榜等虚拟符号阵列，另一方面制定了符号消费的具体规则，社群成员沉浸于由符号和规则构建的场域幻象中，体验着由符号消费和规则互动带来的快感。这一过程中，资本权力并非通过直接支配或压迫的方式发挥作用，而是通过规则设计激发网络社群的主体意识，使社群消费成为社群中主导的意识形态，由此资本权力在网络社群中获得自下而上的生长力量。

2. 消费与认同的关系迷思

无论直播社群还是粉丝社群都存在一种吊诡现象，即社群成员知道符号消费或数据竞争有其空洞色彩，但依然对网络打赏和数据生产怀抱热情，并能从中源源不断地获得满足和快感。毋庸置疑，商业社会中，消费已经成为建构身份认同的一种方式，尽管它会带来人与商品、人与人之间关系的异化。当资本力量与网络社群深入缠绕，并成为激发社群传播与行为的重要因素时，消费不光建构着个人的身份认同，也形塑着社群内部的思想观念和集体认同。

认同是内涵十分广泛的概念，社会学、心理学、人类学等学科为"认同"赋予了上千种纷繁复杂的概念。[①]自我认同与主体性这两个概念往往互换使用，因为个体总是认为自己有一种或几种身份，对这些身份的认同即是自我认同。[②]现代化社会的发展呈现高度的流动性，原有基于血缘、地缘形成的社会结构和知识体系持续瓦解，个体从传统的、规制性的社会规则中脱离，既有实践性知识、信仰和指南的传统安全性不再。[③]这一方面带来社会结构的原子化形态，但另一方面也意味着个体选择自我身份的主动权，即"现代化伴随着个体身份从'给予'到'选择'的转化"[④]。

---

① 王成兵：《当代认同危机的人学解读》，中国社会科学出版社 2003 年版，第 5 页。

② 埃尔斯佩思·普罗宾：《主体性的空间必要性》，载凯·安德森等主编：《文化地理学手册》，李蕾蕾、张景秋译，商务印书馆 2009 年版，第 425 页。

③ Beck, U. (1992). *Society, towards a new modernity*. London: Sage, p.128.

④ Bauman, Z. (2000). *Liquid modernity*. Cambridge: Polity Press.

消费被认为是建构自我概念和创造个人身份的途径①，人们消费物品的时候，会以物品为基础将自己与其他类型的人进行区分。②消费也可以促成青年人群建构同辈群体，突出自身的某种标志以区别于其他成年群体。③置于当前后现代的文化中，消费者的需求比以往任何时候都要复杂，消费不再是寻求建构一个稳定的、一致的身份，液态社会频繁变换的生活环境很可能改变着消费者的自我概念，导致自我认同在身份层面持续变化。消费者由此展开持续的、积极的自我认同建构过程。在媒介作为资本权力愈加深刻地席卷社会生活、"拟态环境"愈加真假难辨的当下，社群成员以消费寻求自我认同需要警惕两种倾向。

第一，虚假的自我认同与真正的消费认同。后现代文化中消费者的需求比以往任何时候都要复杂，这一方面意味着社群成员能够在持续的、不同的消费实践中塑造自我认同，另一方面也给资本发挥作用提供极大的想象力。正是由于社会处在高速流动和变化中，个体复杂的身份实践也往往面临着模糊与迷茫，众多的选择"渐欲迷人眼"。以逐利为天性的资本具有极强能动性，面对大众身份实践的诸多可能，资本索性主动出击引领"时尚"，利用媒介符号权力呈现被制造的意识形态及其附属的身份意义。正如秀场直播以建构社群新时尚的方式吸引用户观看，用户加入以主播为中心的社群，以打赏、互动等方式为主播付出时间和精力，在此过程中能够生发对主播社群的认同，但这些认同建立在消费之上。真正的自我认同应建立在真实需求的满足和亲身实践基础上，当个体迷失于光鲜亮丽又光怪陆离的身份想象中时，"认同"将距离真正的自我逐渐远去。

第二，替代性公共领域的意义改写。哈贝马斯基于政治色彩强烈的市民

① Richins, M. L.（1994）. Valuing things: The public and private meanings of possessions. *Journal of Consumer Research*, 21（3），504–521.

② 乔治·瑞泽尔：《后现代社会理论》，谢立中译，华夏出版社 2003 年版。

③ 成伯清、李林艳：《现代消费与青年文化的建构》，载《青年研究》1998 年第 7 期。

社会观提出公共领域（public sphere）概念，认为每个人均需遵循理性和平等原则参与公共生活。皮特·达尔格伦（Peter Dahlgren）提出，当前大众媒介的发展造就了媒介化公共领域（mediated public sphere），且公共领域是多元体而非一元体，社会上同时存在一个主流媒介化公共领域（mainstream mediated public sphere）和多个替代性媒介化公共领域（alternative mediated public sphere）。[①]达尔格伦基于文化的而非政治的范式思考公共领域，认为公共领域应意味着不同阶层和身份人群被看到和被听到的权力。无疑，传播技术的演进促进着替代性媒介化公共领域的扩展，尤其是为媒体文化受众提供多元的表达和行动空间，使亚文化群体和各类趣缘群体在行动中获得充分的主体性。不过，以网络直播、粉丝打投为代表的媒体文化正在培养"以货币表达"的文化消费方式，无论直播打赏，还是生产数据，都需要参与者以货币投入完成消费。社群成员不仅在网络论坛为支持者创作多元文本，同时或主动或被动地参与到打投活动中，如直播平台开展的主播评选排行榜、商业媒体设立的偶像排名活动等。社群的行动有组织、有策划、有秩序，这种参与模式"被认为具有新媒介环境下的公共性意义，能够生产出合乎公共道德观念的论述，以赢取最大的社会认同"。[②]然而，当社群的表达和行动不再表现为基于文化认同的意义文本输出，而是通过货币消费攻城略地，在消费动员中强化身份意义，甚至"通过制造'景观'吸引社会注意，借此回应自己现实中的无力无权状态"[③]时，那么替代性公共领域的对话意义将严重削弱，社群成员获得的并非真正的身份认同，而是短暂的精神寄托。这里的替代性公共领域

---

① Dahlgren, P.（1995）. *Television and the public sphere: Citizenship,democracy and the media*. Thousand Oaks, CA: Sage Publications, p.9.

② 王昀：《礼物、娱乐及群体交往：网络视频文化的公共性考察》，载《新闻与传播研究》2017 年第 9 期。

③ 张宁、苏幼真：《网络直播间：新部落的建构及其亚文化特征》，载《现代传播》2017 年第 10 期。

无疑成为消费动员工具，公共领域因与资本发生盘根错节的复杂关系而使自身协商功能受损，即便是替代性公共领域，位居其中的个体依然面临信仰式微。在媒体与消费文化日渐"互添虎翼"的当下，从公共领域到替代性公共领域，均需警惕消费带来的去意义化。

吉登斯认为个人主体性的实现建立在自我反思的基础上，但消费世界中的个体不再通过与自我意识的真正对话完成反思，而是在"不断增加对物品、场景、偶像、主播等对象的视觉凝视中反思自身"，在虚拟的情感互动和消费仪式中反思自身，在资本权力构建的符号秩序和意义体系中反思自身。由此，主体性丧失在充满消费意识形态的符号世界中，资本力量将个体卷入目不暇接的商业景观。消费与认同并非对立关系，不可否认在个人主义愈加显著的社会语境下，越来越多的年轻人通过消费追逐个性、建立认同，只是当资本的手法从制造需求上升为制造真假难分的幻象，在幻象中牵引个体投入幻象的再生产并以此形成自我认同，那么认同是否还具有反思性便十分存疑。福柯在其晚期研究中着力于思考权力、知识和主体性（自我认同）的关系，认为民主话语的危机从根本上来说并不是植根于政治，而是在于不恰当的主体实践。[①]他提出自我关注的伦理学（ethics of care of the self），认为伦理是"你与自身应该保持的那种关系"，它决定了个人应该如何把自己建构成为自身行为的道德主体[②]，自我关注的伦理学，同样强调自我反思在构建自身和行为实践的重要性，即在精神生活中逐渐生成一种自我反思的批判气质来对抗权力。在消费与自我认同的关系上，实质问题并非资本如何更新制造需求的手法，而在于消费主体是否保有自我反思，是否清晰消费行为与自我发展的关系。唯有在反思中寻求自我认同，才能避免消费与认同建构的悖论。

---

① 杜玉生：《从权力技术到主体修行——福柯晚期思想的伦理——诗学之维》，载《外国文学》2016 年第 5 期。

② 杜玉生：《从权力技术到主体修行——福柯晚期思想的伦理——诗学之维》，载《外国文学》2016 年第 5 期。

三、社群交往的现实分化

在《大同世界》（*Commonwealth*）一书中，哈特（Hardt）和奈格里（Negri）提出，生产不再是基于共同的自然（自然的共同性），而是越来越取决于语言、图像、知识、情感、习惯、规范和实践等"人造的共同性"。[①]在传统媒体时代，大众传媒基于语言、图像等文本形式塑造社会的共同性，戴扬和卡茨对媒介事件的分析验证了媒体塑造社会共识的可能[②]。但是在新媒体时代，无论人们基于共同的信息或爱好聚落成群，或是算法技术对信息茧房的深度搭建，都预示着"人造的共同性"越来越难以实现宏观层面大一统式的共同性，而是向细分化、圈层化的共同性迈进。

1. 被遮蔽的"时间效应"

对于社会共同体的身份建构而言，集体记忆是重要的着力点。已经发生的事实在被转化为集体记忆过程中，"时间效应"是其显著机制。贝尔纳·斯蒂格勒（Bernard Stiegler）将事件变为记忆所需的时间过程称为"时间效应"。[③]在现实世界，并非所有事件都能成为集体记忆，尤其在国家话语对记忆的建构上，从事件发生到成为记忆需要时间作为过程，国家记忆的代言

---

① 迈克尔·哈特、安东尼奥·奈格里：《大同世界》，王行坤译，中国人民大学出版社2016年版。

② 丹尼尔·戴扬、伊莱休·卡茨：《媒介事件：历史的现场直播》，麻争旗译，北京广播学院出版社2000年版。

③ 贝尔纳·斯蒂格勒：《技术与时间2》，赵和平、印螺译，译林出版社2010年版，第137–138页。

人——历史学家——需要在千千万万事件中加以筛选并注入意义。在斯蒂格勒看来，信息技术显然遮蔽了"时间效应"的作用条件，事件的发生、传播、接收在同一时间完成，事件直接成为记忆。"我们这个时代的当下被我们'作为已经具有历史意义'的当下而经历着，它发生在我们身上时已经被生产、制造、建构、运转或撰写。"①历史学界塑造过去的权力被空间削弱，大众媒体成为事件的权威叙述者和塑造者。

如果说大众媒体尚能够发挥环境监测和社会沟通协调功能，黏合社会分歧、塑造社会共识，那么到了群落化生存的移动互联网时代，人们的信息来源和社会互动向各自网络社交圈子拓展。大众媒体建构集体记忆的效果被削弱，反而个体所在信息群落或网络社群中的拟态环境对个体的影响逐渐强化。其原因主要分为三个方面。

第一，"时间效应"被进一步遮蔽。网络直播技术赋予每位个体随时发起直播和观看直播的能力，事件的发展和直播者对于事件的建构同时发生。尤其是直播平台热衷于直播社会热点事件的主播，为其直播间的观众群塑造着小范围的集体记忆。同时，网络社群的互动处于实时更新中，对于社会热点事件或社群关注的事件，成员以图、文、视频的形式在群内"直播"，也成为消解"时间效应"的一种方式。

第二，集体记忆的书写者向信息策展人延伸。信息策展是形成信息圈子的成因，对于关注度高的信息策展人，他们对已发生事实的呈现和观点，能够为其受众形塑集体记忆。这里的关键问题是，由信息策展人发起的内容策展很难是经过历史沉淀并包裹着最大化公共价值的社会事件，而是大量伴随着个人当下的生活、自我的作秀、激战的游戏、无聊的消遣等私人化和消费化的日常。"记忆"不再依托具有社会历史文化意义的事件生成，而是日益成

---

① 贝尔纳·斯蒂格勒：《技术与时间2》，赵和平、印螺译，译林出版社2010年版，第138页。

为大众无所不在的对日常生活进行建构和加工的结果。

第三，集体记忆在互动中生成。群落化生存的表征是信息和观点在人群中的流动，网络社群聚集着具有相似特征的人群，他们能够从共同的利益取向或思维方式看待社会事件，并在密切的交流互动中形成对集体记忆的锚定。其中的弊端之一是，如果社群中主要的信息策展人是对零碎的、私人的、消费的事件进行呈现，或者社群的主要话题围绕上述内容展开，那么在互动中形成的集体记忆难以具备社会公共价值。

当"时间效应"被遮蔽时，集体记忆的建构者变得空前多元。网络社群各有兴趣取向，各有判断事物价值的潜在标准，社群传播使得基于社群本身的圈层记忆与社会主流力量建构的集体记忆形成协商和对抗，其结果是社会记忆的多元化。

2. 圈层社会的催化作用

圈层概念最早源于地理学，后被社会学、经济学、政治学等领域学者引入各自的研究，形成不同模式下的圈层理论。[1]对于社会发展而言，圈层化是一种自然而然的结果，家族圈、人情圈、市场圈等都是组成社会结构的有机成分。当我们提到网络语境下的圈层社会时，更多是指具有不同兴趣爱好、利益取向甚至阶层属性的个人在网络中的聚集与分化。虽然互联网络为人们的个性化表达和社会交往提供自由空间，但正如人们倾向于接受与自身想法相似的观点，网络中的共识愈加难以达成，意见撕裂反而愈加常见。在群落化生存的今天，人们向特定社群聚集的前提，是该社群与自身价值观念并无冲突，由于个人生活和观念的差异性，也就带来网络社群之间明显的不同。

在彭兰看来，网络社会中的深度互动对个体的束缚越来越深，网络共同

---

① 陈明：《圈层社会：村民自治研究一项新的理论尝试——基于"圈层"研究与农村社会研究单位的创新》，载《理论与改革》2011 年第 6 期，第 28–33 页。

体既是发挥集体力量对抗外部世界的堡垒，也是对个体的"囚禁"，一些共同体越来越成为交易所。①虽然网络用户可以在不同的网络共同体自由穿行，但移动互联时代网络世界与现实世界深度交织，用户越来越多的个人信息或主动或被动地呈现于网络共同体，这对用户的网络流动形成某种制约。网络共同体对个人束缚的结果，是网络世界中的圈层分化日渐加剧。

第一，网络社群的价值体系给个体带来精神归属，但也带来社会思想的分化。网络社群当中通常具有独立且系统的行为规范和价值观念，为社群成员塑造共同的情感体验和思想连接。线上、线下两种空间的互动，进一步强化了共同体成员之间的关系约束，成员与社群的关系更为紧密。但从整体上看，社群之间的差异在此过程中更加显著和不可调和，加剧了圈层之间的区隔状态。

第二，移动网络社群的行动属性，从实践层面强化社群之间的差异性。移动语境中的网络社群是一种行动要素，是社群成员达成目标的手段，这在粉丝社群之间尤其明显。粉丝将社群作为数据生产、线下应援或维护偶像公众形象的组织工具，这些集体行动塑造着粉丝对社群的情感依恋和集体归属感，但也强化了粉丝群体之间的区隔甚至对抗。

第三，社会结构性力量对社群的影响与控制，使社群间的交往与融合面临障碍。社群构型与传播方式的改变，离不开结构性因素的介入与影响，尤其是资本权力对社群传播符号、传播惯习和传播目的的形塑。社群中意见领袖的身份资质变得模糊不清，他们或许抱有个人的、集团的行动目标，也或许有意无意充当权力因素的代言人。在结构性力量的影响下，社群自身的公共性逐渐弱化。

网络世界是现实世界关系的延伸，但在两种世界深度交织的当下，网络

① 彭兰：《"液态""半液态""气态"：网络共同体的"三态"》，载《国际新闻界》2020年第10期，第31–47页。

世界对现实世界的影响也愈加深刻。实际上，群落化生存既是现实社会分化的结果，也是社会进一步分化的诱因之一。网络中的集群结社势必强化社会结构中的差异与区隔，但无论观点的对垒、行动的差异还是思想的分化，都提醒着网络社会中人类要具备与差异共存的意识。面对网络中日益多元的栖身之所，只有将公共价值作为不变的追求，才能实现个体与集体、线上与线下、群落与群落之间的协调统一和健康发展。

结　语

美国社会学家理查德·桑内特（Richard Sennett）在其著作《在一起》中曾言，现代城市中充满移动性和多样性的复杂社会形态需要新的社会合作方式。[①]某种程度上，现代社会的移动性和多样性，正是互联网技术不断发展的结果。然而，看似作为问题诱因的网络技术，也在悄然改变着人类的交往方式和行动逻辑，为社会合作新路径的探索赋予想象空间。当下，群落化生存的社会图景，正是人类基于移动互联网络进行关系建构与实践管理的策略表征，它或许能够为社会合作方式的变化提供思路，但不容置疑的是，移动互联网正在改变人类社会共同体的构成方式。

群落化生存并非移动传播技术独立催生的产物，而是技术、信息、服务与网络用户深度交融的结果。一方面，人们在转瞬即逝的海量信息面前，亟须进行信息的捕捉和分析，而信息策展人的出现为人们提供了结构化的信息、观点和思想价值，人们以信息策展人为中心形成一个个微观的群落生境。另一方面，网络应用服务与社交服务的结合，催生了基于共同服务需求的用户社群，而当移动定位技术被纳入网络服务的应用之中时，处于共同地理范围内的用户从线上走向线下，将社群关系拓展至现实生活当中。从更宏观范围看，技术的发展也改变着社会结构性力量发挥作用的方式，它们以社群中人

---

① Sennett Richard.（2012）.*Together: The Rituals,Pleasures and Politics of Cooperation*. New Haven: Yale University Press.

与人的关系为立足点，通过与作为商业主体的网络平台进行制度化合作，积极建构社群、维护社群，从而立足于社群中的消费资源、文化资源或行动资源等，达到结构性力量影响社会的目的，这进一步驱动了网络社群的不断产生。

与有线互联网时代虚拟社区的功能不同，移动网络社群在为成员提供信息支持和情感交流的基础上，逐渐成为网络用户进行生活政治实践的一种方式。这既得益于大大小小的在线社群能够为用户提供丰富多元的社会资本来源，也来自随时进出网络社群的便利性使人们将网络社群作为集体实践的行动工具，服务于集体行动目标的达成。

更为可贵的是，网络社群正以前所未有的程度与现实生活相交相融。这是一个网络展演的时代，人们基于文字、图片、视频和网络使用痕迹等进行自我信息的传播，使得社群的匿名性在个体展演中被不断削弱。有迹可循的真实用户形象，能够提升网络社群的可信性，一方面增强用户对社群的情感归属，另一方面能够激发社群成员相互提供更加丰富与可靠的社会资本。同时，地理定位技术促使更多在线社群从网络走向现实，人们的在线弱关系被发展为现实强关系，线上线下的混合空间传播同时强化人们基于地理位置的共同性和基于相近心理的共同性，这种双重机制共同黏合原子化社会人与人的裂隙，形成网络时代一种独特的社会共同体建构模式。

也应看到，群落化生存的意义并不总是积极的。人们倾向于与自己思想、目标一致的人为伍，不同群落之间的思想隔阂会带来社会撕裂的风险。同时，在万物皆可商品化的今天，群落中的人，以及人与人之间的关系，是否在潜移默化中被纳入商业资本链条，是否被注入了虚假认同的意识形态，需要网络用户时常进行警醒。无论如何，在移动互联时代，聚群而居是人们获取社会资本、开展生活政治、寻求自我认同的一种实践策略，主体性建立在反思性的成就之中，只有在社群实践中不断进行自我反思，在他人映射中积极调整自我与社会的关系，才能充分运用传播科技发展成果，服务于自我对主体性源源不断的追寻。

参考文献

1. Ryckman, R. M.:《人格理论（第八版）》，高峰强等译，陕西师范大学出版社2005年版。

2. 埃尔斯佩思·普罗宾:《主体性的空间必要性》，载凯·安德森等主编:《文化地理学手册》，李蕾蕾、张景秋译，商务印书馆2009年版。

3. 爱弥尔·涂尔干:《宗教生活的基本形式》，渠东、汲喆译，商务印书馆2011年版。

4. 安德鲁·芬伯格:《技术批判理论》，韩连庆、曹观法译，北京大学出版社2005年版。

5. 安东尼·吉登斯:《超越左与右——激进政治的未来》，李惠斌、杨雪冬译，社会科学文献出版社2000年版。

6. 安东尼·吉登斯:《亲密关系的变革》，陈永国、王民安等译，社会科学文献出版社2001年版。

7. 安东尼·吉登斯:《现代性的后果》，田禾译，译林出版社2011年版。

8. 安东尼·吉登斯:《现代性与自我认同:晚期现代中的自我与社会》，夏璐译，中国人民大学出版社2016年版。

9. 班永飞、孙霁:《自闭症儿童父母的社会支持与亲职压力:身份、收入的效应分析》，载《中国特殊教育》2017年第1期。

10. 贝尔纳·斯蒂格勒:《技术与时间2》，赵和平、印螺译，译林出版社2010年版。

11. 蔡骐:《网络虚拟社区中的趣缘文化传播》，载《新闻与传播研究》2014年第9期。

12. 陈璐：《情感劳动与收编——关于百度贴吧K-pop粉丝集资应援的研究》，载《文化研究》2018年第3期。

13. 陈明：《圈层社会：村民自治研究—项新的理论尝试——基于"圈层"研究与农村社会研究单位的创新》，载《理论与改革》2011年第6期。

14. 陈沃聪、谭国坤：《不单救救孩子，也要帮帮母亲——香港特殊儿童母亲的亲职压力与需要》，载《浙江学刊》1995年第3期。

15. 陈瑜、张宁：《孤独症患儿父母复原力的研究现状（综述）》，载《中国心理卫生杂志》2007年第5期。

16. 成伯清、李林艳：《现代消费与青年文化的建构》，载《青年研究》1998年第7期。

17. 成慧、董献文、李立国、赵鹏举、寿记新、赵永红、李恩耀：《自闭症儿童技能倒退现象研究进展》，载《现代医药卫生》2021年第12期。

18. 程明、周亚齐：《从流量变现到关系变现：社群经济及其商业模式研究》，载《当代传播》2018年第2期。

19. 戴雪红：《哈特与内格里"情感劳动"概念的女性主义解读》，载《马克思主义与现实》2020年第3期。

20. 丹尼尔·戴扬、伊莱休·卡茨：《媒介事件：历史的现场直播》，麻争旗译，北京广播学院出版社2000年版。

21. 邓胜利、胡树欣、赵海平：《组态视角下社交平台动态个人信息披露行为研究》，载《情报资料工作》2020年第5期。

22. 丁元竹：《社区的基本理论与方法》，北京师范大学出版社2009年版。

23. 杜骏飞：《存在于虚无：虚拟社区的社会实在性辨析》，载《现代传播》2004年第1期。

24. 杜玉生：《从权力技术到主体修行——福柯晚期思想的伦理——诗学之维》，载《外国文学》2016年第5期。

25. 方建移、葛进平、章洁：《缺陷范式抑或通用范式——准社会交往研究述评》，载《新闻与传播研究》2006年第7期。

26. 方兴东、钟祥铭、彭筱军：《全球互联网50年：发展阶段与演进逻辑》，载

《新闻记者》2019年第7期。

27. 斐迪南·滕尼斯：《共同体与社会：纯粹社会学的基本概念》，林荣远译，北京大学出版社2010年版。

28. 高建江：《班杜拉论自我效能的形成与发展》，载《心理科学》1992年第6期。

29. 宫贺：《对话何以成为可能：社交媒体情境下中国健康传播研究的路径与挑战》，载《国际新闻界》2019年第6期。

30. 顾理平：《整合型隐私：大数据时代隐私的新类型》，载《南京社会科学》2020年第4期。

31. 迈克尔·哈特、安东尼奥·奈格里：《帝国：全球化的政治新秩序》，杨建国等译，江苏人民出版社2003年版。

32. 韩升、赵雪：《新时代劳动教育的价值意蕴与实践路向——以马克思身体思想为基点的考察》，载《吉首大学学报(社会科学版)》2020年第5期。

33. 亨利·勒菲弗:《空间与政治（第二版）》，李春译，上海人民出版社2008年版。

34. 亨利·詹金斯：《融合文化：新媒体和旧媒体的冲突地带》，杜永明译，北京商务印书馆2012年版。

35. 亨利·詹金斯：《文本盗猎者：电视粉丝与参与式文化》，郑熙青译，北京大学出版社2016年版。

36. 胡岑岑：《网络社区、狂热消费与免费劳动——近期粉丝文化研究的趋势》，载《中国青年研究》2018年第6期。

37. 胡鸿保、姜振华：《从"社区"的语词历程看一个社会学概念内涵的演化》，载《学术论坛》2002年第5期。

38. 胡键：《大数据技术条件下的城市治理：数据规训及其反思》，载《华东师范大学学报(哲学社会科学版)》2019年第5期。

39. 胡伟斌、赵斌：《关于DSM-V中自闭症谱系障碍诊断标准的思考》，载《现代特殊教育》2015年第12期。

40. 胡颖峰：《论吉登斯的生活政治观》，载《社会科学辑刊》2009年第4期。

41. 胡泳、张月朦：《互联网内容走向何方？——从UGC、PGC到业余的专业化》，载《新闻记者》2016年第8期。

42. 胡泳：《在场和缺场》，载《中国计算机用户》2008年第18期。

43. 黄彪文、殷美香：《在个体与集体间流动：论虚拟社群的参与动机与交往基础》，载《国际新闻界》2014年第9期。

44. 贾国华：《吉登斯的自我认同理论评述》，载《江汉论坛》2003年第5期。

45. 简·梵·迪克：《网络社会——新媒体的社会层面（第二版）》，蔡静译，清华大学出版社2014年版。

46. 江根源、季靖：《网络社区中的身份认同与网民社会结构间的关联性》，载《新闻大学》2014年第2期。

47. 姜振华、胡鸿保：《社区概念发展的历程》，载《中国青年政治学院学报》2002年第4期。

48. 蒋榴、叶存春：《我国孤独症谱系障碍儿童母亲的焦虑研究进展——基于CNKI文献的可视化分析》，载《心理月刊》2020年第19期。

49. 居伊·德波：《景观社会》，张新木译，南京大学出版社2016年版。

50. 凯·安德森等：《文化地理学手册》，李蕾蕾、张景秋译，商务印书馆2009年版。

51. 凯斯·桑斯坦：《网络共和国——网络社会中的民主问题》，黄维明译，上海人民出版社2003年版。

52. 克里斯·罗杰克：《名流：一个关于名人现象的文化研究》，李立玮译，新世界出版社2002年版。

53. 克里斯蒂安·福克斯：《社交媒体批判导言》，赵文丹译，中国传媒大学出版社2018年版。

54. 雷蔚真、郑满宁：《WEB2.0语境下虚拟社区意识(SOV)与用户生产内容(UGC)的关系探讨——对KU6网的案例分析》，载《现代传播》2010年第4期。

55. 李贺、余璐、许一明、解梦凡：《解释水平理论视角下的社交网络隐私悖论研究》，载《情报学报》2018年第1期。

56. 李金阳：《社会交换理论视角下虚拟社区知识共享行为研究》，载《情报科学》2013年第4期。

57. 林南：《社会资本——关于社会结构与行动的理论》，上海人民出版社2005

年版。

58. 林品：《偶像—粉丝社群的情感劳动及其政治转化——从"鹿晗公布恋情"事件谈起》，载《文化研究》2018年第12期。

59. 刘贵占：《网络空间的权力：技术与话语》，载《东北大学学报(社会科学版)》2015年第2期。

60. 刘涛：《社会化媒体与空间的社会化生产——列斐伏尔和福柯"空间思想"的批判与对话机制研究》，载《新闻与传播研究》2015年第5期。

61. 刘玉东：《基于中国的语境对社区概念的诠释——视角的差异与实然的内涵》，载《陕西行政学院学报》2011年第2期。

62. 卢曼：《信任：一个社会复杂性的简化机制》，瞿铁鹏等译，上海人民出版社2005年版。

63. 罗伯特·V.库兹奈特：《如何研究网络人群和社区：网络民族志方法实践指导》，叶韦明译，重庆大学出版社2016年版。

64. 罗宾·朗赫斯特：《主体性、空间和地方》，载凯·安德森等主编：《文化地理学手册》，李蕾蕾、张景秋译，商务印书馆2009年版。

65. 罗自文：《网络趣缘群体的基本特征与传播模式研究——基于6个典型网络趣缘群体的实证分析》，载《新闻与传播研究》2013年第4期。

66. 骆正林：《空间性与情感性的调配：网络空间的拓展与网络社区/网络社群的形成》，载《山西大学学报(哲学社会科学版)》2022年第4期。

67. 马丁·辛格勒：《明星学研究的路径图》，王翔宇译，载《电影艺术》2015年第3期。

68. 马冬玲：《情感劳动——研究劳动性别分工的新视角》，载《妇女研究论丛》2010年第5期。

69. 马歇尔·麦克卢汉：《谷登堡星汉璀璨：印刷文明的诞生》，杨晨光译，北京理工大学出版社2014年版。

70. 马歇尔·麦克卢汉：《理解媒介——论人的延伸》，何道宽译，译林出版社2019年版。

71. 马忠君：《虚拟社群中虚拟自我的建构与呈现》，载《现代传播》2011年第6期。

72. 迈克尔·哈特、安东尼奥·奈格里：《大同世界》，王行坤译，中国人民大学出版社2016年版。

73. 纽曼尔·卡斯特：《传播力》，汤景泰、星辰译，社会科学文献出版社2018年版。

74. 曼纽尔·卡斯特：《网络社会的崛起》，夏铸九译，社会科学文献出版社2003年版。

75. 孟笛：《虚拟社区国际研究综述——基于SSCI、A&HCI高被引文献的分析》，载《图书情报工作》2015年第18期。

76. 米歇尔·福柯：《规训与惩罚：监狱的诞生（第二版）》，刘北成、杨远婴译，生活·读书·新知三联书店2003年版。

77. 南希·K.拜厄姆：《交往在云端：数字时代的人际关系》，董晨宇、唐悦哲译，中国人民大学出版社2020年版。

78. 尼克·库尔德里：《媒介仪式：一种批判的视角》，崔玺译，中国人民大学出版社2016年版。

79. 欧文·戈夫曼：《日常生活中的自我呈现》，冯钢译，北京大学出版社2020年版。

80. 潘霁：《地理媒介、生活实验艺术与市民对城市的权利》，载《新闻记者》2017年第11期。

81. 彭兰：《"数据化生存"：被量化、外化的人与人生》，载《苏州大学学报（哲学社会科学版）》2022年第2期。

82. 彭兰：《"液态""半液态""气态"：网络共同体的"三态"》，载《国际新闻界》2020年第10期。

83. 彭兰：《从社区到社会网络———一种互联网研究视野与方法的拓展》，载《国际新闻界》2009年第5期。

84. 彭兰：《网络的圈子化：关系、文化、技术维度下的类聚与群分》，载《编辑之友》2019年第11期。

85. 齐格蒙特·鲍曼：《流动的时代——生活于充满不确定性的年代》，谷蕾、武媛媛译，江苏人民出版社2012年版。

86. 齐格蒙特·鲍曼：《流动的现代性》，欧阳景根译，中国人民大学出版社2018年版。

87. 齐海静、蔡颖：《亲密关系综述》，载《社会心理科学》2013年第9期。

88. 乔治·瑞泽尔：《后现代社会理论》，谢立中译，华夏出版社2003年版。

89. 邱鸿峰、周倩颖：《同伴支持与恐惧控制：乳腺癌虚拟社区互动的平行机制》，载《国际新闻界》2021年第6期。

90. 施威、李蓓蓓：《媒介技术演进与社会构建：内在逻辑与实践机制》，载《湖南社会科学》2014年第1期。

91. 斯科特·麦夸尔：《地理媒介：网络化城市与公共空间的未来》，潘霁译，复旦大学出版社2019年版。

92. 苏春艳、吴玥：《"网络化病人"：互联网对患病行为的影响研究》，载《国际新闻界》2019年第7期。

93. 苏宏元、方园：《微粒社会下新型网络社群关系的形成与维系》，载《当代传播》2021年第4期。

94. 孙康、杜荣：《实名制虚拟社区知识共享影响因素的实证研究》，载《情报杂志》2010年第4期。

95. 孙小博：《亲密关系成长性、依恋风格以及人格特质与婚姻质量的关系研究》，郑州大学硕士学位论文，2016年。

96. 孙信茹：《线上和线下：网络民族志的方法、实践及叙述》，载《新闻与传播研究》2017年第11期。

97. 汤景泰、陈秋怡：《意见领袖的跨圈层传播与"回音室效应"——基于深度学习文本分类及社会网络分析的方法》，载《现代传播》2020年第5期。

98. 陶东风：《粉丝文化读本》，北京大学出版社2009年版。

99. 陶东风：《粉丝文化研究：阅读—接受理论的新拓展》，载《社会科学战线》2009年第7期。

100. 陶东风：《文化研究：西方与中国》，北京师范大学出版社2002年版。

101. 田毅鹏：《转型期中国社会原子化动向及其对社会工作的挑战》，载《社会科学》2009年第7期。

102. 田毅鹏、吕方：《社会原子化：理论谱系及其问题表达》，载《天津社会科学》
2010年第5期。

103. 童祁：《饭圈女孩的流量战争：数据劳动、情感消费与新自由主义》，载《广
州大学学报（社会科学版）》2020年第5期。

104. 王昌平：《关于自我效能的研究及其存在的问题》，载《川北教育学院学报》
1994年第1期。

105. 王成兵：《当代认同危机的人学解读》，中国社会科学出版社2003年版。

106. 王浩、俞国良：《亲密关系中的权力认知》，载《心理科学进展》2017年第4期。

107. 王露、冯建新：《自闭症谱系障碍儿童的概念组织特征》，载《中国特殊教育》
2021年第6期。

108. 王婷：《名流：一个文化研究的视角》，复旦大学出版社2016年版。

109. 王晓华：《明星崇拜现象与信仰的一种转向》，载《文艺理论研究》2002年第
5期。

110. 王小章：《何谓社区与社区何为》，载《浙江学刊》2002年第2期。

111. 王秀丽：《网络社区意见领袖影响机制研究——以社会化问答社区"知乎"为
例》，载《国际新闻界》2014年第9期。

112. 王依玲：《网络人际交际与网络社区归属感——对沿海发达城市网民的实证
研究》，载《新闻大学》2011年第1期。

113. 王艺璇：《网络时代粉丝社群的形成机制研究——以鹿晗粉丝群体"鹿饭"为
例》，载《学术界》2017年第3期。

114. 王昀：《礼物、娱乐及群体交往：网络视频文化的公共性考察》，载《新闻与
传播研究》2017年第9期。

115. 王泽蘅：《国内社会化媒体环境下知识共享研究综述》，载《数字图书馆论坛》
2020年第11期。

116. 王子喜、杜荣：《人际信任和自我效能对虚拟社区知识共享和参与水平的影
响研究》，载《情报理论与实践》2011年第10期。

117. 沃尔特·李普曼：《舆论》，常江、肖寒译，北京大学出版社2018年版。

118. 吴鼎铭、石义彬：《"大数据"的传播政治经济学解读——以"数字劳工"理

论为研究视角》，载《广告大观（理论版）》2014年第12期。

119. 吴欢：《虚拟社区内的认同——以中国内地老年门户网站"老小孩"为例》，载《新闻与传播研究》2013年第5期。

120. 谢玉进：《网络趣缘关系与人的发展》，载《理论导刊》2007年第1期。

121. 谢静：《社区：传播的构成》，载《苏州大学学报（哲学社会科学版）》2015年第3期。

122. 许超、贺政凯：《个人差异如何影响知识共享行为——内在动机的多重中介作用》，载《科技管理研究》2019年第5期。

123. 谢静：《地点制造：城市居民的空间实践与社区传播——J市"健身坡"的案例解读》，载《新闻与传播研究》2013年第2期。

124. 郇建立：《慢性病与人生进程的破坏——评迈克尔·伯里的一个核心概念》，载《社会学研究》2009年第5期。

125. 杨江华、陈玲：《网络社群的形成与发展演化机制研究：基于"帝吧"的发展史考察》，载《国际新闻界》2019年第3期。

126. 杨秀莲：《文化与人格关系研究的若干问题》，载《教育研究》2006年第12期。

127. 虞鑫、许弘智：《意见领袖、沉默的螺旋与群体极化：基于社会网络视角的仿真研究》，载《国际新闻界》2019年第5期。

128. 喻国明、滕文强、郅慧：《元宇宙推动社会"重新部落化"的底层逻辑与关键入口》，载《未来传播》2022年第6期。

129. 喻国明、朱烨枢、张曼琦等：《网络交往中的弱关系研究：控制模式与路径效能——以陌生人社交APP的考察与探究为例》，载《西南民族大学学报(人文社科版)》2019年第9期。

130. 袁艳：《"慢"从何来？——数字时代的手帐及其再中介化》，载《国际新闻界》2021年第3期。

131. 袁艳：《当地理学家谈论媒介与传播时，他们谈论什么？——兼评保罗·亚当斯的〈媒介与传播地理学〉》，载《国际新闻界》2019年第7期。

132. 约翰·哈格尔三世、阿瑟·阿姆斯特朗：《网络利益——通过虚拟社会扩大市场》，新华出版社1998年版。

133. 约翰·菲斯克：《电视文化》，祁阿红、张鲲译，商务印书馆2005年版。

134. 约翰·斯道雷：《文化理论与大众文化导论》，常江译，北京大学出版社2010年版。

135. 约翰·唐文、凯文·祖克：《不同的音调：自闭症的故事》，高天放、诸葛雯译，四川人民出版社2019年版。

136. 约书亚·梅罗维茨：《消失的地域：电子媒介对社会行为的影响》，肖志军译，清华大学出版社2002年版。

137. 翟本瑞：《从社区、虚拟社区到社交网络：社会理论的变迁》，载《兰州大学学报(社会科学版)》2012年第5期。

138. 詹姆斯·凯瑞：《作为文化的传播："媒介与社会论文集"》，丁未译，华夏出版社2005年版。

139. 张立波：《身体在实践话语中的位置》，载《天津社会科学》2004年第4期。

140. 张宁、苏幼真：《网络直播间：新部落的建构及其亚文化特征》，载《现代传播》2017年第10期。

141. 赵朝晖、孙忠福：《福柯规训思想与学校规训教育——以〈规训与惩罚：监狱的诞生〉为底本》，载《齐鲁师范学院学报》2014年第6期。

142. 郑杭生：《社会学概论新修（第三版）》，中国人民大学出版社2008年版。

143. 周俊、毛湛文：《网络社区中用户的身份认同建构——以豆瓣网为例》，载《当代传播》2012年第1期。

144. 周琼：《社群经济时代新兴网络社群的特点及其影响》，载《浙江工业大学学报（社会科学版）》2018年第12期。

145. 周树华、闫岩：《媒体公信力理论与研究综述》，载魏然、周树华、罗文辉：《媒介效果与社会变迁》，中国人民大学出版社2016年版。

146. 诸葛达维：《游戏社群情感团结和文化认同的动力机制研究》，载《现代传播》2019年第2期。

147. 庄曦、董珊：《情感劳动中的共识制造与劳动剥削——基于微博明星粉丝数据组的分析》，载《南京大学学报（哲学·人文科学·社会科学）》2019年第6期。

148. 邹勇文、赖晨：《现实社区与虚拟社区》，载《贵州社会科学》2006年第1期。

149. 佐佐木俊尚：《策展时代：点赞、签到，信息整合的未来》，沈泱、沈美华译，中信出版集团2015年版。

150. Abidin, R. R.(1995). "Parenting Stress: Index-professional manual". *Psychological Assessment Resource,* 3(2).

151. Amin, A. & Graham, S. (1997). The Ordinary City. *Transactions of The Institute of British Geographers*, 22(4).

152. Bauman, Z. (2000) . *Liquid modernity*. Cambridge: Polity Press.

153. Beck, U. (1992) . *Society, towards a new modernity*. London: Sage.

154. Bell, K.(1992). *Ritual Theory, Ritual Practice*. New York: Oxford University Press.

155. Bello, R. S., Brandau-Brown F.E. & Ragsdale J.D.(2014). A Profile of Those Likely to Reveal Friends' Confidential Secrets. *Communication Studies*,65(4).

156. Bimber, B., Flanagin, A. J. & Stohl, C. (2005). Reconceptualizing collective action in the contemporary media environment. *Communication Theory*, 15(4).

157. Bourdieu, P. (1986). The forms of social capital, in Richardson, J.(ed.), *Handbook of Theory and Research for the Sociology of Education*. New York: Greenwood.

158. Bourdieu, P.(1991). *Language and Symbolic Power*. Cambridge: Polity Press.

159. Brown, W. J., & de Matviuk, M. A. C.(2010). Sports celebrities and public health: Diego Mradona's influence on drug use prevention. *Journal of Health Communication*, 15(4).

160. Chaney, D.(1983). A symbolic mirror of ourselves: Civic ritual in mass society. *Media, Culture and Society*, 5(2).

161. Cramer, H., Rost, M. & Holmquist, L.E.(2011). Performing a check-in: emerging practices, norms and "Conflicts" in location-sharing using foursquare. *ACM*.

162. Dahlgren, P. (1995) . *Television and the public sphere: Citizenship,democracy and the media*. Thousand Oaks, CA: Sage Publications.

163. De Souza e Silva A. & Sutko D. M.(2011). Location-aware mobile media and urban sociability. *New Media & Society,* 13(5).

164. Ellis, D., Oldridge, R., & Vasconcelos A. (2004). Community and virtual community. *Annual Review of Information Science and Technology*. 38(1).

165. Frith, J.(2012). Splintered space: hybrid spaces and differential mobility, *Mobilities*, 7(1).

166. Fu, J.S. (2016) . Leveraging social network analysis for research on journalism in the information age. *Journal of Communication,*66(2).

167. Fuchs Christian (2012). Dallas Smythe today：the audience commodity, the digital labour debate, Marxist political economy and critical theory. Prolegomena to a digital labour theory of value. *Triple C：Open Access Journal for a Global Sustainable Information Society,* 10 (2).

168. Gillespie, T.(2010). The politics of 'platforms'. *New Media & Society*, 12(3).

169. Horton, D. & Wohl, R. R.(1956). Mass communication and para-social interaction. *Psychiatry*, 19（3）.

170. Hou, M.(2018). Social media celebrity and the institutionalization of YouTube. *Convergence: The International Journal of Research into New Media Technologies*, 24(1).

171. Huffaker, D. (2010). Dimensions of leadership and social influence in online communities. *Human Communication Research*. 36(4).

172. Humphreys, L. (2010). Mobile social networks and urban public space. *New Media & Society*, 12(5).

173. Hung, S., Lai, H., & Chou, Y. (2005). Knowledge-sharing intention in professional virtual communities: a comparison between posters and lurkers. *Journal of the association for information science and technology*, 66(12).

174. Jacobs, J.(1961).*The Death and Life of Great American Cities*.New York: Random House.

175. Jones, T. L. & Prinz, R. J.(2005).Potential roles of parental self-efficacy in parent and child adjustment: a review.*Clin Psychol Rev,*25(3).

176. Kim, J.(2012). The institutionalization of YouTube: From user-generated content to

professionally generated content. *Media, Culture & Society*, 34(1).

177. Kobayashi, T. (2010). Bridging social capital in online communities: Heterogeneity and social tolerance of online game players in Japan. *Human Communication Research*, 36(6).

178. Langer John.(1981). Television's "personality system". *Media ,Culture and Society*, 3(4).

179. Lash, S.(2007). Power after hegemony: Cultural studies in mutation? *Theory, Culture & Society*, 24(3).

180. Ling, K., Beenen, G., Ludford, P., Wang, X., Chang, K., et al. (2005). Using social psychology to motivate contributions to online communities. *Journal of Computer-Mediated Communication*, 10(4).

181. Lobato, R., Thomas, J. & Hunter, D.(2011). Histories of User-Generated Content: Between Formal and Informal Media Economies. *Social Science Electronic Publishing*, 5(5).

182. Mark Granovetter.(1973). The strength of weak ties, *The American Journal of Sociology*, 78(6).

183. Michel Callon.(1986).*The Sociology of Actor-network:the Case of the Electric Vehicle*.London:the Macmillan Press.

184. Min, J.(2016).Personal Information Concerns and Provision in Social Network Sites: Interplay Between Secure Preservation and True Presentation. *Journal of the Association for Information Science and Technology*, 67(1).

185. Miriam, M. &Rebekah, P.(2009). Privacy management in Facebook. *Conference Papers —— National Communication Association*.

186. Moores, S. (2003). "The doubling of place: electronic media, time-space arrangements and social relationships" in N. Couldry and A. McCarthy (eds), *Media Space: Place, Scale, and Culture in a Media Age*, London and New York: Routledge.

187. Oh, J. (2016). Immigration and social capital in a Korean-American women's

online community: Supporting acculturation, cultural pluralism, and transnationalism. *New Media & Society*,18(6).

188. Perse, E. M. & Rubin, R. B.(1989). Attribution in social and parasocial relationships. *Communication Research*, 16.

189. Petronio, S. (2002) . *Boundaries of privacy: Dialectics of disclosure*. Albany, NY: SUNY Press.

190. Petronio, S.(2007). Translational Research Endeavors and the Practices of Communication Privacy Management. *Journal of Applied Communication Research*,35(3).

191. Petronio, S.(2013). Brief Status Report on Communication Privacy Management Theory. *Journal of Family Communication*,13(1).

192. Phang, C. W., Kankanhalli, A., & Sabherwal, R. (2009). Usability and Sociability in Online Communities: A Comparative Study of Knowledge Seeking and Contribution. *Journal of the Association for Information Systems*, 10(10).

193. Rappaport, R.(1999). *Ritual and Religion in the Making of Humanity*. Cambridge: Cambridge University Press.

194. Rein, K. & Venturini, T.(2018). Ploughing digital landscapes: how Facebook influences the evolution of live video streaming. *New Media & Society*, 20(9).

195. Rheingold, H.(1993). *The virtual community: Homesteading on the electronic frontier.* Addison-Wesley.

196. Rheingold, H. (2000). *The virtual community: Homesteading on the electronic frontier*(revised edition). The MIT Press.

197. Richins, M. L.(1994). Valuing things: The public and private meanings of possessions. *Journal of Consumer Research*, 21(3).

198. Robert, D. Putnam, Robert Leonardi, & Raffaella, Y. Nanetti. (1994). *Making Democracy Work: Civic Traditions in Modern Italy*. Princeton University Press.

199. Saker, M.(2017). Foursquare and identity: Checking-in and presenting the self through location. *New Media & Society*, 19(6).

200. Schwammlein, E. & Wodzicki, K. (2012) What to tell about me? Self-presentation in online communities. *Journal of Computer-mediated Communication,* 17(3).

201. Schwartz, R. & Halegoua, G.R.(2014). The spatial self: location-based identity performance on social media. *New Media & Society*, 17(10).

202. Shepherd, T.(2013). Young Canadians' apprenticeship labour in user-generated content. *Canadian Journal of Communication,* 38(1).

203. Sohn, D. & Leckenby, J. D. (2007). A structual solution to communication dilemmas in a virtual community. *Journal of communication*, 57(3).

204. Stoner James Arthur Finch.(1968). Risky and Cautious Shifts in Group Decisions: The Influence of Widely Held Values. *Journal of Experimental Social Psychology*, 4(4).

205. Susan, L. Neely-Barnes, Heather R. Hall, Ruth J. Roberts & J. Carolyn Graff. (2011). Parenting a Child With an Autism Spectrum Disorder: Public Perceptions and Parental Conceptualizations. *Journal of Family Social Work*, 3(5).

206. Tiziana Terranova.(2000). Free Labor: Producing Culture for the Digital Economy. *Social Text,* 63 (18).

207. Varik, F. V. & Oostendorp, H. V. (2013) Enhancing Online Community Activity: Development and validation of the CA framework. *Journal of Computer-Mediated Communication,* 18(4).

208. Zelizer, V. A.(2012). How I became a relational economic sociologist and what does that mean. *Politics and Society*, 40(2).

后　记

技术如何重构人类，是各个学科领域持续探索的话题。本书从新闻传播学科出发，通过考察移动互联语境下网络社群生成动因和传播特征的变化，试图为回答传播技术如何影响人类生活这一问题做出些许思考。在移动网络和智能终端日渐普及的当下，人们通过社交媒体或网络应用越来越多地处于"在群中"的状态，无论工作还是生活，网络社群潜移默化中发挥着令我们习以为常但是不可替代的作用，这正是技术悄然改变人类思维逻辑和行为方式的线索。本书从弱关系的角度出发，考察人们在移动网络中如何相互聚集、如何建立连接、如何达成共识、如何开展行动等，以此透视传播技术更新对网络社群的作用和影响。

于我个人而言，对网络社群的关注，既来源于自身在互联网实践中的经验与体会，也受到了求学生涯中学术训练的影响。犹记得20多年前，还在上初中的我，初次使用网络社交媒体与远方网友互问地域、互询信息的奇妙之感，此后在网络社群中的传播实践伴随着我从求学到工作的整个生涯。攻读硕士期间，有幸参与导师张卓教授的教育部人文社会科学重点研究基地重大项目"新媒体使用及其影响研究"，在导师指导下，我针对中年人QQ使用及其对社交关系的影响话题进行实证研究。虽然主要研究内容并非网络社群，但做田野调查时对中年群体在QQ群中热烈的传播场景留有深刻印象。后在攻博期间，观察到跑步类APP能够基于定位技术，实现线上跑步社群在线下的集结，并且这种从虚拟世界走向现实空间的社交关系远比想象中牢固，这使我意识到传播技术变化或许对人们社会交往产生了新的影响，于是开始对移动网络时代的社群传播展开持续性研究。本书是对我近年来关于网络社群探索与思考的集中展示，由于笔者在思维和方法上的局限，书中内容不免出现疏漏之处，恳请诸君批评指正。

　　本书能够付梓，得益于很多人的帮助。感谢学院领导班子的大力支持，感谢人民日报出版社编辑的耐心沟通与审校。感谢我的硕士和博士导师张卓教授，她包容我的研究兴趣，并对我开展网络社群研究给出诸多独到和精妙的指导。感谢我的研究生杨小洁和张雨鸽，她们分别为网络粉丝社群和自闭症儿童父母社群的研究采集了田野资料并撰写了初稿，感谢研究生张婧怡、张志颖、黄欣欣、张婉毓、汪颖骏为本研究整理学术资料，并协助排版和校对书稿。感谢同门赵红勋和陈波，他们密切关注我的撰写进度，经常在深夜的电话中给予写作建议和精神鼓励。感谢武汉光谷跑团，他们点燃了我对移动互联时代网络社群的研究热情，马鞍山森林公园中伴着蛙声的夜跑让人难忘。感谢接受本研究访谈和观察的所有人，没有他们的善意和表达，本研究难以深入开展，希望他们能在生动的互联网实践中寻得更多生命价值。最后，感谢我的父母，他们是我撰写本书最坚强的后盾，祝愿他们永远健康平安。

吴占勇

2023年5月25日